JN268234

著作権の法と経済学

林 紘一郎【編著】

勁草書房

はしがき

1.「法と経済学」の視点

　本書は「法と経済学」の視点から，著作権制度のあるべき姿について，新しい光を当ててみようという試みの書である．「法と経済学」という言葉は，読者の大半にはいまだ耳慣れないかもしれない．わが国において「法と経済学会」が設立されたのが2003年2月のことであるから，それも無理からぬことであろう．しかし，法学や経済学の学者の間では，こうした発想は70年半ばから広く採用されてきている．

　本書で著作権制度を取り上げるのは，次の3つの理由からである．①著作権を含めた知的財産制度は，創作者に対する事前のインセンティブの付与と，創作物の利用者に対する事後のアクセスの確保という，トレード・オフの関係にある法益のバランスをとる制度であり，経済学的分析に向いている．②知的財産制度の中でも，産業財産権[1]の代表である特許権よりも著作権の方が，「言論の自由」との関係など，より深い分析を必要とし，それだけに未開拓の分野でもある[2]．③ナップスター事件[3]以後，技術的手段を強化することによって権利保護を貫徹すべきか，違法コピーをある程度までは黙認したうえで新たな収益源を見出すべきか，あるいは第3の道を模索するのか，100年以上にわたって有効に機能してきた近代著作権制度は，いま歴史上初めてといってよい岐路に立たされている．

　以上の論点は，より広い視点からは，次のように言い直すこともできよう．従来の著作物は，アナログ技術を前提にしており，何らかの形で有形財に体

---

1) かつては工業所有権と呼んでいたが，2003年から産業財産権に改められた．
2) この分野における最新で最も包括的な研究書である Landes and Posner [2003] も，この点を認めている．
3) この事件の意味については，林[2001a]参照．また同種の事件のわが国における意義については，平嶋[2003]参照．

化[4)]されてきたために，有形の財産を扱う制度に依拠することで機能してきた．ところが，デジタル情報がデジタルのまま交換されるようになったため，無形財独自の法制度が要請されているが，われわれはいまだ十分に応え切れていない，と．このようなときこそ，「法と経済学」の視点から分析材料を提供して制度設計に役立たせる好機であり，そのプロセスを通じて「法と経済学」の方法論についても再度の見直しを行いたい．

2．著作権法はなぜ必要なのか

ところで著作権は，なぜ必要なのだろうか．現代における代表的な説明方法は，「創作者に一定期間の排他的権利を付与することによって，創作のインセンティブを与えるため」というものである[5)]．なるほど，創作の結果である著作物がコピー自由で流通し，創作者に何の報償もないなら趣味で創作する人はともかく，創作を生業とすることはほとんど不可能になって，文化の発展はおぼつかないだろう．

このことは，有形財に所有権を付与することと対比すればわかりやすい．所有権のような排他性がない状態では，誰もが利用できて便利なようでいて，実は誰も責任をとらないので，資源は浪費されてしまう（コモンズの悲劇[6)]）．所有権という権利設定によって初めて，責任の明確化と取引の安全がもたらされるのである．

しかし，もう少し立ち入って考えてみよう．「一定期間」の排他権というのは，何年が妥当なのだろうか．また「排他権」という場合には，所有権に近いような排他性を言うのだろうか．これまでの説明では，著作権に関する国際条約や国内立法を基礎にして，これこれの法律において権利保護期間は○○年となっており，これは民主主義的合意によって法となっているのだから妥当である．また損害賠償請求権に加えて，差止め請求権も法制化され，所有権に近い排他性を与えることも合意されている，と説明してきた．

しかし近年に至って，およそ2つの理由から，上記のような説明では人々の

[4)] 法学者は「化体」ということが多いが，本書では原則として一般の用語に近い「体化」を用いる．
[5)] インセンティブ論という根拠づけである．その他の根拠づけについては第1章第7節参照．
[6)] 詳細は第1章第5節参照．

納得を得がたい事案が増えつつある．その1つは技術進歩である．著作権制度は近代印刷技術の発明とともに誕生し，蓄音機・映画・VTR・コピー機・コンピュータなど，各種の複製技術の発展に対応して，それらを巧みに制度の中に取り込んで発展してきた．しかし従来の技術はアナログをベースにしたものがほとんどだったので，複製には部数が限られているとか，品質が劣化するといった欠点があった．そしてその欠点こそが，複製禁止権[7]を中心とする著作権制度を有効に機能させてきた．

ところが，デジタル技術を前提にすると，複製の限界と品質の劣化は克服され，何回コピーしても全く同一品質のものが，ほぼ無限回利用できるようになる．加えてアナログの時代には，創作の結果は通常有体物に体化され固定されているが，デジタル情報を記憶装置に保存しておく限り，それはいつまでも無形のままである．したがってオリジナルの特定やオリジナルとコピーを識別することが難しくなり[8]，侵害行為を捕捉することが困難になる．

もう1つの技術的問題は，超分散処理コンピューティングの発展[9]である．かつてのメイン・フレーム・モデルでは，データやソフトウェアは中央のコンピュータに集中されているので，管理は比較的容易であった．しかしクライアント・サーバー・モデルを経た今日のインターネットでは，データやソフトウェアは限りなく分散されていて，中央統制型の管理は不可能である．この機能を活用して，個々のパソコン同士を自在につなぎ合わせてデータを変換する「ファイル交換ソフト」[10]が一般化した．

ここで交換されるコンテンツには，著作権といった権利関係には全く無縁なデータもあるかもしれない．しかし権利に関係ある情報も，「私的使用」の範囲を越えて多量かつ瞬時に交換され，その実態を把握することすら不可能に近

---

7) 通常は複製権と言われているが，その実は「他人に複製を許諾したり禁止したりする権利」なので，複製禁止権という呼び名の方が実際に近い．第1章第7節参照．
8) この点を強調するものとして，編者も1章を分担執筆した，デジタル著作権を考える会[2002]など．
9) コンピュータの構成法（コンフィギュレーション）の変化が，社会の諸活動に大きな影響を与え，社会全体を分散型に変えつつあるのは，驚くに当たらないかもしれない．しかしこの点は，社会問題を考える際に常に想起するに値するものである．著作権のあり方との関連では，第2章参照．
10) ファイル交換ソフトについてのわかりやすい説明は，上村[2000]参照．

い．また裁判に訴えるにしても，被告を特定し裁判所という場所に引き出すのに，膨大なコストがかかる．ナップスター事件が，こうした技術進歩が顕在化したリーディング・ケースになり，その後も各種ファイル変換ソフトの発展につれて，流通量は爆発的に増大していると言われる．

3．ドッグ・イヤーと権利存続期間[11]

　第2の変化は時代の加速化であるが，この点は権利存続期間のあり方と直結するので，併せて説明しよう．著作権の保護期間を何年にしたらよいかについて，唯一絶対の解はない．わが国における歴史を見ると，旧著作権法下における当初の保護期間は，一般的に（無名の著作物や映画の著作物等を除き）「著作者の存命期間＋死後30年」であった．

　しかしその後は法改正のたびに保護期間が延長され，死後33年，35年，37年，38年，と延伸されて，1970年の現行著作権法の成立とともに「著作者の存命期間＋50年」となった．なお，このような延長の動きはわが国に特有のことではなく，国際条約の動きと歩調を合わせたものだから，先進各国に共通のトレンドと言える（加戸［2003］）．

　とりわけ「プロ－パテント政策」[12]を掲げて，情報優位時代の経済社会をリードする意気込みを強く表明しているアメリカでは，著作権についても権利保護期間の延長に熱心である．1999年に施行された「著作権期間延長法」（ソニ・ボノ法，反対陣営ではミッキー・マウス法という[13]）においては，従来の保護

---

11) 「知的財産権が何年有効か」という概念を，「保護期間」という場合と，「存続期間」という場合の両方がある．著作権法を見ると，第2章第4節と第51条のタイトルは，ともに「保護期間」であるが，条文の中では「存続期間」を使っている．一方，特許権の方は，第4章第1節のタイトルも第67条以下も「存続期間」という表現しか使っていない．辞典を見ると，北川・斎藤［2001］は「保護期間」の項を設けず，「存続期間」の説明の中で特許権等「産業財産権」について説明した後，著作権については「著作権における保護（存続）期間は，……」という形をとっている．本書においては，両者は同義のものとして扱うが，読みやすさの観点から，一般論を扱う第1部では「存続期間」に，期間の妥当性そのものを検討する第2部では「保護期間」に，なるべく統一している．

12) 通常は特許（パテント）の保護範囲等を広げれば，知的創作物の創作インセンティブが高まり，情報経済力の強い国の国力が増す，と考えて採用される政策のこと．著作権を含めて，広く知的財産権の保護を強化することにも転用されている．

13) ソニ・ボノは法案提出者の名前．ミッキー・マウス法という呼び方は，この延長を強く支持したディズニーを批判的に名指しするもの．

期間が各20年延長され，一般の著作物（実名による個人の著作）では「著作者の存命期間＋70年」，映画など俗に職務著作と呼ばれているものについては「公表後95年」になった。

　この期間の長さを実感していただくため，次のような例を考えてみよう。この本は2004年に出版されたので，各章の分担執筆者の当該部分に関する著作権と，この本全体に関する私の編集著作権はそれぞれ「著者の存命中＋死後50年」の間守られる。仮に私が，あと30年生きて2034年に死んだとすると，わが国の現行著作権法では私の著作権は2084年末まで続くことになる（著作権法51条，57条）。これがアメリカ法のように「死後70年」に延長されたとすれば，私の著作権の終期は2104年末となり，22世紀初頭まで存続することになる[14]（実質的な権利保護期間は100年）。

　これを妥当な期間と見るか，長すぎると見るかは個人の価値観に依存していると言わざるをえない。因みにアメリカでは，この法案は「言論の自由」を定めた合衆国憲法修正1条に違反するものとして訴訟が提起されたが，2003年1月に「憲法違反とは言えない」という判決が下されている（Eldred v. Ashcroft. 本事件の概要は第5章で紹介する）。

　しかし私のように，長年コンピュータの世界に住んできた者には，100年という期間は夢のようである。コンピュータが発明されてからいまだ50年強だし，インターネットに至っては商用化を起点にすればいまだ10年そこそこである。しかし，その短期間の間に生じた社会変化は，想像をはるかに越えたものであった。新技術の登場に伴って時代は加速しており，「ドッグ・イヤー」（犬の寿命は人間の約7分の1なので，1年が7年分に相当する）という考え方は，多忙な現代を表す適切な標語であろう。

　だとすれば，経済現象などにおける「名目」と「実質」という概念を使って，次のように表現できるのではなかろうか。「ソニ・ボノ法」は名目的には創作後30年生きる人の権利を通算100年間保護しているが，ドッグ・イヤー換算の実質ベースでは700年間保護していることになるのだ！　と[15]。

---

14) この本の共同執筆者は私より若い人の方が多いので，彼らの著作権は確実に22世紀まで続くだろう。
15) もっとも，コピー技術が急速に発展したことに注目すれば，20世紀後半のコピー可能数と21世紀

また，権利保護期間のあり方は，有形財のうち固定資産の実寿命と税法上の耐用年数の関係に喩えてみると，わかりやすい．「耐用年数は実寿命に近似するもの」というのが一般的な常識であり[16]，耐用年数は技術変化に対応して頻繁に改正されているが，すべて実寿命の平均値を念頭に置いたものである．

　ここで，実寿命より著しく短い耐用年数を設定すれば，企業は短期間での投資回収を余儀なくされるので，投資インセンティブが低下する（投資ではなく，賃貸借などに退避するかもしれない）．他方，実寿命より著しく長い耐用年数を設定すれば，技術革新に見合った早期償却ができないので，これまた企業の投資インセンティブは低下する．この両者の関係は，著作権の存続期間と創作インセンティブについての関係と相似形である（本書第4章で紹介する Landes and Posner [2003] 参照）．

　ところが著作権については，その実寿命が何年であるかという議論は稀であることに加えて，議論の例とされるのは，例外的に長生きした著作物をいかに保護するか，といった論点であった．本書では，この分野ではおそらく初めて「実寿命」に触れるばかりでなく，それに近い保護期間を設定し，例外的に長寿の著作物については，別途の（たとえば，権利を登録し更新可能にするといった）制度で保護することも含めて検討している．

4．法学的説明と経済学的説明

　このような言説に対して，伝統的な法学の答えは，およそ次のようなものであろう．まず法解釈学の観点からすれば，これは個人的な感慨を述べた非法律的表現であって，法の解釈には何の影響も及ぼさない．わが国著作権法では「死後50年」までの保護が定められており，それが長すぎるとすれば世論を喚起して法改正をすべきだ，というだけのことである．

前半のそれは10倍以上の差があろうから，これをデフレータとして使うべきだという全く逆の発想も可能かもしれない（第3章2.2項参照）．しかし供給面ではなく需要面に着目すれば，ほとんどの著作物は短期間で需要がゼロになっているのだから（第4章第6節参照）本文で述べたような主張をすることには，十分な理由があると考えられる．

16）　多くの固定資産を有する企業が減価償却を定率法で行えば，大数の法則が効いて耐用年数と実寿命の誤差は自然消滅する，という見方もある（自動調整機能）が，ここでは一応留保しておこう．

次に立法論として見ると，なるほど時代が加速化すれば一定の権利保護期間を実質的に延長していると同様の効果が生じていることは，そのとおりかもしれない．しかし，加速化の影響を受けているのは，何も著作権に限ったことではない．法が時間との関係に最も関心を払っているのは時効の規定であるが[17]，それらを改正しようという動きが見られないことからすれば，著作権の保護期間だけを時代の加速化ゆえに改正しなければならない理由は，乏しいと言わざるをえない．仮に百歩譲って，期間短縮を提案しようというなら，一体何年が妥当だと言うのだろうか．前節の議論はこの点に全く答えていない．

　もっとも立法論に際しては，法学の側も弾力的な思考方法をとることがある．法学は社会における「正義の実現」を第一義とする学問で，民主主義国家においてはその「正義」は，立法において具体化されていると考える．したがって法解釈においては，法（制定法）に定められた条文に合致するよう解釈することが，立法に体化された正義を実現することになる（法＝正義的思考．田中［1989］参照）．しかし立法論として複数の案があるときに，法解釈学の側からその優劣を判断できる範囲は限られている．

　そこで立法論，とりわけある目的を達成するための手段としての性格が強い立法にあっては，他の学問の力も借りながら例外的に「目的＝手段」的発想をとることがある．著作権として保護する対象や保護期間などは，この目的＝手段型発想に最もなじみやすいテーマであるから，従来の法学の発想とは違って，やや前広な方法論が適用される余地があると言えよう．田村［1996］［1999］［2001］が主張する「機能的知的財産制度」の発想はその代表格と思われるが，残念ながらいまだ学界の大勢とはなっていないようである（この点については第1章第7節で再説する）．

　これに対して，経済学の考え方は著しく異なる．まず著作権制度の目的は創作者に対してインセンティブを付与することから生ずる便益（生産者余剰）と，これを利用する人々の便益（消費者余剰）を調整し，社会全体の便益（社会的余剰）を最大にすることである[18]．そして前者に強い権利を付与すると，二重

---

17) 一定の事実上の状態がある期間続いた場合に，真実の法律関係にかかわらず，これに法律効果を認める制度．権利の取得に関するものと，権利の消滅に関するものがある．民法162条，同167条，商法522条など．併せて，刑法31条，刑事訴訟法250条など参照．

の意味で不都合が生ずるおそれがある。1つは生産者余剰は増大するかもしれないが、消費者余剰は利用者の利用（あるいは私的使用[19]）がしにくくなるため減少するかもしれず、社会的余剰が最大になるとは限らないことである。

　第2の点については従来あまり関心が払われてこなかったので、やや詳しく見ていこう。歴史上有名になり、何回も上演されたり映画化されたりするストーリーがあるが、それらは先人の創作にヒントを得たものが多い。たとえば「ウェストサイド・ストーリー」は「ロミオとジュリエット」に似ているし、後者の源流を探れば中世はおろか、ギリシャやローマ時代まで遡るかもしれない。仮にこのような創作物に、所有権とほぼ同等の永久著作権を与えたとすればどうなるだろうか。

　最初の著作者とその相続人等はおおいに潤うかもしれないが、次の著作者は利用料を払わなければならない。これを避けるには、先人の著作権を迂回しなければならないので、ストーリーが複雑になったり細部にこだわったりする結果、面白くなくなるかもしれない。結局全体としての文化の発展は、保証されるとは限らないことになる（Landes and Posner [1989]）。したがって著作権法は、この両者のバランスをとることに配慮してきたのである。

　経済学では、この種のトレード・オフ関係を解こうとすることが多い。もともと市場を媒介とする取引とは、売り手はなるべく高く売ろうとし、買い手はなるべく安く買おうとするという、相反する利害を調整するもので、得られた結果が「均衡」である。このような経済学の発想からすれば、権利保護期間も無限大とゼロの間のどこかに均衡点がある、と考えることになる。

　しかし、残念ながら何年が均衡点であるかは、生産者と消費者の行動に関するデータが得られないと分析できない。これまでは法が何年と定めていれば、それが妥当なものとして、代替案を検討することは少なかった。しかしすでに見たように、著作権制度が根本から揺すぶられている現在では、経済学の側か

---

18) 法学者もそのように答える人が大半だと思われるが、著作権者、あるいはその団体の側を代弁する人々の間では、前者が後者に優越すると信じ込んでいる人もいる。また著作権法の準有権解釈の書とも言える加戸 [2003] も、そのように説明している。また、最近の知的財産戦略本部などの議論を見ると、著しく前者に傾斜しているのではないかと危惧される。

19) 著作権法では、利用と使用は明確に区別されている。「公正な利用」を述べた同法1条と、「私的使用」を規定した同法30条を対比せよ。

らする分析も，それなりに貢献する余地があるものと思われる．本書ではプリミティブながらも，この課題に挑戦している（特に第4章）．

5．各章の構成

本書は以上のような問題意識を持って，著作権制度について「法と経済学」の観点から分析を加えようとするもので，おそらくはわが国では初めての試みと思われる．

「第1部著作権の課題と「法と経済学」」は，この書物の依って立つ基本的認識を提示する．それは，方法論として「法と経済学」の手法を使うということと，デジタル化がアナログ時代とは全く異なる流通システムを可能にし，著作権制度にも抜本的な見直しを要請する，ということである．

第1章（林）では，まず「法と経済学」の方法論を吟味する．現在の主流をなす考え方は，①法制度を近代経済学の手法で分析することだとする「法の経済分析」説と，②法学と経済学の「学際研究」だとする説に大別される．しかし本書では後説をさらに拡大し，資本主義市場経済やそれを支える法制度を前提にした，③「法学と経済学の相互参照」説を提案する．またその適用領域は，法解釈学におけるよりも立法論（あるいは法政策学）の場合に可能性が高いことを説明し，同時にそこには「学際研究の陥穽」もあることに注意を喚起する．そして第3の方法論が，有体・無体の財産権（とりわけ著作権）の制度設計に当たっても，新たな視点から有効な示唆を与えてくれるであろうことを述べ，以後の論述へと橋渡しする．

第2章（曽根原）では，デジタル時代の著作権を考える場合の基礎知識として，デジタル流通とは何かを考える．デジタル財のネットワーク流通（デジタル流通）は，著作権の管理・流通・利用の各場面で，さまざまな問題を顕在化させている．それは，「連続」のアナログと「離散」のデジタルでは，発想が全く異なるからである．物の流通──→アナログ財の流通──→デジタル財の流通という時代の変化の中で，前者は比較的スムーズに移行可能だが，後者には断絶が伴いがちなのも，そのゆえである．この差を理解しつつ，デジタル情報流通を活性化していくには，経済システムや制度とともに，個々の課題を解決していくデジタル技術の検討が重要である．本章では，コンテンツとネットワー

クの両方の側面から技術の課題を明らかにし，その解決手法について述べる．

「第2部著作権の経済分析」は3章からなり，先の「法と経済学」の方法論の3分類によれば，第1の方法である「法の経済分析」の対象として，著作権を取り上げている．

まず第3章（浜屋・中泉）では，アメリカの研究成果をレビューすることによって，著作権の経済分析に関する基本的な理論の枠組みを提示する．これまでの代表的な研究によれば，作者は過去の作品を利用して新しい作品を作るのであるから，著作権保護を過度に強めると作者が過去の作品を利用するコストが高くなり，創造される作品の数が少なくなる．また，私的なコピーが経済に与える影響も条件によって変化するものであり，場合によっては私的コピーを許した方が経済厚生は高くなる可能性もある．伝統的な経済学では，著作物のデジタル化やネットワーク化といった環境変化が必ずしも的確に捉えられていないが，最近の研究成果からは，情報財の共有を前提にした価格づけのあり方など，いくつかの新しい知見を得ることもできる．

第4章（中泉）では，前章の分析手法を使って，著作権のあり方について特に重要である，「権利保護期間の最適化」に焦点を合わせた分析を試みている．経済学者が，著作権の保護期間について実証的な分析と提言を行うのは，おそらくこの論文が（世界でも）最初ではないかと思われる．ここでは，著作物の実寿命のデータを用い，仮に保護期間が潜在的な需要が消滅する以前に失効したとしても，著作者の利潤を最大限に高めたうえで，利用者の便益を増加させることができることを示す．また，保護期間を一律に設定することの問題点や，死後50年という長い保護期間が，利用者の利用可能性を低めている危険性を指摘する．最後に今後の課題として，著作物の流通業者の役割，デジタル化の効果等について言及する．

第5章（城所）は，やや短く特異な章である．前章で著作権の権利保護期間の延長がどのような経済効果を持つかを分析したが，これが実際にアメリカで憲法裁判として争われたエルドレッド事件を取り上げる．裁判の背景として，下級審判決と経済学者の法廷助言を概観した後，最高裁判決を紹介する．次いでブライヤー裁判官の反対意見と多数意見の反論を紹介し，判決の意義で締めくくる．この裁判が原告エルドレッド側の敗訴に終わったことは，経済学者の

間の通説が，法学者の間では共有されていないことを物語っている．

「第3部著作物の流通とインセンティブ」では，以上の検討結果を踏まえ，著作物の流通過程やインセンティブの付与方法が，デジタル環境下でどのように変容しつつあるか，またそこでは従来型の流通手法が有効なのか，新しい手法が求められているのか，を分析する．先の「法と経済学」の方法論の分類に従えば，第2の方法から第3の方法への展開を試みたものである．

まず第6章（石岡）では，消尽理論を例に，法学者が経済分析をいかに法解釈に活用できるかに挑戦する．消尽理論とは，権利者が適法に生産していったん流通に置いた以上，その物を購入して使用，販売，貸与等をする行為は権利侵害ではないとする考え方である．著作権法には，譲渡権のように明文の根拠がない限り，原則として権利の消尽はないとされてきた．しかし近時，頒布権（の譲渡に関する側面）の消尽を認める最高裁判決が現れた．本章では，この判決が，いかなる条件および範囲において妥当性を有し，かついかなる条件および範囲において二重利得の否定（利得機会の一回性）が合理性を有するのかについて，経済モデルを用いて説明を試みる．その結論は暫定的なもので，とりわけデジタル流通には適用できないが，有形著作物の消尽理論に対して，1つの分析枠組みを提起できたのではないかと考える．

第7章（樺島）では，音楽著作物の流通を事例として，著作権の許諾について法と経済学的考察を行う．許諾は著作権制度の根幹であり，著作物の利用に大きな影響を与える．そこで，音楽著作物流通の概要を示し，各権利者による個別の著作権管理（許諾）と著作権等管理事業者による集中管理方式を比較する．そして，集中管理方式が実質的に報酬請求権となることから，技術変化に対応した柔軟な利用が可能であることを指摘し，著作隣接権に集中管理方式が成立する条件を考察する．最後に，デジタル流通では「消費者を利用者として認めるかどうか」が重要な問題であり，管理事業者が直接消費者から著作権使用料を徴収することによって，ファイル交換を合法化する選択肢も存在すること，またそれが成立する条件を議論する．

第8章（服部）では，音楽著作物の生産に関する諸問題を，経営学における「協働体系」と「インセンティブ」という概念を軸にして検討する．「協働体系」とは，著作物の生産を目標として集まった人々や活動のシステム（組織化）を

指し,「インセンティブ」とは「協働体系」の参加者達の目標への貢献を誘因する内容を指す．アーティストの「インセンティブ」には，金銭などの経済的要素のみならず，理想や美意識，また評価や賞賛などの象徴的要素も含まれる．このフレームワークによって「協働体系」を４つに分類し，それらに適合した「インセンティブ」と，生産される音楽の様式を確認する．そのうえで，多様な音楽著作物の生産に関わるアーティストの，「インセンティブ」をいかに確保するかという視点から，新しいメディア環境と「協働体系」の関係を考察していく．周知のように音楽著作物は，最も早くデジタル化の影響を受けたので，第7章と第8章の分析はデジタル流通の先駆的事例として意義があろう．

　第9章（名和）では，デジタル流通の具体例として，約20年間の試行錯誤の歴史があり，成功例とされる学術の分野を取り上げる．学術雑誌のデジタル流通は，インターネットの普及とともに，特に90年代後半に急速に実用化し，現在２つのシステムが共存している．第１は研究者主体の自由流通のシステム，第２は商業出版社主体の市場囲い込みのシステムである．注目すべきは，この２つのシステムは独立に運用されていながら，同時に，互いに乗り入れができるようになっていることである．この複合システムは，研究者の共同体が，①コンテンツの生産者，すなわち消費者という関係性がある，②この共同体の報奨システムに非営利的な動機が含まれている，③この分野に安定的な公共的な資金が投入されている，といった特性を持つことに照応している．この特性が他の著作物にも見られるのであれば，そこにはデジタル流通，さらには終章で述べるシステム間競争が成り立ちうることを暗示しているように思われる．

　終章（林）では，以上の各章の議論を集大成し，デジタル時代の著作権のあり方を考える．考察はまず，デジタル技術がいかなる変化をもたらすかの分析から始まり，それを所与としさらには活用するためには，暗号時術などを使った新しい管理システムが可能であることを述べる．しかし技術は中立なものであるから，これを従前の法制度の強化に用いることも，それとは若干異なる新しい制度を創設するために使うこともできる．要は制度設計の指針が問われていることになる．そこでデジタル時代の制度のあり方を改めて考えてみると，技術進歩や時代の加速化で大きく揺らいでいる現状に対応するには，地震学が考案したように，剛構造で支えるよりも柔構造に変化させる方が得策ではない

かと思われる．しかも当面の間は，どのようなシステムが最適であるかは誰にもわからないので，市場においてシステム間競争をして，著作者や利用者にとって使い勝手の良いシステムが選ばれることに期待すべきであると述べて，本書を締めくくる．

　なお，本書はこのように多様な論点を含んでいるため，専門や関心領域を異にし，年代も異なる多様な執筆者による分担執筆となっている．そのため文体や論の進め方が微妙に異なり，統一性を欠いている感が否めないが，編者としてあえて調整を行わなかった．これも個性を尊重した「柔らかな」対応の仕方であるとして，読者の寛容に期待したい．

6．謝　　辞

　本書が出版に至るまでには，学問の常として多くの方々のお世話になった．執筆メンバーの大部分は，編者が中心になって組織した「デジタル創作権研究会」のメンバー，あるいは準メンバーである．この研究会は1999年以降，少しずつ名前とメンバーを変えながら5年近く続いてきたもので，ここにその成果の一部を公表できるのは無常の喜びである．残念ながら執筆メンバーに加わることができなかった白田秀彰，平野晋，牧野二郎の各氏には，研究会等を通じて多くのインプットをいただいたことに感謝したい．

　とりわけ牧野二郎氏には，同氏責任編集による『デジタル著作権』（ソフトバンク・パブリッシング，2002年）に，本書の執筆者3名が筆をとっていることからもわかるとおり，お互いに交流し刺激し合いながら考察を深めることができた．またこの5年間編者の勤務した慶應義塾大学メディア・コミュニケーション研究所の研究・教育基金から，継続的な研究補助をいただいたことによって，おおいに助けられたことを記しておきたい．

　文献からどのような教えを受けたかについては，末尾の参考文献から推測していただくことにして，フォーラムやディスカッションの場において多くのインプットをいただいた例として，国際大学グローバル・コミュニケーション・センターにおけるiコモンズ・プロジェクト，経済産業研究所における知財研究会の名を挙げて，謝意を表したい．

　なお，いつものことながら執筆と編集とは車の両輪のようなものであり，勁

草書房の宮本詳三氏には，執筆の遅延や全体調整に辛抱強く付き合って下さり，本書の質的向上のために多大の貢献をいただいた．また昨今はワードプロセッサの機能が向上したため，各執筆者も一部編集者の役割を果たしてくれた．私の場合は，秘書の竹本珠穂さんにその大部分を肩代わりしてもらったことに感謝したい．なお本書の企画をまとめられながら，不幸にして病に倒れた伊藤安奈さんには，本書が日の目を見たことをもって，恩返しとしたい．

2004年3月

林　紘一郎

目　　次

はしがき

第1部　著作権の課題と「法と経済学」

第1章　「法と経済学」の方法論と著作権への応用…………林　紘一郎……3
1．「法と経済学」とは　3
2．アメリカ生まれの「法と経済学」　6
3．2つの代表的方法論　9
4．第3のアプローチと適用範囲　13
5．財産権ルールと不法行為ルール　17
6．事前の権利設定対事後の救済　21
7．著作権の「法と経済学」　23

第2章　デジタル流通システムと著作権　………………曽根原　登……29
1．デジタル・コンテンツ　29
2．デジタル・ネットワーク　34
3．デジタル財のネットワーク流通の課題　38
4．デジタル財のネットワーク流通における著作権管理システム　41
5．PtoPデジタル流通　50
6．デジタル流通技術の方向　52

第2部　著作権の経済分析

第3章　アメリカにおける著作権の経済分析　……浜屋　敏・中泉拓也……57
1．はじめに　57

2．著作権法の経済学　58
　　3．私的複製の経済的影響　69
　　4．デジタル財の分析における残された課題　82
　　5．結　論　84

第4章　権利保護期間の最適化 ……………………………中泉　拓也…… 85
　　1．はじめに　85
　　2．基本モデル　88
　　3．時間を通じた需要曲線の頑健性　94
　　4．価格差別の効果と流通業者の役割　97
　　5．限界評価が時間に関して逓増的な著作物　102
　　6．実際の著作物需要の逓減率　102
　　7．おわりに　104
　　　　付　録　104

第5章　権利保護期間延長の経済分析：エルドレッド判決を素材として
　　　　……………………………………………………城所　岩生…… 107
　　1．はじめに　107
　　2．裁判の背景　108
　　3．最高裁判決　114
　　4．ブライヤー裁判官の反対意見と多数意見の反論　116
　　5．判決の意義　120

第3部　著作物の流通とインセンティブ

第6章　消尽理論の法と経済学 ……………………………石岡　克俊…… 125
　　1．はじめに　125
　　2．消尽理論　126
　　3．流通と権利，あるいは対価徴収可能性　135
　　4．モ デ ル　139

5．結論と課題 149
　付　　録 151

第7章　音楽著作物流通と集中管理の可能性……………樺島榮一郎…… 156
1．はじめに 156
2．音楽著作物流通の概要 158
3．技術革新と集中管理の利点 164
4．レコード製作者の著作隣接権で集中管理は成立するか 170
5．ファイル交換と集中管理 174
6．おわりに 178

第8章　インセンティブ論の経営学：音楽著作物生産の協働体系
　………………………………………服部　基宏…… 183
1．はじめに 183
2．バーナードのインセンティブ理論 186
3．クレーンによる文化生産の報酬システム 192
4．情報財の収益モデル 198
5．おわりに 204

第9章　学術分野における著作権管理システム：特異なビジネスモデル
　………………………………………名和小太郎…… 206
1．はじめに 206
2．利害関係者 207
3．学術雑誌の歴史 210
4．学術雑誌の特性 214
5．冊子体から電子型へ 218
6．新しい学術雑誌流通システム 220
7．まとめ 224

終　章　柔らかな著作権制度に向けて ……………………林　紘一郎…… 227
　1．はじめに　227
　2．有形財の保護と無形財への応用　228
　3．著作権制度の暗黙の前提とデジタル化の影響　230
　4．近未来の著作権制度　236
　5．ⓓマークの提唱と各種システムの比較　239
　6．デジタル化と著作権再考　245
　7．柔らかな著作権制度に向けて　248

参考文献 …………………………………………………………… 249
索　　引 …………………………………………………………… 261

第1部　著作権の課題と「法と経済学」

第1章 「法と経済学」の方法論と著作権への応用*

林　紘一郎

1.「法と経済学」とは

　法と経済とは，お互いに他者を前提にしあうという意味で「相互依存」の関係にある[1]．現代における法は，フランス革命以後の市民社会の秩序を律するもので，資本主義的市場経済を前提にしている．一方その市場経済は，所有権や契約といった基本概念が，広い意味での法によって実効性を持つ（つまりenforceされる）ことを前提にしている．この意味では法律学と経済学は社会科学の二大領域であり，人間社内における何らかの形の「規律」や「均衡」，あるいは「正義」や「公正」のあり方を対象とする実践学である点において，共通点を持っている．しかし長い間，両者が交流することは少なかった[2]．

　しかも困ったことに，法学部の学生が経済学を学ぼうとすると，数式やグラフに圧倒され，またモデルや変数の説明が親切でない場合が多いので，経済学とは何だか抽象的でわけのわからない学問だと感じやすい[3]．逆に，経済学部

---

*　本章は林［2003b］の前段部分を改訂したものである．コメントをいただいた若杉隆平氏（横浜国立大学）および滝澤弘和氏（経済産業研究所）に感謝する．
1)　このような「相互依存関係」を法学の視点から明確にしたのは，落合・浜田［1983］（この部分は落合執筆）が，おそらく最初ではないかと思われる．しかし同論文は経済が法に依存していることについては明確に説明しているが，法が経済に依存している点については，やや明解さを欠いているように思われる．おそらくは，いまだ影響力を有していたマルクス（主義）経済学（あるいは法学）と，混同されることを避けたかったのではないかと推測される（藤田［1974］などと比較し，山本［1970］の憤慨を見よ）．なお本節では両者の近似性を強調し，その差異については第3節で述べる．
2)　かつては，法経学部とか法文学部という学部があったが，その後の学問の進化（？）と大学の大衆化に伴って，今は法学部と経済学部は独立の学部に分かれたところが多く，かえって交流の密度は低くなったかもしれない．

の学生から見れば，法律学とは分厚い六法全書と格闘し，その片言隻語をひねり回して解釈に励むだけで，整合性のとれた基本原則があるのかどうか疑わしい．

　新しい立法がなされれば，それが経済活動に大きな影響を及ぼすことは言うまでもない．金融などの個々の産業法や，労働や環境関連の諸法律が良い例である．しかし，立法作業に経済学者が積極的に参加したという話はあまり聞かないし，裁判の過程で経済学者が参考意見を出すということも，わが国では稀である[4]．私有財産制や契約などの概念は，法律によって創設され保護されており，経済学上も重要な意味を持っているはずだが，経済学的観点から分析を加えることは，例外的になされてきたにすぎない．

　逆に市場メカニズムなどの経済学の中心的な考え方は，法規制を考えるうえでも重要である．ホモ・エコノミクスという観念は理念型にすぎないにしても，一般庶民が守ろうという気持ちになる（経済合理性あるいはインセンティブがある）法律でなければ，いくら立派なことが書いてあっても「ザル法」に終わってしまうことは，「禁酒法」の例を見るまでもなく明らかである（林［2001b］）．しかし，法律学者は市場メカニズムが何であるかについて，十分関心を払ってきたとは言い難い．

　公害，消費者保護，製造物責任，インターネットの規律のあり方などの今日的な課題は，法律学にも経済学にも深く関わっている．また無形の財貨の取り扱いについては，所有権という有体物を前提とした制度を援用するだけで十分なのかどうか，根本的な問いが突きつけられている（林［2001c］［2003a］）．これらの課題に関しては，法律学と経済学のいわば連携プレーが期待されており，互いに無関心で相互交流のない現状が望ましいとは言えない．

　「法と経済学」は，このような現状を打破し，法律学と経済学（近代経済学）とを何らかの形で融合させようとする，学際的な新しい学問領域である[5]．それは，両者の相互交流を前提にしたもので，法制度や個々の法律の規定などを

3）　法学部の入学試験において，数学を必須としている私立大学は極めて少ない．
4）　Amicus curiae（裁判所の友）という伝統を持つアメリカでは，経済学者が「法と経済学」などの観点から意見書を提出することは日常的である．第5章参照．
5）　方法論についての，より詳しい説明については，本章第3節・第4節で再説する．

近代経済学の理論（特にミクロ経済学やゲーム理論）を武器にして分析・研究すると同時に，経済学の分野においても法や制度の持つ意味を研究する学問領域である．

　法学における経済学的手法の活用という面では，従来から独占禁止法・公益事業規制や税法などの分野では，経済学の理論が利用されてきていた（経済法という講義は古くからあった）．しかし「法と経済学」の最大の特徴は，「個々の事件の具体的解決，すなわち具体的正義の実現を旨として，経済学とは無縁であると考えられていた不法行為法や契約法のような伝統的な法分野に，経済学という新たな武器で挑戦を試みた点にある」（小林・神田［1986］）[6]．

　経済学プロパーの分野では，「制度」（企業組織や取引など）を研究の対象に取り入れる努力は，細々と続けられてきた．経済学は元来，法や制度などをとりあえず与件（あるいは所与）として，市場や価格メカニズムを道具にした分析に集中してきたので，これらの人々は異端として「制度学派」のレッテルを貼られていた．しかし「情報やリスクの経済学」や「ゲーム理論」の展開に伴って，市場という抽象概念を前提にするのではなく，市場における個々の取引（契約）やプレーヤーとしての組織（これらは，まとめて「制度」と言えよう）を研究の対象にすることが，広く経済学一般の問題とされるようになったので（柳川［2000］），今日ではことさら「制度学派」と名づける必要もないほど，制度に対する関心が高まっている[7]．

　なお，現代に特有な次のような事象も見逃してはなるまい．それは20世紀最大の社会実験であった社会主義（これは「制度」の代表格であろう）が崩壊したことにある．その際に，性急に資本主義の仕組み（すなわち代替制度）を採用しても適応できないことが判明した[8]．続いて1997年以降に生じたアジア通貨危機への対処策として，西欧型市場原理を貫徹しようとするIMF（International Monetary Fund）主導の経済政策が，社会的背景を異にする諸国に必ず

---

6) 現在では，アメリカの不法行為法や契約法の分野における論文はほとんど「法と経済学」に言及しており，その対象は，あらゆる法分野や司法制度そのものをも広く含むに至っている．
7) 「制度派」あるいは「新制度派」経済学を広く捉えると「法と経済学」もその一派（折衷派）という見方も成り立つ（宮沢［1988］）．
8) 「アンチ・コモンズの悲劇」として，本章第7節で再説する．

しも最適ではないという見方が広まることになった．このようななかで，同じ資本主義経済システムの中にも，各種の多様なサブ・システムが混在し，これらが競争と協力ゲームを展開していると見る「比較制度分析」あるいは「比較経済論」という新しい方法論が登場した（青木・奥野［1996］）．

　今のところこの流れは，「法と経済学」の延長線上に位置づけられていない．しかし今後「制度」の分析を深めていけば，それは公害に関する責任の範囲や，知的財産制度の強弱が，経済パフォーマンスにどのような影響を与えるかを分析することになろうから，両者は案外「遠い親戚」関係にあるのではないかと思われる．実際「比較制度分析」ほど方法論が明確でないにせよ，たとえば「ビジネス方法特許」が話題になる陰には，「制度設計やその運用が，経済パフォーマンスに大きな影響を与える（ことがある）」という認識が，共有されていると言えよう．

2．アメリカ生まれの「法と経済学」

　「法と経済学」は1960年代から70年代のアメリカにおいて，コースやカラブレイジ，ポズナーらの，法律学と経済学の両分野に関心を持つ学者によって開拓され[9]，70年代以降極めて急速に普及・発展した．今日，アメリカの主要なロー・スクールでは，経済学の学位を持つ学者（法律学の学位も同時に持っている場合も多い）が専任の教授として迎えられ，「法と経済学（Law and Economics）」あるいは「法の経済分析（Economic Analysis of Law）」と題する講義科目を担当している[10]．

　「法と経済学」がアメリカにおいて花が開いたのは，主として次の理由によるものと思われる．まず第1は，アメリカの法制度からくる事情である．アメリカ法の基本的な考え方はコモン・ロー，すなわち判例によって形成されてき

9）　この分野の代表的著作である Posner［1998］は，Calabresi［1961］と Coase［1960］を，現代的な意味での「法と経済学」の源流だとしている．ただし Becker の影響力にも言及しているところが，彼らしい．

10）　Law and Economics と Economic Analysis of Law の違いについても，本章第3節と第4節で再説する．

た法理を中心とし，わが国あるいは多くのヨーロッパの大陸法系とは違って，必ずしも明白な制定法はない場合が多い．しかし個々の判例の集積は，具体的な問題の解決には役立っても，それを貫く基本的な原理は必ずしも存在するとは限らないし，仮に存在するにしても，それを抽出する努力が必要である．そこで相互の矛盾を解消し，合理性の疑わしいルールにも合理的な説明を与えるような統一原理を，コモン・ロー領域において見出そうとしたのが，この「法と経済学」だというわけである（内田［1990］，岸田［1996］）．

アメリカにおいて「法と経済学」が発展した第2の理由は，ロー・スクールの性格である（松浦［1994a］）．周知のようにアメリカには法学部はなく，法学教育は3年間の大学院レベルの専門職教育（職業教育）として行われる．そのため，法律家になることを目的としてロー・スクールに進学する学生は，すでに一定の分野の知識を持っている．文学・哲学・歴史学・経済学などの学士号はもちろん，修士や博士号を持った学生もいるし，場合によっては理科系の学士や修士もいる．

アメリカのロー・スクールは，このような多様な教育を受けた人々が入学するため，法律学以外の学問を法の考察に利用することに寛容かつ積極的であった．その結果，法の文言ではなく法の現実を直視することを説いた1930年代のリアリズム法学（法現実主義）運動以来，「法と……」（"Law and …"）という名称を持つ研究スタイルを繰り返し生み出した．現在でも有力な「法と社会」（"Law and Society"）と呼ばれる法社会学的なアプローチなどが，その好例であり，「法と経済学」もその流れに沿っている．

「法と経済学」発展の第3の理由は，アメリカの経済システムそのものに内在している[11]．それは教科書的な「市場原理」がほぼ理念型のまま適用可能なのは，おそらくアメリカ以外に存在しないと思われるからである．アメリカは文字通り「新世界」であって，近代的な経済システムは白紙に絵を描くような形で展開された．とりわけ独立戦争がフランス革命等と呼応して進展したこともあって，個人の自由意思の尊重・対等な当事者間の取引・政府の不介入など

---

11) 第3の理由づけは，私のアメリカでのビジネス経験に基づく．わが国における「法と経済学」に関する論文の多くは，この部分を直接の理由としているものは少ないが，むしろ暗黙の前提にしているように思われる．

の,「自由放任」に基づく市場原理が最大限尊重された.

　加えて連邦制度は政府の権限を限定的にして,市場が機能する分野を広げる役割を果たした.また,広大な国土に市場が点在しているといった初期の状況は,教科書的な市場のイメージと極めて近いものだったと思われる.こうして確立された市場システムが,法制度にも「財産権の絶対性」「契約自由の原則」「過失責任の法理」などとして具現化されているとすれば,それは「法と経済学」の分析に格好の土壌であった,と言ってよかろう.

　以上は歴史を遡って分析し,いわば「後付け」の説明をしたものであるが,より短期的に見て「なぜ60年代に急に抬頭したのか」の説明としては,平井[1976a]の掲げる3つの理由の方が臨場感があるかもしれない.すなわち,①前述のリアリズム法学の影響によって「法学独自の論理の中から統一的体系的な法原則が見出される」という信念が,破壊されてしまったことへの対抗策として出現した,②交通事故・環境汚染・製造物責任・医療事故など,コモン・ローの伝統では処理しきれない新しい不法行為類型が生じた,③貧困・人種問題などの社会問題の発生が,経済学者に「法や制度を与件としてばかりはいられない」という気持ちを生じさせた,というのである.

　これに関連して,前述の「法と……」というアプローチの登場を支える事情がもう1つある,と松浦[1994a]は言う.それは,1960年代末から始まる高学歴者の就職難で,文学や歴史あるいは経済学の博士号を得ても教職がなく,たとえ教職に就いても待遇が良くなかった.一方90年代になるまでは,一流ロー・スクールの卒業証書は高収入を保証するものだったので,離婚した高学歴の女性が生活再設計のために,あるいは工学部の若手助教授が高収入を求めてロー・スクールにやってきた.これらの人々を通じて,法の分析のために文科系の学問から言語哲学,経済学,歴史学,社会学,文学(解釈理論)等の成果が,理科系の学問からも情報科学など(たとえば「法とコンピュータ」)の研究成果がもたらされた.「法と経済学」も,そうした成果の1つだというのである.

3. 2つの代表的方法論

　これまでは「法と経済学」を一括りのものとして記述してきたが，実は方法論について細部の検証をしてみると，大別して3つほどの流れがあることがわかる．それらを仮に，①「法の経済分析」アプローチ，②「法学と経済学」アプローチ，③法学と経済学の「相互参照（相互浸透）」アプローチと呼んでおこう．まず前二者について，本節で説明する[12]．

　第1の「法の経済分析」アプローチはポズナーの書名でもある Economic Analysis of Law を源流とするもので，アメリカにおける「法と経済学」の発生史を，最も忠実に体現している．このアプローチでは「法」(Law) は経済分析の研究対象ではあっても，それ自体が学（すなわち法学＝Jurisprudence）として経済学と交流するわけではない．つまり学問としての「経済学」(Economics) が「法」を研究対象にしているにすぎず，法学は孤立している（図1.1参照）．

　現在も「法と経済学」の分野では，このアプローチが支配的なようである．アメリカではシカゴ学派が「効率」や「富の最大化」を指標として法を分析す

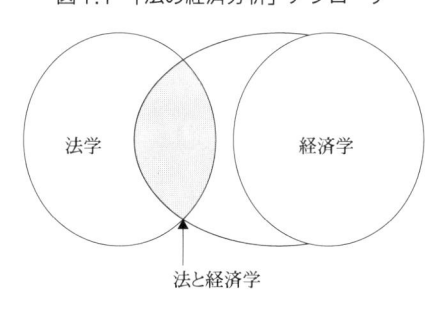

図1.1 「法の経済分析」アプローチ

---

[12] 従来の分類法は，規範的か実証的か，記述的か数理モデルか，といった軸で分類するものが多いが（たとえば，内田 [1990]，松浦 [1994b]，飯山 [1998] など），実は法学と経済学が後述のようにディシプリンを異にし，簡単には融合しないことを前提にすれば，本文のような分類の方が妥当ではないかと思う．

ることで，この伝統を継承している．わが国でも「近代経済学，特に価格理論を中心にしたミクロ経済学の手法を使って，法律や法制度を分析すること」だという見方が支配的である．松浦［1994a］，岸田［1996］，飯山［1998］，細江・太田［2001］などにはこの傾向が顕著であり，八代［2003］は冒頭からその旨を明確に宣言している．

　経済学はもともと，あらゆる社会現象を限られた仮説で説明し，検証（反証）可能にしようとする実証科学（positive science）である．しかも最近では，数学と結びついたことによって科学性が一段と高められ，その地位は揺るぎないものになったかに見える．しかし社会現象に関する仮説は，実験で確かめることのできない部分があるし，環境の変化によって有効性が変化することもある．このことを忘れて，経済学が他の社会諸科学に優越するかの如く考えるのは，「経済学帝国主義」あるいは現代風には「経済学原理主義」に陥るおそれがある．

　一方，分析の対象とされた法学の側の反応は，日本では「完全受容派」と「完全無視派」に分断されたかの感がある．前者の代表は林田教授で，法学にはそれ独自で法の合理性を説明する道具がないのだから，経済学の力を借りるのは当然ではないか，との見解である（林田［1996］［1997］など）．古城［1984］も（明示的ではないにせよ）それに近く，川浜［1993］は「解釈論と立法論への適用を峻別する」という後述する論点を別にすれば，「受容派」だと思われる．しかし，このような見解は日本の法学界ではごくわずかで，大方は現在でも「完全無視」を決め込んでいるかのようだ．経済学帝国主義も問題だが，逆に完全無視が「法学モンロー主義」になれば，学問の発展にとっては好ましくないであろう．

　第2の方法論は「法学と経済学」アプローチである．第1のアプローチでは，経済学─→法学という一方的な流れであったのに対して，この方法論では法学⇄経済学と流れは双方向であり，両者が学際研究を目指すことになる．用語法にこだわれば，この方法は「法と経済学」ではなく「『法と経済』学」を念頭におくことになり Law and Economics の Law は「法」ではなく「法学」である（この意味では，Calabresi［1970］のサブタイトルである Legal and Economic Analysis と改称すべきかもしれない）（図1.2参照）．

図1.2 「法学と経済学」アプローチ

法学　経済学

法と経済学

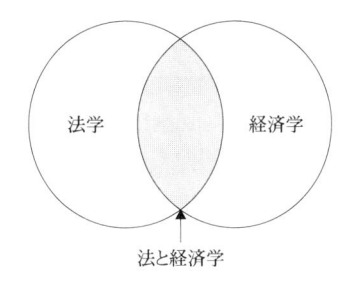

　アメリカでも，シカゴ学派に対抗するイェール学派（カラブレイジを代表とする）の考え方にはこのニュアンスがあり，「効率」だけでなく「正義」や「公平」による効率性の制約にも配慮している．また，現在アメリカで最もポピュラーな「法と経済学」の入門書であるCooter and Ulen［1997］の著作たちは，「ミクロ経済学の手法を用いて法制度の分析を行う」という立場を維持しつつ，次のように法学の研究が経済学の分析にも役立つとして，相互交流を認めている．「経済学上の重要な問題について，法律学は経済学者に極めて多くのことを教えることができる（経済学者は他の分野にも貢献するが，逆にそれらから教えを受けることは稀で——法と経済学は幸運にも，この原則に対する例外となっている）」（太田訳［1997］）．

　わが国でも「法と経済学」が輸入された直後の反応は，アメリカの方法論は第1のものであるが，わが国に応用するにはこの第2のアプローチが必要ではないかという気分が横溢しており，この傾向は現在もなお継続していると思われる．このアプローチによれば，前述の「経済学帝国主義」対「法学モンロー主義」という争いは回避できる．しかし学際研究を試みることに価値があることと，成果が得られることとは全く別である．

　そこには「学際研究における縮みの法則」という危険が待っている（林［2003f］）．この法則の要点は，A・Bの2つの領域にまたがる学際研究の成果は，A・B個々の成果の和になるよりも積になる，というものである．つまり P_A，P_B を夫々の個別分野における成果（$P_A<1$, $P_B<1$）とすると，全体の成果Pは，$P=P_A\times P_B$ となるので，学際研究は単独分野の研究よりも成果が劣

りがちになる．そこで学際研究には用心深く取り組み，両方の学問分野にはそれぞれ固有の特徴があることを認識しておくことが不可欠であろう．

法学と経済学のディシプリンがどのように違うかについて，「法と経済学」を目指した両学問の交流の過程で得られた知見をもとに要約してみると，およそ表1.1のような結果になろう（前出の林田［1996］［1997］，古城［1984］，川浜［1993］のほか浜田［1977］，平井［1976b］，Cooter and Ulen［1997］など）[13]．ただし，ここでは法学を法解釈学に限定し，立法論については次節で論ずる．

表1.1　法（解釈）学と経済学の違い

項　目	法（解釈）学	経　済　学
目標と前提	正義（justice）の実現（形式的・実質的・個別的・手続的正義を含む），社会の安定	効率と公正（efficiency and equity），資源の希少性
人間観	妥当（reasonable）な判断をする人	経済人（homo economics）＝合理的（rational）
方法論	規範的（normative），法的思考（legal mind）	実証的（positive）かつ科学的
適用対象	ケース・バイ・ケースの紛争解決（病理学）	一般的な法則発見（生理学）
重視されるもの	結論と推論過程	結論
事前・事後	事後（ex post）的・予防的	主として事前（ex ante）
得意分野	個別案件についての紛争の解決と実効性（enforcement）	大量現象についての法則の発現と応用

（注）　表には分類しにくい例として，「法は常識を前提とする」というような仮説がある．確かに「自然科学の天才には奇人・変人も少なくないが『非常識な優れた法学者』はちょっと考えられない」（内田［2002］）ので，経済学が数学の力を借りれば借りるほど，この差は大きいのかもしれない．そしてこの指摘は「法学は科学たりうるのか」という疑問につながる．1950年代から60年代にかけて，わが国独特の「法解釈論争」が展開された過程では，「科学としての法律学」が志向されたが，今日ではむしろ「法的思考」の独自性を強調する向きが多いようである（田中［1989］）．ただし独自性を強調するあまり，経済学などの博士はPh. D. だが，法学はLL. D. という別の範疇に属して当然だとまで言われると，いささか考え込んでしまう．

---

13)　表はあまりに抽象的だという読者には，次のような例を示しておこう．「損害賠償ルールをどのように設定するかによって，公害を伴う財の社会全体の生産量や価格が決まるという命題は，ミクロ経済学の問題である」（浜田［1997］）が，法学者にとってはマクロに映るかもしれない．ただし，その予測自体が経済学的な発想で「損害はいくらか予め分かっていれば，そもそも紛争は起きない．──それがわからないからこそ紛争が起こり，訴訟の提起から裁判に至る」（平井［1976b］）とい

4．第3のアプローチと適用範囲

　この考えを押し進めていくと，第3のアプローチとしての「相互参照（相互浸透）」の方法論に行き着くように思われる（図1.3参照）．ここでは法学と経済学とは，それぞれのディシプリンを持った固有の学問領域であるが，資本主義の基本原則としての「市場主義」を共有しており（これを法学的に言い換えれば，「契約自由の原則」など自立した個人の意思決定を，最大限に尊重することとしており），この共通基盤を介して相互に参照し合い，時には他の方法論を受容することによって相互浸透することを期待している．先に述べた「比較制度分析」が可能なのも，グローバル化した各国の経済システムが，資本主義と法治国家としての共通基盤を持っているからである．

　しかも「法と経済学」による相互交流は，戦後50年余にわたる政治―行政―産業（政官財）複合体がもたらした，わが国に特有な弊害（私はそれを「独裁なき社会主義」と呼んでいる）を根本的に見直す機会を，与えてくれるのではないかと期待される．その欠点を要約すれば「効率」と「公正」を分けて考えることができないということになるが，この点はいささかわかり難いだろうから，少し例を引いてみよう．

図1.3 「相互参照（相互浸透）」アプローチ

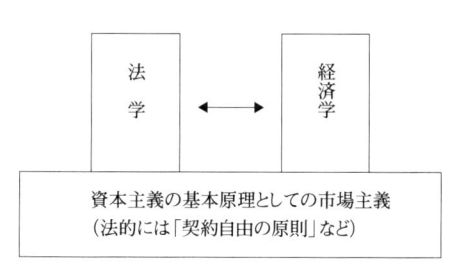

```
┌──────┐     ┌──────┐
│ 法  │ ←→  │ 経  │
│     │     │ 済  │
│ 学  │     │ 学  │
└──────┘     └──────┘
┌─────────────────────────┐
│ 資本主義の基本原理としての市場主義 │
│ （法的には「契約自由の原則」など） │
└─────────────────────────┘
```

うのが，法学者の見方かもしれない．同じ文脈だが「費用」という概念は，法学では具体的金額の想定なしでは語れないが，経済学では抽象概念である（浜田［1977］）．同じく「コースの定理」について，法学の側で付すべき制限条件について，平井［1976c］No.620参照）．

たとえば私は「ユニバーサル・サービス」という20世紀初頭のアメリカの電話事業に端を発する概念を，日本に移植したことに誇りを感じている（林・田川［1994］）．ユニバーサル・サービスの仕組みとは，国民生活に不可欠とされるサービスを，所得や住所にかかわらず全国的に提供すること（公平）であるが，それが「市場」を通じてなされるところ（効率）に特徴がある．ところが，この概念が日本に移植された途端「市場を通じて」の部分が忘れられ，もっぱら受益者の権利であるかの如く誤解されてしまった[14]．誤解を解くために私は，その後の著作において必ず「効率を通じた公正」というサブタイトルを，付けざるをえなくなったほどである（林［1998］第5章）．

同じことは「市場の役割と政府の役割の未分離」についても言える．たとえば経済の専門紙を標榜し資本主義の信奉者であるはずの日本経済新聞ですら，「○○省××の方針を固める」といった見出しの記事を掲載することがある．中味を読んでみると，たいていの場合××の方針は国が決定すべき事項ではなく，事業者が自主的に決定できる（すべき）場合が多い．しかも××の方針を決めたといわれる審議会に，日本経済新聞の関係者が加わっている場合，これを何と評したらよいのだろうか．「官営経済」についての同社の鋭い分析とは，正反対の顔を持っていることに驚かざるをえない[15]．

この点で，アメリカ発の「法と経済学」のわが国への受容過程において，平井教授が提唱した「法政策学」という考えは示唆に富んでいる（平井［1976c］［1978］［1995］など）．同教授が永らく専門にしてきた不法行為法の分野では，従来の訴訟が当事者間の利害調整を求めた「紛争志向型」であったのに対して「紛争当事者を含む一定の集団ないしはクラスの人々」に対する財や損失の配分を争う「政策志向型」訴訟が増えてきた．その代表例である公害裁判では，実質的に問われているのが「企業の経済活動のあり方」や「人々の生活水準のあり方」という大問題なのに，これまでの法＝正義的発想では「不法行為の要

---

14) 同じことは債務超過に陥った企業をどうするか，民間会計を適用すれば債務超過になっている公営事業をどうするか，といった局面にも共通して現れる．まず「効率」を適用してこれらの企業を市場から撤退させ，しかる後に「公平」の見地から政府が為すべきことがあるかが問われなければならないのに，両者が混同され同時に検討されている．

15) マスコミがほとんど，社会主義に近いメンタリティを持っていることについて述べればキリがないので，他の論稿に譲る（林［1998］などを参照）．

件と効果」という制限の中で勘案するしかない．

　そこで平井教授は，「損害発生の危険を高度に有しながら，有効性のゆえに許容せざるを得ない社会活動を，どのようにコントロールし，生じた損害を社会の誰にどのように配分するか」という「現在の諸制度を評価改善するための理論の開発」のためには，法＝正義とは違った目的＝手段思考様式が必要だとして，「法政策学」を提唱している[16]．

　平井教授の指摘は裁判を前提にしたものであり，従来の法解釈学の中に目的＝手段思考様式（＝政策）を持ち込もうとするところにユニークさがある．すなわち同氏は，法や制度の問題のあり方を「問題点が実際の運用を通じて，極めて特定化された形ですでに明らかになっている分野」と「既存の法や制度の延長線上にあるが，必ずしも既存の法や制度がカバーしてこなかった領域」を分け，法政策学の適される余地は前者において少ないが，後者においては大いにあると論じた（平井［1976c］No. 622）．

　上記は適用領域を主体にした区分であるが，前者で活躍するのは法解釈学であろうから，法解釈学の手に余る「立法論」の面では「法政策学」の活躍の余地がある，と言い換えることも許されよう．平井［1995］では，初版［1987］において政策志向型訴訟に対応するための学に限定していた発想を改め，制度設計にも対応する学として「法政策学」を位置づけ直したかに見える．

　そしてこの延長線上に，実定法学者として「法と経済学」の法解釈学への安易な適用を戒めた川浜［1993］が生まれた．同教授は最近の経済理論の展開を踏まえたうえで，経済モデルを単純に法解釈に適用することの危険を指摘し，かつての概念法学にも似た「概念『法と経済学』」に陥る惧れがあると警告している．こうした指摘を踏まえて常木［1997］は，法学と経済学の方法論を比

---

[16]　分野が全く違う刑法の藤木教授も，それに近い見解を示している（小宮ほか［1976］）．「法政策学」という考えは，法解釈学が中心のわが国にあっては，無から有を生じさせようとするアイディアと思われるからかもしれないが，私のように長らく「経済政策学会」に属している者にとっては，奇異でも新奇でもない．経済学は基本的には表1.1にあるように実証科学であるが，厚生経済学のように規範的部分を扱う分野もあり，経済政策論も経済学の手法を用いる限り，その一分野であるとされる．ただし，この考え方を拡張して「政策科学」（policy science）という学際的な領域が可能か否かについては，なお慎重な検討を要する．「総合政策学部」の乱立と停滞を考えるとき，私自身は懐疑的である．次節も参照のこと．

較考察したうえで，法テキストの解釈という面（法解釈学）においても，モデルの設定と検証という経済学の方法論が，役立つ余地のあることを論じている[17]．また，経済学の手法を法学に応用するだけでなく，その逆の場合も有益であることを論じており，図 1.3 に近い発想であると推測される．

ところで第 2 節における記述から，アメリカにおいて「法と経済学」が有効性を発揮できるとしても，わが国においては果たしてどうだろうか．アメリカにおける学会の設立（1991年）に遅れること12年にして，わが国にもやっと「法と経済学会」が誕生した（2003年）が，そのいきさつから可能性を再確認しておこう．

従来，日本の法学は，成文化された実定法の意味を探求する「法解釈学」を中心にして発達してきた．つまり議会で成立した法律や条例を与件とし，当事者間の利益衡量や判例の動向等を踏まえて，複雑な法体系の論理整合的な解釈として，最も適切なものは何かをめぐって論議がなされてきた．しかし，現存する法の整合性を確保し複数の価値の衝突を調整する場合，複数の解釈間の優劣を論理的に決することは困難となる（もっとも田中［1989］のように，対話的合理性に立脚すれば別であるが）．また，立法に当たっての制度設計が，どのような経済社会的効果をもたらすかについて，判断する枠組みは十分には提供されてこなかった．

一方経済学は，ある法の下で希少な資源が無駄遣いされずに活用されているか否かという「資源配分の効率」と，どの主体がどの程度利得し，どの主体がどの程度損失を被っているのかという「所得分配の公正」について分析を蓄積してきた．このような意味では，実際の法や判例を素材にすることは十分可能なはずであるが，実際には「法解釈学」で争点となってきたような具体的な論点は，経済学における確立された研究対象とはなっていない．立法作業にあたって経済学的知見が活用されることも，これまで稀であった．

---

[17] わが国における「法と経済学」は70年代中葉と80年代中葉に高まりを見せた．後者の雰囲気を良く伝えている小林ほか［1987］によれば，法と経済学の今後の役割として，①法学教育における活用（経済学の視点から説明を加えることで，法学的な思考とはどういうものかを際立たせる），②比較法的な視点と組み合わせて各国の制度の差を説明する，③実証的な分析が解釈に役立つことがある，といった諸点が挙げられている．

このように日本での「法と経済学」の成果は，不法行為法など一部の領域にとどまり，法の重要分野を網羅するには程遠い．また，その方法論が，法学界においても経済学界においても共有されているとは言い難い．「法と経済学」の知見をより多くの分野にわたって蓄積していくことは，法学・経済学双方に未知の知見を提供するとともに，新しい学際的研究活動として学術的意義を持つであろう[18]．また実務的にも，わが国の構造改革にとって何が必要で，どのような手段が望ましいかという，分析枠組みを提供してくれるだろう（八代［2003］）．

以上を，アメリカにおける「法と経済学」の誕生理由（第2節）と比較すれば，第1と第2の理由はアメリカに特有なことだが，第3の理由は全く逆のベクトルにおいて，日本への適用可能性が大である，ということになろう．

5．財産権ルールと不法行為ルール

さて私のように，実務上の必要性からいつの間にか「法と経済学」に迷い込んだ者（林［2003f］）にとっては，所有権に代表される各種の財産権がなぜ生まれたのか，どのような経済合理性があるのか，有形財だけでなく無形財にも同じ考え方で良いのか，に非常に興味がある．

世の中で起きる紛争を回避して，取引を円滑化したり正義を実現するための手段は，いくつも考えられよう．しかし資本主義社会では，財産を私的に所有できることを前提に，これに強い排他的権利としての財産権（property right）を与えること（財産権ルール[19]）が第一義的であるとされている．排他性の主なものは，①使用権（方法を問わず無期限に使用できる），②収益権（他人に利用させて対価を得ることができる），③譲渡権（自由に売却できる）であるが，派生

---

[18] 中里［2003］は，租税法という法学と経済学が交錯する研究分野において，法と経済学の交流の重要性を説くとともに，そこで生ずる摩擦についても言及している．このように「法と経済学」の正しい理解者がいる一方で，新設の法科大学院では，「法と経済学」が実学として評価されているとは言い難いのは，残念なことである．

[19] 以下では property right を「財産権」と，property rule を「財産権ルール」という訳語に統一しており，一般の経済学の書物が使う「所有権」「所有権ルール」という用語は，明らかに所有権を指す場合以外には使っていない．

的には担保を設定したり他人の利用を排除するなど、ほとんどあらゆる手段が可能である．しかもここで，妨害排除のために差止めを請求できる点が，後述の著作権制度との関連では大切である．この意味では「財産権は権利の束」であり，「財産権は絶対である」という命題は，一応の妥当性を持っている[20]．

「なぜ財産権ルールが必要なのか」（あるいは有効なのか）について，経済学者が加える最も素朴な説明は「コモンズの悲劇」の寓話である（Hardin [1968]）．誰も権利者がおらず，誰もが羊を連れてきて自由に牧草を食べさせることができる，共同利用地（コモンズ）があるとする[21]．出入りが自由なのだから，羊を連れてくる人は次第に増え，やがて牧草が再生不能なまでに食べ尽くされてしまうという「悲劇」に陥る．これは経済学的には，取引当事者の行為が他人にも影響（外部性）を及ぼしていることだから，それを内部化する仕組みが必要だ，ということになる（Demsetz [1967]）．法的には排他権を設定すれば，権利者は自分の土地を最大限に活用しようとするから，柵を設けて料金をとることによって羊の数を制限し，資源を維持可能にするだろう．このときの権利が，財産権だというわけである[22]．

一方この対極に，「アンチ・コモンズの悲劇」という現象がある．これは社会主義の崩壊直後に旧ソ連などで広く観察された現象で，国有・国営（コモンズ）であった資産を，市場原理に委ねた（アンチ・コモンズ）としても，コモンズの悲劇と同様うまくいかなかったことのたとえである．なぜうまくいかないかといえば，所有権のように完全な排他性を付与しない中間形態であったり，区分所有の概念が不明確なため取引が実行上不可能になって（アパートの一室の権利をもらっても，他人に貸そうにも家賃は統制されているとか，転売は当局の承認が必要というように），結局はマフィアによる enforcement に頼らざるをえ

---

20) 後者の命題は，問題の設定自体が大陸法系の発想かもしれない．もっとも絶対の所有権といえども「公共の利益」のための制約を免れることはできない．「土地収用法」などによる収容は，その好例であるが，日本では意外にも発動が極めて限られている．

21) コモンズは通常「共有地」と訳されているが，わが国の法制では「共有」は「共有持分が特定されていて持分の処分がかなり自由」なケースを言うので（民法249条以下），一般用語と語感が著しく異なることから，本文のように訳した．併せて入会権に関する民法263条と294条を対比されたい．

22) しかし歴史的事実は全く逆で，資本主義登場以前の社会ではコモンズは法律以外の規範（たとえば村八分という制裁）によって維持されており，市場経済システムが逆にコモンズを破壊した（牧草地にしておくより宅地開発に転用するなど）という見方の方が，当たっているかもしれない．

なくなったからである (Heller [1998])．

　そこで最新の経済学の発展は，財産権の説明をもう少しエレガントにしている．経済活動の主体が意思決定をするにあたって，あらゆる情報が入手可能でしかも無料だとし，また契約を締結したり実行するにあたっても同じ条件であるとする．そうすれば，契約の当事者はあらゆる条件を想定して事細かな契約書を作成できるので，事前に何らかの形で権利が与えられていなくても不都合はない (Hart [1995])．

　しかし現実の社会では，以上に述べたことは全くの虚構であろう．入手できる情報には限界があるし，コストもかかる．将来を予見することはさらに難しいし，仮に予見可能であったとしても，契約書に細かく規定することは難しい（清水・堀内 [2003])．また取引当事者の経済行為が第三者にも影響を及ぼすとすれば，その外部効果を「内部化」しなければ社会全体のコストがわからない．このような中で取引を可能とするためには，特定の契約のパターンを「バンドル」して権利として付与し，不確実性と取引コストを最少限にしておくことが望ましい (Landes and Posner [2003])．またその権利者も一人に絞っておく方が良い．なぜなら権利者が多いと，アンチ・コモンズの悲劇に陥りやすいからである．

　このようにして所有権を代表とする「権利の束」が生まれ，取引を個々に判断しなくてもよくなったことから，迅速かつ大量な取引が可能になった．また，このことは同時に意思決定が集中的・権力的になされるのではなく，分散的・市場的になされる（なされうる）ことを意味する．私有財産制度が，資本主義経済システムや民主主義政治システムと分かち難く結びついているのは，このような事情による．

　ところで，あらゆる物に財産権が付与されるべきだろうか？　また付与可能だろうか？　経済学では市場における取引の対象を「財貨」と名づけるが，それには排他性があるもの（他人の利用を排除することが物理的にもコスト的にも可能なもの）とそうでないものがあり，また私が使っていれば他の人が使えないもの（競合性があるもの）とそうでないものに分けることもできる．このマトリクスは図1.4のようになり，4つのケースが生ずる．

　最も一般的なものは排他性も競合性もあるもので，私的財 (private goods)

図1.4 排他性と競合性による財貨の分類

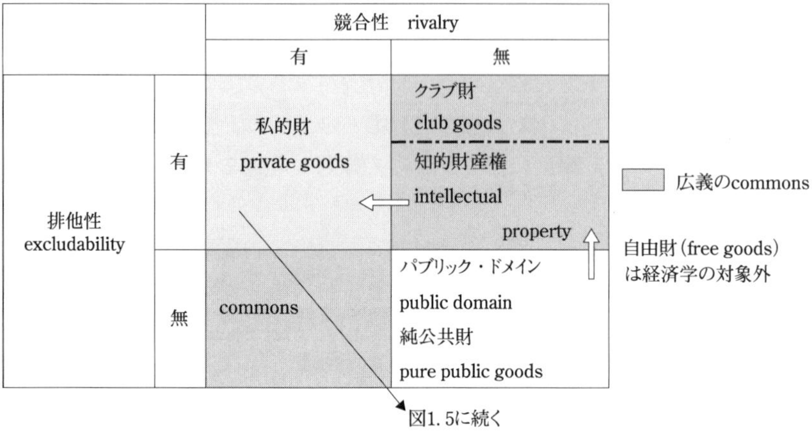

		競合性　rivalry	
		有	無
排他性 excludability	有	私的財 private goods	クラブ財 club goods / 知的財産権 intellectual property
	無	commons	パブリック・ドメイン public domain / 純公共財 pure public goods

広義のcommons
自由財（free goods）は経済学の対象外
図1.5に続く

と呼ばれる．この対極にあるのが排他性も競合性もない「純公共財」（pure public goods）であり，国防・警察・消防などが代表例とされる．その他の2つのボックスは通常コモンズと呼ばれることがあるが，狭義のコモンズは「排他性はないが競合性がある」もの，つまり「悲劇」を伴うような混雑現象が生ずるものに限定される．残った部分は，「排他性はあるが競合性がない」もので，クラブ財と呼ばれている．

　ここで3つの点に注意が必要であろう．1つは財産権が関連しているのは，私的財の領域に限られていることである（もっとも後述のように，財産権だけが正義の実現手段のすべてではない）．しかし数量的に見れば，世の中に存在するものの大多数は，私的財として取引可能である．2点目はこれと相反するようだが，財産権（なかでも所有権）は最も強力で最も権利者に有利だから，私的財以外のケースもなるべくこれに依った制度にしようというベクトルが働くことである．知的財産権は次節で述べるように財産権（とりわけ所有権）とは本来異質のもので，経済学的性質は純公共財に近い．しかし図1.4の中に⇒で表示したようにクラブ財的に扱い，さらには私的財として扱いたいとする人が多い．

　第3点は，この表は経済学が取り扱いの対象とする財貨の分類図であって，

経済学が扱わない「自由財」は入っていないことである．自由財というのは，資源が無限にあって「有限性（あるいは希少性）」のゆえに資源配分のあり方を論ずる必要がないもの（制約から自由）のことである．しかし，それも時代とともに変化する．たとえば水が自由財であった時代もあったろうが，今日では私的財である（もっとも公的供給の例が圧倒的だが）．かつては空気は自由財であったが，今日では汚染を心配する限りにおいて，空気に対する「負財」(bads) の存在を考えなければならなくなった．

6．事前の権利設定対事後の救済

ところで，財産権のようなあらかじめ明確にされた何らかの権利がなければ，この世の中の正義が実現されないか，と言うとそうではない．たとえば私の家は空港の近くにあるが，私は古くから住んでおり空港が後からできた．風向きにもよるが，離発着の際の騒音に悩んでいるとしよう．私は財産権に基づく妨害排除も請求できそうである．しかし，所有権が上空どこまでも，地下のどこまでも及ぶとすれば，飛行機が飛んだり地下鉄を走らせたりすることが，著しく困難になってしまう．そこで法的には「土地の所有権は法令の制限内において」のみ「その上下に及ぶ」こととされ（民法207条），こうした事例は「所有権」の問題ではなく「不法行為」（民法709条以下）として捌いている（liability rule＝不法行為ルール）．

不法行為とは，故意または過失によって他人の権利を侵害した者が，その損害賠償の責任を負う仕組みで，ここでの権利は財産権のような排他的権利だけを意味しない．このケースで侵害されているのは，土地の所有権ではなく「平穏な生活」というような一般的利益（保護されるべき法益）である．また加害者と被害者の間には契約のような法的関係はなく，両当事者はいわば赤の他人である．

ここで図1.5により権利の強弱を考えてみよう．財産権のような権利付与は，「事前の権利設定」(ex ante entitlement) であるのに対して，不法行為による救済は事後的な救済 (ex post remedy) で，後者の場合は原則として過失責任 (negligence) である[23]．したがって財産権ルールの方が，排他性や対世効（関

係当事者だけでなく，第三者を含む世間一般に対する効力）が強い．これに対して不法行為ルールでは，加害者による故意や過失があることを被害者の側が立証しなければならないなど，実効性の面で弱い権利であることは否めない．この中間に「契約自由の原則にもとづいた各種の契約」（contract）が成立しうるが，これは締結当事者を拘束するだけで，原則として第三者や社会一般に直接効力が及ぶものではない．

　資本主義社会では，この3つの制度が相互に競争したり補足し合っている．たとえば，公害を例にすると，先の騒音のケースのように不法行為で処理することもできるが，当事者間の契約によって解決することもできる．また京都議定書で創設された排出権（空気を汚す権利）類似の権利を設定して，それを取引可能にすることもできる．しかし総じて言えば財産権（とりわけ所有権）が最もポピュラーで最も強力な手法と言えよう．したがって権利を主張したいと言う人々が，entitlement を求めてロビー活動を行う傾向があるのも肯ける．図1.4で示した知的財産権を私的財とみなすベクトルに対応して，図1.5では権利設定から右下方に矢印が出ているのは，この傾向を示している．

　なおこうした仕組みについては，判例法を中心とする英米法の体系と，成文（制定）法が中心の大陸法の体系とでは，論理の積み上げ方に差があることにも注意が必要である．英米法で property と呼ぶときには，もともと何が property であるか成文法にすべて書いてあるわけではなく，長期間に大量の判例の中で決められてきた．一方大陸法の世界でこれに対応するのは，「所有権」などの限られた「物権」だけで，それらはすべて制定法に明記されていなければならない（物権法定主義，民法175条）．英米法では property の反意語は liability かもしれないが，大陸法では「物権」の反意語は「債権」[24]である，などなど．

---

23)　ただし近年，公害や製造物責任の問題がクロース・アップされたことにともなって，過失がなくても責任を負う（無過失責任，strict liability）とか，損害の証明さえすれば過失が推定されるとか，損害額を推定するなどの手段が導入され，被害者の挙証責任が免除あるいは軽減される傾向にある．

24)　債権を英訳するのは意外に難しい．contractual right, debt, claim, account receivable, personal right, chose in action などがあり，文脈に応じて使い分けるしかないようだ（『朝日新聞』2002年2月4日参照）．

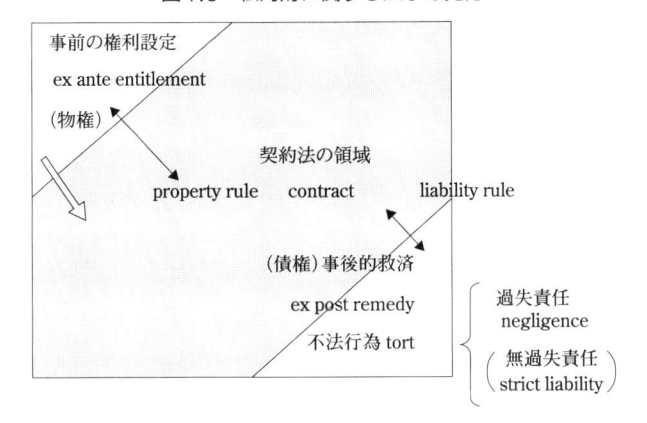

図1.5　私的財に関する法学の見方

```
事前の権利設定
ex ante entitlement
（物権）
                  契約法の領域
      property rule   contract      liability rule

              （債権）事後的救済
                  ex post remedy     過失責任
                  不法行為 tort       negligence
                                    無過失責任
                                    strict liability
```

　しかし，ここでは差異に注目するより，類似性により重点をおいて考えてみたい．と言うのも，「法と経済学」の代表的論文の1つである Calabresi and Memaled［1971］の最大の貢献は，まず財産権ルールと不法行為ルールとが，代表的な社会統制の手段であることを明らかにしたこと．さらには，それらには包括されえない inalienable なもの（一身専属的なもの，代表例として基本的人権）があることを明らかにし，現在の法体系全体（彼らの表現では cathedral）を眺める共通の視座を提示した点にあると思われるからである．そして，このような視点から見れば，英米法系も大陸法系も，人間の考えることは共通したものであると言えなくもない．

7．著作権の「法と経済学」

　この3分法は，そのまま著作権の「法と経済学」に適用可能である．まず，さしむき inalienability（著作者人格権）を検討の対象から除外し，財産権ルールか不法行為ルールかという問題を，現行法を前提としない白紙の状態で検討してみよう．
　著作権の目的とするところは，一方で創作者にインセンティブを与え，より多くのより多様な作品が生産されるようにすると同時に，発表された作品がより多くの人に利用されて多様な文化が花開くことに期待している．この目的の

前段は事前の (ex ante) 問題であり，後段は事後の (ex post) 問題であって，しかも両者はトレード・オフの関係が強い（著作者の権利を強めれば利用者の利用が厳しくなり，利用者の自由度を高めれば著作者の権利は弱くなる．第3，第4章参照）．

しかしインセンティブを主体とした説明は，著作権の歴史を振り返ってみると，ごく最近の理論であることがわかる（表1.2，半田 [1997]，白田 [1998] など参照）．著作権の源流とも言うべき「出版特許」は，15世紀のイタリアに始まり，16世紀以降ヨーロッパ諸国に広まったとされる．当時印刷機という固定資産に相当額の投資をし，古典の複製に労力をかけて事業を始めた印刷業者の思惑と，印刷を産業として振興したい国王との利害が一致し，国王が印刷業者に独占的出版権を付与したのが始まりである．しかし，その背景には，印刷が自由に行われると人々の政治意識が高まって，統治の基盤が危うくなることを恐れた国王の思惑が見え隠れする．したがって，独占的出版権と検閲とが同居していたことも，また特許料という国庫収入が期待されていたことも，想像に難くない．

しかし，やがてブルジョア革命によって，市民が新しく政治の表舞台に登場すると，著作権に関する考え方は180度の転換を見せる．ここでは自立した個人が本来的に持つ「自然権」と，それを憲法上の権利として確定した「基本的

表1.2 著作権保護の法理

法理	概要	適した環境	備考
印刷業者の独占的営業権	国王などの国家権力から独占的出版を認められた事業者の権利	絶対王政	検閲，コピーライトの言語と密接な関連
自然権	自立した個人が本来的に持つ権利の1つ（思想・信条の自由，言論・出版の自由の発露）	近代市民社会	基本的人権，所有権の絶対性，契約自由の原則などとの関連
インセンティブ	文化の発展のために創作者に与えるインセンティブ	工業（産業）社会	工業所有権，知的所有権という用語との関連，文化面重視
情報の円滑な流通	情報財の取引が主体となる社会における，取引の円滑化と安定性の確保	近未来の情報社会	情報財の値づけとの関連，産業面重視，独禁法とのバランス

人権」が最大限に尊重されることになった．「思想・信条の自由」「言論・出版の自由」は，その重要な一部であり，かくして著作権も「自然権」の側面から論じられた．

この文脈を貫徹すれば，著作権は「精神的自由権」の一種となり，「著作者人格権」こそが主たる権利となったはずなのに，実際はそうならなかった．著作権を確立するための運動に積極的に参加した作家達にとっても，「著作者人格権」だけでは生活の糧にならず，財産的価値を生み出すことが当面の目標であった．かくして「著作財産権」が重んじられ，「著作権」は創作を生み出すプロセスである「精神的自由権」ではなく，創作の成果を保護する「精神的所有権」とみなされることが多くなった．つまり自分が生み出した著作には，自分の財産権が及ぶはずだという論理であった．

その後，産業革命を経て工業が発展し，先進国では産業社会と呼ばれる時代が到来すると，若干違った見方が有力になった．ゆとりが生じた人々には，創作者の権利そのものよりも，創作者に何らかのインセンティブを与えることが，文化を発展させ社会全体のためになるという，「インセンティブ論」がフィットするように思われたからである．現行の著作権条約などは，ほぼこの時代の産物であり，片方で経済自由主義に依拠する「所有権の絶対性」のアナロジーを掲げながら，他方で「文化的側面」をも重視する制度となっている[25]．

しかしデジタル時代の到来は，このような牧歌的秩序を根こそぎ転換する勢いを持っている．なぜなら，かつてはマス・メディアに固有の機能だと思われていた「情報の大量の流通」がインターネットのおかげで個人にも可能となったからである．これまでの制度は，何らかの形で「仲介業者」の存在を前提にし，流通段階を押さえることで実効性を担保してきた．しかし誰でも情報を生産し，流通させる手段を持った以上，その流通を専業にする者だけに特定の権利を与えることは，かえって流通の妨げになることさえ想定される．これからは「情報の円滑な流通」にふさわしい新しい制度を設計することが，求められ

[25) これは一般的にインセンティブ論と呼ばれている説明法で，その妥当性は終章で検証される．なお自然権説（表1.2）の「自分が生産した有体物に対して排他権が生ずるなら，精神的生産物に対しても同様の権利が生ずるのは当然だ」とする主張は，有体物と無体材を同列に扱うことになるので採用できない．なお田村［1999］は別の論点から自然権説を否定する．

ていると言えよう．

ところで，アイディアや著作物を保護する方法としては，前述の財産権ルール・不法行為ルール（一般不法行為ルール）の他に，保護されるべき利益を害する行為を特別に禁止する方法（特定行為規制ルール）の，3つのパターンが考えられる（表1.3参照）．したがって純理論として考えれば，仮に著作権法がなくても，創作者の権利を害する行為は不法行為による損害賠償で，ある程度までは守ることができる．しかしこの方式だと，原則として差止めが認められず，損害額の立証等においても困難が多い．

表1.3　知的財産の保護方式

方　式	内　容	現行法	効　力
財産権ルール	創作者に権利を付与する	特許法 著作権法など	差止請求，妨害排除請求，損害賠償請求，譲渡，相続，実施許諾，第三者への対抗，担保権の設定など
特定行為規制ルール	不正競争により創作者等の営業上の利益を害する行為を禁止する	不正競争防止法	差止請求，損害賠償請求（損害額の推定の規定あり）
一般不法行為ルール	故意または過失により，創作者等の利益を害する行為を禁止する	民法	損害賠償請求のみ

そこで，このような権利の固まりが社会的に認知されるようになると，模倣などの行為を不正競争行為として禁止するようになる．すると創作者は，自ら生み出した情報財を事実上独占的に利用することが可能になり，法的地位が高まる．ここでは違法行為に対する損害賠償はもとより差止めも認められる．この権利性がさらに高まり，所有権に近い位置づけがなされたのが，現在の知的財産権である．これによって差止請求権（著作権法112条など）や損害賠償請求権が認められるだけでなく，譲渡・相続・実施許諾・担保権の設定などが可能になり，善意の第三者にも対抗できることになる．

以上は純理論として枠組みを設定してみたものであるが，近代以降の歴史的

展開から見ると，実は順序が逆であったことが表1.2と表1.3の対比から読み取れるよう．印刷術の発展とともにその営業に特許が与えられ，やがてその中から著作権が分岐していったように，財産権ルールが最初に出現し，不法行為ルールが後追いしたのである．

したがって制度の発足から短く数えても3世紀近くを経た現時点で，ゼロ・ベースで制度をデザインすることが可能だとすれば，所有権類似の構成をとることは必ずしも絶対条件ではない．むしろ情報財の諸特性から，それが図1.4における純公共財に近く，私的財として扱うことが擬制にすぎないことに着目するなら，権利付与法制は権利保持者にあまりに有利とも言えよう．なぜなら，中山［1997］の言うように，「有体物の場合は，物理的な限界から一人にしか貸せないし，またその利用も物理的な限界があるため，賃貸料にも自ずから限界がある．しかし，財としての情報については，消費の排他性がないため，利用の物理的限界はなく，無限に利用可能性があるため，ライセンスを通じて取得しうる利益も，理論的には無限の可能性がある（もちろん現実には，マーケットの制約はある）」からである．

しかもこのような状況は，利用者が高度な技術を駆使し，権利の網をくぐろうとする行為を誘発しやすいことも意味している．つまり良くも悪くも「情報それ自体が資産的価値を持つ時代」（中山［1997］）になったわけであり，法のあり方も，そのような変化に対応するものとして考察されなければならない．

ところで，現行法での著作権とは，著作物（思想又は感情を創作物に表現した一定範囲のもの．著作権法2条1項一号）に所有権に類似した排他権を設定したものである．しかしこの排他権は，先に所有権で例示した3つの代表事例のうちでも第1に掲げた使用権を主たる内容としたものではなく，主として収益権を念頭に置きつつ，使用許諾の権限を留保したもの，つまりは「禁止権」という側面が強い（田村［2001］）[26]．「自ら使用する」のではなく，「他人に利用を許諾したり禁止する」ことを主たる目的とする権利を，どのように設定したらよいかは，まさに entitlement の問題である．

このような事実認識に立って「機能的知的財産制度」を説き，著作権を含め知的財産制度全般について抜本的とも言える読み替えを行なっている田村［1996］［1999］の努力は高く評価されよう．それまでの著作権法の解説書が財

産権ルールを所与のものとし、「なぜ著作権が必要なのか」という説明抜きで著作権法を解説していること（半田［1997］、斎藤［2000］、加戸［2003］）、また知的財産制度全般についても同様であること（紋谷［2003］）に比べれば、この転回は「コペルニクス的」と言えるかもしれない（作花［2002］にも、ややそのニュアンスが感じられる）。

しかし上の記述を見れば、経済学者なら誰でも「これは経済学の問題だ」と叫ぶのではなかろうか？　なぜなら経済学の問題の多くは、事前と事後の最適化問題や生産者余剰（著作者の取り分）と消費者余剰（利用者の便益）を加えた、社会的余剰の最大化問題を解くことに消されているからである。そこで本書では、主として経済学の力を借りながらどのような entitlement が望ましいか、あるいは entitlement は要らないのかを表 1.2 によって考えていくことにしよう。

引き続く第 2 部の分析は、主として著作権の経済学的分析であり、第 3 部はそれを踏まえた流通と創作過程における法と経済学的分析である。本章の第 3 節と第 4 節において「法と経済学」を 3 つの方法論に分解したが、第 2 部は第 1 のアプローチにより、第 3 部は第 2 のアプローチから第 3 のアプローチへの展開を視野に入れたものである。私達の意欲が、どの程度の成果をもたらしたかについては、読者諸賢のご批判を俟つしかない。何分にも前例のない試みであり、さらなる飛躍を期すためにも、ご批判と激励に期待している。

---

26) この意味では著作者の権利を主とし、利用者の利用を従とする説明は妥協性を欠くと思われるが、わが国ではそのような説明をするものが多い（加戸［2003］）など）。ただし、現行法が property rule をとり、物権的権利を設定する以上、「権利」と「権利の制限」という分類によらざるをえない面もある。この点は英米法における fair use と著しく異なる点である。

第2章 デジタル流通システムと著作権*

曽根原　登

1. デジタル・コンテンツ

1.1 情報とコンテンツ

「情報」を主要な財として世界が回る，情報社会が到来した．情報社会では，情報の制作や発信欲求，情報を媒体としたコミュニケーションやコミュニティ欲求，情報の共有や享受欲求がますます増大していくものと考えられる．近年，この「情報」と同じような意味合いで「コンテンツ」といった言葉が使われている．コンテンツは，本，音楽，映画，放送番組，広告宣伝やカタログ，ゲーム，ホームページといった具体的な形を持ったものから，知識や知恵，特許，ノウハウやスキル，経験や記憶情報そのものまで幅広い．本章では，情報とコンテンツを区別せず広い意味で用い，それが財貨として取引の対象になる場合には，「情報財（Information goods）」と呼ぶことにする．

このうち，デジタル化された情報，つまりビットの一連の流れとして符号化されたものは「デジタル財（Digital goods）」である．一方，デジタル化されていない，時間連続な波形や，信号強度が連続な，音波，光強度，電波，圧力やそれを電気信号に変換した情報を「アナログ財（Analog goods）」と呼ぶ．

---

* 本章の執筆に当たっては，特に第4.1節の分類法など，名和小太郎氏から，有益な助言をいただいたことに感謝する．詳しくは，名和[2004]を参照されたい．また情報技術，ネットワーク技術，著作権管理システム研究実用化の側面から議論して頂いた，NTTサイバーソリューション研究所コンテンツ流通プロジェクトの技術者の皆さんに深く感謝したい．また，ブロードバンド・ネットワーク技術に関して，ご指導いただいた東京工業大学の酒井善則先生，著作権の考え方や法律用語など法律家としてのご意見をいただいた，牧野総合法律事務所の若槻絵美弁護士に深く感謝したい．

アナログ財は，時間あるいは信号強度が連続であり，本来，無限に分解することができるため，原理的にその完全な複製はできない．一方，時間，強度，ともに離散値をとるデジタル財は，適切な技術とコストにより，その完全な複製，再生が可能である．

1.2 デジタル技術

　情報の発生源は，光強度や波の振動，圧力など時間変化する情報からなり，それらは電気信号に変換される．デジタル情報は，その電気信号を物理量と比較して，"1と0"の記号列に変換することを基本とする．このようにデジタル情報は，本質的に時間や物理量とは独立した，「普遍恒久的で局在性のない存在」である．明らかに，デジタル情報には，「意味，価値，効果」の概念は含まれていない（坂井［1982］）．事実，シャノン（C. E. Shannon）の情報理論は，情報の忠実再生の理論であって，意味，価値，効果の概念は扱われず，アプリケーションに帰属する問題とされている．また純粋なデジタル情報は，所有の概念と無縁であることも明らかである（第1章第5節参照）．

　伝送の過程では，デジタル・データは，物理量を持つ信号に対応づけられ，物理的な伝送路によって伝達される．受信側では，記号論理処理できるように再び記号列に変換され，多くの場合，人間の視聴覚情報処理を行うためアナログ信号に変換される．伝送路を，テープ，レコード，CD，DVDなどの記憶媒体と置き換えても，同じことが成り立つ．ここで，伝送路は物理システムであるから，各種の劣化要因が存在する．電波，電気，光などの信号の減衰や干渉，熱雑音，遅延などが劣化要因となる．これが，デジタル伝送では，ビット誤り，帯域変動，遅延などの劣化となり，複製，再生品質の劣化となって現れる．デジタル技術は，情報の忠実再生，つまり完全な複製と信頼性の高い再生を効率的に実現して，デジタル情報処理を行うために進歩してきた．

　理論的に言えば，電子化された信号は光速で伝播し，物理量と分離したデジタル形式での情報伝達は，劣化することなく情報の再生ができる．このような通信技術の実用化によって，物の伝達では実現しえない，情報伝達のリアルタイム性という「時間の克服」を実現した．また，無損失の再生中継からなるデジタル伝送システムは，情報を運ぶ距離に依存しないという意味で「距離の克

服」を実現した．このように電気通信，情報処理技術は，時空間に依存しない「情報共有環境」を実現することを目的に進歩してきたと言える．

時間の克服とは別に，情報の記憶技術は，一過性の情報を溜め込み，いつでも情報の再現ができる．これにより情報再生の時間的な制約をなくすことができた．情報の再生技術は，一旦，情報をデジタル・メモリに記憶することで，劣化なく何回でも再生できるという情報の「タイムシフト性」を実現した．このようにデジタル技術は，効率的で便利な時空間の克服，信頼性の高い情報の処理，膨大な情報の正確な記憶と完全な再現といった，時間や空間，質や量に依存しない「情報共有環境」を実現してきたのである．

物には，時間の経過とともに質が劣化する，同一の複製物ができない，大きさや重さがあって移動コストや時間がかかる，時間や場所でその存在が明らかである，という性質がある．このような有体物の性質は，無体物であるデジタル情報にはない．このことは，デジタル技術は，そういった物理世界の機能，性能的な限界を克服するために進歩してきたのであるから当然とも言える．したがって，デジタル財の流通において，劣化，格差，時空間局在化という特徴を生み出して，財貨としての価値を付けることは，デジタル技術の目的に合致せず，本質的に不可能な問題，つまりパラドックスなのである．インターネットやブロードバンドの普及にともない，デジタル世界での著作権や特許権など知的財産権の「共有と独占」，「所有と利用」の扱いといった問題が顕在化しているが，この問題の基本は，連続というアナログ世界と，離散というデジタル世界の世界観の違いに，その根本が根ざしているように見える．

1.3 デジタル財と媒体の結合

有体物は独占排他的に所有でき，その物を使っているとき他の人は使うことができない，という競合関係が成り立つ．一方，情報財は，その財を誰が保有するのか，流通市場に出したときの契約，譲渡，財の購入対価に見合う独占的な使用の保障，などといった異なる次元の問題が生じている．デジタル財は，恒久普遍的で局在性のない存在であるため，「所有形態での独占排他性の制御」や，また，劣化なく複製でき資源限界がないため，「使用形態での競合関係の制御」，ということに対する本質的な技術的解決は困難である．

そこで，そもそも情報は媒体と強く「結合（Binding）」しているものなのか，本来，媒体とは分離した存在であるのかを考えてみる必要がある．デジタル技術は，人間の情報の創作や制作活動の手段は提供できるが，創造性や独自性の発揮に立ち入る余地は少ないので，情報の流通段階での結合ということに絞って考えてみよう．媒体と，媒体に記された情報，その情報が運ぶ意味は，どのように相互に結合されているのかを図2.1によって分析する．ただし媒体，情報，意味それ自体の資源限界は，考慮しないものとする．

言語著作物や，絵画，彫刻などの作品は，熟練技能による模写作業によって複製が行われていた．熟練技能は，人に付随するから，完全には複製できないし，手作業による複製はそのコストが大きい．このため，情報と媒体は，「技能」によって結合されていたと考えることができる．一方，情報が運ぶ意味の理解や解釈は，特定の人の間で独占されていたと言われている．したがって，情報と意味を「知識権威」などによって結合していた．その結合によって，媒

図2.1 媒体・情報・意味の結合

	熟練作業	印刷・複写技術	電子技術	デジタル技術
意味	属人的独占	属地的共有 (幾何学的)	社会的共有	コミュニティ的共有 (位相学的)
	権威	地域,生活圏 など属地性	言語,様式	信頼,信用
情報 (内容・表現・形式)	経典,記録 絵画,彫刻 会話,歌,演劇	本,雑誌,新聞 写真,映画	ラジオ,テレビ 電話,音楽 レコード,ビデオ	デジタル財 (デジタル・ コンテンツ)
	技能	機械性能限界	品質・劣化限界	複製限界, 接続限界
媒体	物理媒体 (紙,石,身体,など)	物理媒体 (物流網,紙, フィルム,など)	アナログ電子媒体 (電話網,放送網, テープ,レコード, など)	デジタル・インフラ (インターネット, コンピュータ)

体と情報と意味は，たがいに不可分の関係が成り立っていた，あるいは，成り立たせていたと考えられる．

　印刷技術の発明は，写経から印刷機やコピー機への技術革新を経て，複製コストを著しく低減させた．この段階では，印刷，複写は機械作業によって実現される．したがって，機械の転写，複写，複製処理時間などの「機械の性能限界」が，情報と媒体を結合させていたと考えられる．映画などでの機械性能限界は，映写機の投射性能，それと関連する映画館の大きさや座席数といった同時鑑賞数の限界になって現れる．一方，情報と意味の結合は，印刷技術によって情報の大衆化が進み，物流の範囲によって形成される地域といった「属地性」によって結合されていたと考えられる．

　電信・電話やラジオ・テレビ放送といった電子技術の段階では，情報と媒体の結合は，「劣化限界」によっている．放送網は巨大な複写機とみなすことができ，情報はラジオやテレビの受信機や受像機という媒体で再生，再現される．この場合には，電波の到達，減衰といった劣化限界が，情報と媒体を結合してきた．同じように，磁気テープも，レコード盤も，ダビングによる劣化があるので，劣化限界が存在した．アナログ電話では，回線を流れる情報と電話網との結合は，誰と誰を接続するかという「接続限界」によって情報と線が強く結合されている．また，距離に応じ伝送品質の劣化や遅延が増加するので，帯域や遅延などの「品質限界」により，電話システムと通話は結合していた．放送中継網や電話の国際化による，情報共有のグローバル化が進展しているが，情報と意味は，言語や文脈などの共通性といった文化的な「共有性」によって結合している．

　このように考えると，情報と媒体の結合は，技能の複製限界，機械の性能限界，伝送の劣化限界，通信の接続や品質限界，によってなされ，情報と意味の結合は，知識権威，属地性，言語や文化の共有性，といった仕組みや広義の技術によって結合されていたと考えてよさそうである．さらに言えば，技術はそのような結合を崩したり，あるいは再結合させるために進歩してきている．

　それでは，インターネットとコンピュータからなるデジタル・インフラという媒体と，その上で共有される情報の結合は，どのように実現されるのか．ここで，コンピュータは，CPU演算処理が極めて高速でありデジタル・コピー

の多重処理にコストがかからないし，大容量，高速アクセス可能なデジタル・メモリを基本機能として保有しているものとする．またネットワークは，広帯域で高速なブロードバンドを仮定する．

　資源限界をデジタル技術によって作り出すためには，所謂，「DRM (Digital Rights Management)」が，情報と媒体の結合技術の第1段階と考えてよい．しかし，第2段階では，「接続や品質の限界」が，情報と媒体を結合していくのではないかと考える．デジタル・ネットワークは，適切な技術とコストをかければ距離にかかわらず品質は劣化しない．接続性や品質はネットワーク制御可能な対象である．たとえば，高精細，高品質映像を鑑賞したい場合には，帯域・品質の保証された接続が優先的に確保されないといけない．また，ネットワークの接続性は，地域限定や時間限定などの接続制御が可能である．さらに，第3段階として，インターネットがグローバルに展開されている状況において，接続を形成したい対象の「信頼性」や情報の「信用性」が（Bolz [2002]），ネットワークと情報を結合する技術となるものと考えられる．また，情報と意味の結合は，言語の共通性から，意味解釈の共通性という「コミュニティ性」を形成，発見，接続することによって行っていくものと考える．

2．デジタル・ネットワーク

2.1　ブロードバンド・インフラ

　情報流通社会の進展とIT産業のインフラとして大きな役割を果たすのが，ブロードバンド・ネットワークである．ブロードバンドという言葉は，本来広い帯域，高速デジタル伝送路を指す．酒井 [2003] は，「ストレスを感じないシステム」ということが，広い意味のブロードバンド・システムの本質としている．通信ネットワークおよびコンピュータを用いたシステムにストレスを感じないためには，帯域が広く，応答速度が早いこと，定額制あるいは非常に安い料金であり，料金を気にしないでよいこと，どこでも使え，使い方が場所により異ならないこと（ユビキタス・ネットワーク），信頼性が高く，セキュリティも完全であること，マンマシンインタフェースが優れ，使いやすいこと，が必要である．広い意味のブロードバンド社会はこれらが全部実現できる社会を

指している．ブロードバンド・サービスが普及するには，安定したブロードバンド・インフラが必須となる．そのうえで，デジタル財のネットワーク流通（デジタル流通）や情報産業が活性化するような情報経済システムの仕組みと，それを実現する技術が必要になる．そこで，デジタル流通に関連するネットワークの技術課題について以下で述べる．

2.2 ネットワーク制御

デジタル・インフラの特徴は，時間と距離の壁を克服したことにある．また，帯域，品質には適切な技術と投資が必要になる．一般に，通信ネットワークとその上位層で運ばれる情報内容とは独立関係にある．その意味で，ネットワークが提供する制御可能な対象は，線と線をどうつなぐかという「接続」，つながった線路の「帯域」，その間で安定性と信頼性の高いデータ伝送を行う「品質」にある．

そこで，デジタル・ネットワークについて，接続の対称性の観点から制御対象を整理してみよう．双方向で1対1の通信，すなわち，P to P 通信の代表は電話である．本来，電話には，サーバとクライアント（S/C）の区別はなく[1]，すべての電話を対等に扱う接続形態が普通である．P to P 通信形態では，誰と誰を接続するか，その接続した回線での帯域が制御の対象になる．

片方向（下り）で，1対 m の形態は放送である．電波によるブロードキャストでは，電波の強度によって伝播領域を制御することができる．そもそも接続概念がないので，放送番組の帯域を制御することはできない．実時間で制御可能なのは配信時刻である．放送は，あらかじめチャネルと放送時間と帯域を結合する．また，片方向のデジタル・コンテンツの配信では，テレビに内蔵されたデジタル・メモリの録画，複製の許諾制御は原理的にできない．一方，双方向で1対 m（m対1）のサーバとクライアント（S/C）での接続形態では，

---

[1] 電話ネットワークでのサーバとクライアントという形態は，歴史的には，C to E (Center to End) と呼ばれていた．当時，コンピュータの計算処理能力，記憶容量などの性能が低く，そこには複雑な情報処理を端末で行うための処理能力の限界，性能限界が存在していた．そういった計算処理や記憶資源を共同利用するために C to E という通信形態がとられていた．

P to P (Peer-to-Peer) とは，コンピュータ同士が対等に通信を行い，不特定多数の個人間で直接情報のやりとりを行うインターネットの利用形態を指す．

m個から不規則にアクセスされ，そのときの帯域，アクセス時間，接続，複製などリソースの制御が可能である．

　近年インターネットにおいても，これまで主流であったS/CからPtoPへの通信形態の変化が生じている．パソコンの計算，記憶能力の速度向上を追いかけるようにブロードバンドが普及し，これまでボトルネックであった相互接続の帯域を急速に改善した．高速のブロードバンド・ネットワークと，高速処理と大容量メモリを持つコンピュータが相互に繋がることで，デジタル財の共有ばかりでなく，デジタル・メモリや演算処理能力といったリソースを互いに共有しあう「資源共有環境」が，今後普及していくものと考えられる．その場合，起点となるノードから，位相幾何学的な隣接近傍のノードへの接続を行い，その接続を繰り返すという時間発展により，大域的なリソース共有が行われることになる．この場合，双方向であるのでノード間の接続，帯域，リソース管理が制御対象になる．

　このような，双方向のPtoP形態は，「友達の友達はみな友達」という形式で，デジタル財の流通や，リソース共有環境が形成される．これは，1対1のPtoP通信と区別して，「時間発展型あるいは接続連鎖型」のPtoPデジタル流通形態と呼ぶべきものである．デジタル財の交換が1対1のPtoP形態で行われ，それが時間発展とともに伝播していき，伝播システム全体で最大の利得が得られるとすると，言わば，「デジタルわらしべ長者」とでも言うべき「資源共有環境」が形成される可能性がある．

　このような流通形態では，デジタル財やリソースのバリュー連鎖の管理を行うVCM（Value Chain Management）技術，接続されたノード間の信頼性連鎖の管理を行うTCM（Trust Chain Management）技術が，重要になっていくものと考えられる．このような基盤が整備されれば，局所的な相互作用による価値連鎖や信頼連鎖のガバナンスによって，大域的な価値や信頼の最大化が実現できるだろう．このためには，適当なインセンティブが各ノードに与えられ，局所的に存在するさまざまな手続きや処理の効率化が図られることで，情報経済システム全体の価値や信頼の最大化が可能となる流通の仕組みを作らないといけない．

2.3 ユビキタス・ネットワーク制御

　ユビキタス・ネットワークは，いつでも，どこでも，通信サービスやコンテンツ視聴ができるような環境を目指している．このためには，APソフトなどのライセンス，コンテンツの視聴権，情報リソースのアクセス権などが，パソコン，携帯，情報家電，テレビといった機器に依存せずに，情報流通できるローミング技術が必要になる．たとえば，現状の視聴権の鍵情報あるいはライセンスは，端末装置にくくりつけられており，ユビキタス環境でシームレスな視聴の継承ができないといった問題がある．そこで，機器にくくりつけられている鍵情報やライセンスを一旦浮かして管理できるような，コンテンツのローミング技術が必要となっている．

　ユビキタス環境と接続連鎖型 P to P 通信の組み合わせによって，ネットワークの帯域といったリソースや，個人や家庭のさまざまなコンピュータの計算処理能力や記憶容量などのリソースを互いに共有することも可能である．このような個人の保有するリソースを，互いに共有しあえれば，より経済的なコンテンツ配信ネットワーク（CDN）やネットワーク分散ストレージ・システム，そして超分散コンピューティング・システム（Grid Computing）を構成することもできる．ユビキタス環境においても，自分が使っていないときの帯域や，余っているコンピュータ・リソースを流通させて使ってもらう，リソースのライセンス取引を可能とする転々流通技術[2]が必要になる．

2.4 インセンティブ制御

　ブロードバンド・インフラを使った，コンテンツ流通ビジネスが検討されるようになった背景に，料金体系の変革がある．ブロードバンド・ネットワークの料金体系に，比較的低額の「定額制」が導入されたことで，ネットワーク流通ビジネスのさまざまな試みがなされるようになった．インターネットでのブロードバンドの効用が最も大きいのは，WWW（World Wide Web，以下 WWW と表記）アクセスである．WWW に簡単にアクセスして，かつ，料金を気に

---

[2] 1対nのコンテンツのダウンロードや配信形態と異なり，P to P 流通形態では，各 Peer が手渡しで次々とコンテンツを流通させていくことができる．これを転々流通という．この場合，各 Peer での複製制御やコンテンツ料金徴収の技術課題がある．

せずに情報アクセスやコンテンツのダウンロードができるようになったのは，定額制の料金体系の導入によるところが大きい．これまで電話システムは，発信者課金，距離と時間に応じた従量制課金であったが，IP通信の定額制は発信者課金という概念をも変えた．

ブロードバンド社会では，一億総クリエータ論のように，誰もが手軽に情報生産，情報発信をできるようになる．また，P to P 流通が普及した段階では，現在のようなダウンロード中心の非対称的な通信ではなく，対称的な情報の交換の比率が高まっていくことになるだろう．この場合，情報の発信者は，等しく情報の消費者，利用者でもある．人気のある情報の発信局になればなるほど，皆からアクセスされ，このことが発信者自身の情報消費，共有活動にストレスを感じさせることになってはいけない．個人個人が，情報流通の制作，流通，消費の各段階で等しく参加，寄与できる情報の対称的な交換の仕組みが必要となる．このためにも情報発信者，情報仲介者にインセンティブを与える仕組みが必要とされる．たとえば，誰もがアクセス，共有，利用する情報発信サイトには，アクセス数，利用に応じてインセンティブが与えられたり，情報の紹介，推薦，コメントなどを行う仲介にもインセンティブが与えられるような，情報経済システムが必要になるだろう．

3．デジタル財のネットワーク流通の課題

3.1 デジタル財の個別化・固体化・局在化

物流には市場の「属地性」があった．物の流通価格は，その地域に張り付いており，地域の価格と，遠く離れた場所の価格を，同時に知ることが簡単にはできなかった．物の流通は，この価格情報の属地性により，「一物多価」の市場を作り出していた．これにより，差額利潤が存在し，流通業は価格格差による利潤を得ることができた．大きさ，重さのある物自体にも，当然属地性がある．価格情報格差の減少とともに，差額利潤も減少する傾向にあるが，物流は物の移動が必要になるので，その影響は少ない．ところが，物の移動を伴わないデジタル財の流通では，商品の情報には距離や時間の格差がないので，「一物一価」に収束しやすい[3]．デジタル財の提供者は，最も安い価格を提示しな

いとe-コマースに参入できない状況になる．このため，ブロードバンドによるデジタル財の流通市場では，一物一価としないための技術が求められている（吉川［2001］，Shapiro and Varian［1999］）．

こういった問題解決に対する技術として，「流通の個別化・固体化」，「時空間の局在化」，「消費者主導の価格決定」が考えられる．ブロードキャスティングのようなメディアは，同一のコンテンツを等しく分配することを基本としてきた．逆に，デジタル財の流通技術では，時間，品質，内容，そして場所を，消費者によって個々に異なるようにするような，デジタル財の個別化技術が必要となっている．デジタル財は，幸いにして，加工編集，個別化がしやすいので，ただ１つの存在が組み合わせ論的に無限に再生産できる可能性がある．

ネットワーク流通のキラー・アプリケーションは，映像配信と言われてきた．しかし，ネットワークでしか視聴することができない，所謂「ネット固有のコンテンツ」が不足しているため，市場が大きく成長していないという現状もある．たとえば，携帯インターネットでの，着メロや待受画面といった個人の趣味・嗜好と強く結合した属人性の高いコンテンツのダウンロードや，レストランや商店などの場所と強く結合した属地性の高いコンテンツのダウンロードなどは，携帯でしか見ることができないコンテンツであり，ネットワーク流通がうまく回りだした事例である．この場合，携帯電話機など物の中に，着メロや待受画面といったデジタル財を閉じ込めることができた．一旦封じ込められたデジタル財には，自分の物，自分らしさの感覚が生じる．しかし，これを取り出すには，手間やコストがかかる．こういったデジタル財の封印，固体化によるネット固有のコンテンツの流通を一層活性化していく必要がある．

一方，ネットワーク技術では，情報の発信・配信・アクセスに際し，時間と空間の限定性を持たせるなどの工夫が必要である．ちょうど，現実世界での，時間限定，場所限定，品質限定のバーゲンのような仕組みに対応するものである．ネットワークが提供する制御機構として，時間や場所や品質を限定して接続するような接続・品質の制御技術が必要となる．さらに，ネットワークでグ

3） 他方，デジタル財の供給曲線が複製技術の進展でゼロに近づき，需要曲線がごく限られたメガ・ヒットと多くの売れない商品に二極分化することから，「一物多価」の相対取引が一般化するという，逆の傾向も見られる（林［2001c］）．

ローバルな接続が実現できても，デジタル財が運ぶ意味の理解や解釈には，共通の言語という地域性とともに，意味解釈の仕方の共通性というコミュニティ性が存在する．言語の壁を克服する翻訳から，言語翻訳だけでは伝えきれない，意味解釈の仕方といったコミュニティ性に着目し，意味解釈という付加価値を付けて，特定のコミュニティに配信するようなネットワーク技術も必要である．

このような「一物を多物」にしたり，「価値の格差」を新たに作り出したりしていくことがまず必要とされる．しかし，生産者・流通者主導でデジタル財の価格を決定していく仕組みから，「一価から多価」，つまり多様な消費者の価値観に応じて連続的に価格を決定していくような，デジタル財の流通機構も新たな課題となっている．たとえば，ネットオークションのように，消費者の言い値，申し出価格によって，デジタル財の価値，価格を決定する仕組みを創っていくような技術がそれである．この課題については，P to P 流通の中で述べる．

3.2 デジタル流通のプライバシー保護

デジタル財が流通している，ネットワーク環境そのものの特性について考えてみよう．現実世界の小売店で，現金を使って物を買うときは，商品，現金，店員，購入者が1ヵ所に集まる．つまり，取引の局在性がある．また，十分な情報を交換してお互いに確認しながら売買を成立させている．これが商取引における認証・与信の機能である．このとき暗黙のうちに，商品や取引に関与する人々の局在性や，物が容易に移動できないという特性などが利用されている．しかし，デジタル世界の取引にはこうした局在性がない．情報の伝達範囲を間違えたり，売買の状況を盗聴されたりしただけで，簡単にコンテンツを持ち逃げされたり，個人情報が流出したりする危険性がある（高倉ほか［2002］）．

コンピュータが相互に接続されたネットワークでの，e-コマース，コンテンツ視聴サービスを実行するときには，お互いが物理的に繋がっている．このため，時空間，利用者，機器番号などの属性情報は，原理的にはトレースできる構造となっている．ネットでの買い物やコンテンツ視聴では，誰が何をいつ買ったのかといったプライバシー情報が販売者に知られてしまうという不安が，デジタル財の流通の障壁になっていることもある．このため，利用者が安心し

て，ストレスを感ずることなく，ショッピングやコンテンツ視聴ができるデジタル流通の実現に向け，目的毎に属性情報を隠蔽化できる技術が不可欠となっている．消費者からの視点で，個人属性情報，認証決済属性情報を秘匿する匿名基盤が不可欠である．これとは別の側面として，現実世界では，人込みに紛れる，顔を隠す，人と会わない，などのプライバシー保護の自衛手段と，その手段を実行するか否かということが個人の判断に委ねられている．このため，その秘匿の行使を消費者に委ねるような仕組みも必要になる．

このように取引を確実に実行するには，認証，与信，課金，決済基盤が不可欠である．一方，利用者が不安やストレスを感じないようするにはプライバシー保護，個人情報保護基盤も同じく必要である．これら相反する課題を，バランスよく解決する匿名技術，個人情報活用技術が，デジタル流通の活性化に必要となる．

4．デジタル財のネットワーク流通における著作権管理システム

これまで，デジタル・インフラの特質を考え，デジタル流通に必要となる技術について述べてきた．本節では，デジタル・コンテンツのネットワーク流通（デジタル流通）における著作権管理システムの実際と課題について述べる．

4.1 著作権管理システム[4]

音楽，映像などのデジタル・コンテンツのネットワーク配信サービスが始まり，コンテンツ・クリエータ，コンテンツ・ホルダは大きなビジネスチャンスを手に入れようとしている．しかし，デジタル・コンテンツには，これまで述べてきたように，複製が容易である，インターネットを利用して広く送信できる，不正に複製されたコンテンツが即座に世界中に配信可能である，という問題がある．このため，著作権の管理，デジタル・コンテンツの保護，といった問題に対応できるさまざまな著作権システムが検討されている．

4）この部分の記述は，終章第5節と一部重複しており，また，評価の視点も異なる．

(1) コピーマート

　法学研究者の北川善太郎氏の提唱するものであり，現行の法制度にそったものである（北川［1997］）．つまり既得権益を維持しその拡張を図ろうという型の権利者に好まれるシステムで，所謂，クリアリング・システムの一応用である．そのセンターは，著作権管理情報データベースと著作物データベースとを保有し，権利者とユーザは，まず，著作権管理情報データベースによって取引条件を確定し，著作物データベースによって著作物の売買とその決済を行う形になっている．

　このシステムは，法的にも技術的にも既存の枠組みを利用する形になっている．したがって，特定の分野において，限定したサービス水準で運用すれば，それなりの有効性を発揮できる．ただし，この種のシステムがユニバーサル・サービス型[5]の機能を目指すと，コスト対性能比が下がることが予想される．

(2) 超流通システム

　情報システム研究者の森亮一氏の提案したもの（森［1996］）であり，技術主導型のシステムで，財産権指向型権利者の意図に合致するシステムでもある．これは複製物に関する流通追跡システムを社会の中にインフラとして組み込み，その上で複製の流通を自由化する構想である．権利者は複製物にタグを付け，ユーザは複製機器にタグに応答するチップを装着する．タグにはその著作物の使用条件が記録してあり．このタグを付けた複製物は，オフラインあるいはネットワーク上でさらに複製されつつ流れる．一方，ユーザは，どんな入手経路であっても，その著作物を複製することができる．このときに，チップはタグの指示にしたがって作動し，ユーザが特定の複製物を複製した事実をその機器に記録する．ユーザはこの記録を取り出し，既存の社会システム，たとえば，クレジット・カード，プリペイド・カードなどを使って権利者との間の決済を行うことによって著作権処理が完結する．このシステムの利点は，著作物を自

---

[5] ここにいうユニバーサル・サービス型とは，あらゆる型の権利者とあらゆる型のユーザに，あまねく・等しいサービスを提供しようとするものであり，この型のサービスは競争者のクリーム・スキミング的な戦略によって破綻しがちである（林・田川［1984］）．

第2章　デジタル流通システムと著作権　　　　　　　　　　　43

由に流通させることにある．したがって，ユーザは複製の扱いについての束縛を，物理的にも精神的にも感じることはない点に特徴がある．

　ただし，このシステムには次のような弱点がある．「超流通」という名称は物理現象の「超伝導」から派生したものである．超伝導においては，ある臨界的な条件を超えると急に電流が流れるようになるが，この超流通においてもシステムの規模がある閾値を越えるとその流れが急速に拡がる．したがって，このシステムでは，ユーザ数が閾値に達するまでは，その導入に対して公的な支援が必要になる．この意味では，超流通システムは，クリティカル・マスという閾値（閾値以下では，採算がとれず自立できない）を持つネットワーク事業と同じであるとも言える（林［1998］）．ただし，この点については，最近，急に現実的になってきたユビキタス・コンピューティングによって，解決の目処がたったとも言える．

(3)　クリエイティブ・コモンズ

　法学者のローレンス・レッシグが始めたもので（Creative Commons ［2003］），自分の著作物について，自分でその利用方法を決めるというプロジェクトである．したがって，デジタル型ユーザの好みに適うシステムである．その内容は，一見してわかるマーク，モデル・ライセンスの発行，それに基づくコンピュータ処理，から成り立っている．マーク（テンプレート）とは，アメリカでかつて利用されていた「サークルＣ」のマークと類似した表現と機能を持つものであり，氏名表示マーク (attribution)，非営利的利用マーク (non-commercial)，派生作品禁止マーク (no derivatives)，共有マーク (share-alike)，の4種からなる．

　氏名表示マークは，その著作物の著作者が誰であるかを示し，合わせてその著作物の利用方法がクリエイティブ・コモンズのライセンスに従うことを示すものである．このマークが付いていれば，ユーザはクレジットを付けて複製，頒布，無形的な使用ができる．非営利的利用マークは，非営利的な利用に限り，ユーザに氏名表示マークと同様の行為を認めるものである．派生作品禁止マークは，作品をそのまま利用するのは可だが，改変してはいけないことを示している．共有マークは，ユーザが自分の作品に同じマークを付けることを条件に

して，二次的著作物を作って他者に頒布することを認めるものである．この4つのマークを組み合わせると，11種の利用条件を設けることができる．

　このシステムは，いくつかの弱点を持っている．それは，まず，国際的に一貫性を持つことができるかということであり，次に，性善説の上に組み立てられているので，このシステムを悪用したいものに対しては脆弱である．加えて，日本においては著作権を放棄しようという慣行がないので，これがどこまで受け入れられるのかに疑問が残る．なお，類似の提案としては，視覚障害者向けの「eye love eye マーク」，文化庁の「自由利用マーク」および林紘一郎氏の「ⓓマーク」がある（林 [1999a]，終章参照）．

(4) コンテンツIDフォーラム（cIDf）

　コンテンツIDは，デジタル・コンテンツのブロードバンド・ネットワーク流通を活性化するため，システム，サービスの共通概念として通信システム研究者から考案された（安田ほか [2003]）．その目的は，安心してデジタル・コンテンツをネットワークに流す環境を整備する，再利用するコンテンツの権利関係を処理する，デジタル・コンテンツを大量にデータベース化して相互利用する際に共通したコンテンツの識別体系を作る，などの課題を解決することにある．

　コンテンツIDは，コンテンツごとにユニークなIDを与える方法で，タグやヘッダとしてコンテンツに付加されたり，電子透かし技術などでコンテンツ自体に埋め込まれる識別子である．コンテンツIDにはコンテンツの属性情報や流通情報が付加され，コンテンツIDと連動してセンターで著作権情報（メタデータ）を管理する仕組みとなっている．このコンテンツIDは，皆が共通の理解で用いないとその効用は少ない．そこで，コンテンツIDの国内標準化を行う，コンテンツIDフォーラム（cIDf : Content ID Forum www.cidf.org [1999]）が設立され，現在，仕様としてcIDf 1.1, 2.0が広く公開されている．このコンテンツ識別標準は，国際標準団体ISO/MPEGの場においても，デジタル財の識別子として国際的な認知が得られ，グローバルIDインフラの1つとなっている（中村ほか [2002]）．

　コンテンツ保護は，コンテンツの利用方法をあらかじめ制限する仕組みを組

み込んでおき，不正利用を事前に防止するカプセル化（DRMの一種）と，電子透かしによりコンテンツIDを結合し，不正にコピーされたコンテンツを不正探索技術により見つけ摘発することで，不正利用の拡大を防ぐ方法が用いられている．

4.2　デジタル権利管理（DRM : Digital Rights Management）

　コンテンツの無断複製を防止する仕組みは，ハードウェアによるものとソフトウェアによるものに大別される．ハードウェアによる防止技術として代表的なものは，コピー制御フラグを用いる方法で，音楽コンテンツで用いられているSCMS（Serial Copy Management System）と映像コンテンツに用いられているCGMS（Copy Generation Management System）がある．基本的な仕組みは，親となるメディアから1世代しかコピーできないように，コピーされた時点でフラグをたてておくことによって管理しようとするものである．しかし，親となるメディアからは複数のコピーができてしまうという問題が残る．

　これに対し最近急速に一般家庭にも広まってきているDVDは，CSS（Content Scramble System）という方式を採用している．これはDVDに記録する際にコンテンツを暗号化しておき，再生機器は復号鍵[6]を持っていないと再生できない仕組みになっている．復号鍵は，DVDコピー管理協会（DVDCCA）からライセンスを受けることによって入手する．またDVDの記録機器は，CPRM（Content Protection for Recordable Media）という方式で，正当な再生・録画機器間での互換性を保証しながら，単純にビット単位でコピーしただけでは他の機器で再生できない仕組みになっている．

　権利者が権利を持っているコンテンツを保護するためのソフトウエア制御技術がデジタル権利管理DRM（Digital Rights Management）である．ここで言うDRMとは，コンテンツを暗号化して，その利用条件とともに配信し，コンテンツを再生する権利を有している人にのみ復号鍵あるいはライセンスを配信するというものである．この復号鍵やライセンスがないとコンテンツが再生で

6）　コンテンツの複製制御には，コンテンツを暗号化して配信・記録する手法が一般的に用いられる．いったん暗号化されたコンテンツは，暗号化に用いた鍵がないと元のコンテンツが再現できない．このように暗号化されたコンテンツを元に戻す鍵を復号鍵という．

きない仕組みになっている．代表的なネットワークを介してライセンスを付与する仕組みとして，マイクロソフト社の WMT（Windows Media Technology）や，リアルネットワークス社の RSMCS（Real System Media Commerce Suite）がある．

　DRM は，メディア種別，ライセンス制御規則，配信形態，などによって機能が異なる．メディアとは，音楽，動画，静止画，テキスト，ソフトウエアといったデジタル財の符号化形式である．ライセンスの制御規則は，利用者端末の限定，有効期限，視聴期間，視聴回数，貸与モデル，画面のキャプチャ禁止，印刷・保存メニューの非表示，拡大率の制御，品質の制御など，ビジネスモデルに直結する情報である．ダウンロード，ストリーミング，ライブ，P to P など多様な配信形態などのサービス要求条件を満たすように，DRM をカスタマイズしていく手法が用いられる．

　このような DRM には，DRM を使う消費者の立場から整理すると，以下のような問題点がある．DRM の規制が画一的で厳しいため，正当な購入者の利便性が大きく損なわれる可能性がある．たとえば，利用機器，環境が限定されているため，コンテンツの移動やバックアップが可能であっても，そのたびにネットワーク接続を必要とするなどの煩雑さがある．

　消費者はコンテンツ視聴にあたり，DRM への対応を強いられる．ファイルの符号化方式や，OS やアプリケーションが限定されたり，MPEG などの CODEC やプレーヤ，実行環境などの選択の幅が狭まる．使用という観点からすると，私的使用目的での再生を他と区別できないため，フェア・ユースという概念を実現するのが困難である．このため，公と私，私的と商用，正当と不正の境界を判別できるような仕組みが必要となる．また，DRM でライセンスの取得等を求める場合に，個人情報の漏洩など，誰が，いつ，どのコンテンツを利用したかを，一括管理されることへの不安も残っている．

4.3　デジタル財の不正利用探索

　不正利用監視・追跡の方式は，コンテンツに対して電子透かしにより ID を埋め込んでおき，それを流通させ，インターネット上からコンテンツを集め，電子透かし情報を抽出して，それを流通の権利情報と比較することにより，そ

のコンテンツが不正か否かを判定する（堀岡ほか [2001]）．これにより，利用者がコンテンツを不正にコピーし，自分のホームページに掲載する等の不正の発見が可能となる．

　インターネット上のコンテンツを収集する手法には，探索ロボットを用いる方法やユーザの協力に基づく方法がある．探索ロボット型は，検索エンジンを使ってインターネット上の Web サイトからコンテンツを持ってきて，そのコンテンツの電子透かしを検出してその中の ID を抽出し，その ID をキーとするデータベースの検索により得られる権利情報を参照し，その権利情報と対象コンテンツの置いてあった Web サイトの URL の情報とを比較するものである．その結果，この Web サイトにあるコンテンツが許諾を得ているか否かの判定を行う．基本動作としては，ロボットで各 URL を探索することによりコンテンツを収集し，その電子透かしを検出して不正の有無をチェックする．

　実際には，世界中の全ホームページを探すと時間がかかりすぎて実用性がないため，たとえば最初に怪しいサイトをある程度絞り込んでおき，それらのサイトからのみコンテンツを収集するということが行われる．コンテンツに関連するキーワードによりインターネットのホームページを検索し，キーワードの載っているホームページをリストアップして，リストに載っているホームページを対象にコンテンツを収集してチェックする．

　探索ロボット型では，捕捉できないコンテンツがある．たとえば，ユーザ間で記録媒体を用いてデータを交換しているような場合は，いくら WWW 上を探索しても見つけ出すことはできない．あるいは WWW 上でリンクが張られずにコンテンツが置いてあるような場合も，ロボットでは見つけ出すことができない．このような場合にも，ユーザの協力があれば不正流通をある程度捕捉できる．具体的には，管理センターに，どこで掲載するか記述しておき，何らかの流通経路を経て，他のサイトで掲載されたとする．ユーザが WWW をネットサーフィンしていてこれを偶然閲覧したとすると，ユーザがこの作品に興味を持ち，誰が作ったのか，あるいはどこから購入できるのかという情報を求めて，管理センターに問い合わせる．管理センターは登録されている著者情報や，購入可能先リストをユーザに返すことになる．コンテンツに結合されているコンテンツ ID を見つけ出せれば，それがどのようなコンテンツであるかを

管理センターに問い合わせることで不正を探索することができる．

4.4 著作権管理プラットフォーム

ここでは，曽根原ら（曽根原ほか［2002］，大村ほか［2002］，仲澤ほか［2002］）が開発した具体的な著作権システムの設計方針，機能，システムの構成と特徴について述べる．デジタル・コンテンツのネットワーク流通基盤は，さまざまなレベルのクリエータや，サービスプロバイダが統一的に利用できるインタフェースを持ったプラットフォーム（PF：Platform）として開発している．もし，プラットフォーム化しないと，システム開発に膨大な設備投資が先行し，投資回収に時間がかかり，その結果，デジタル流通市場が立ち上がらないということになってしまう．

コンテンツの制作からエンドユーザによる視聴まで，さまざまなプレーヤーが参加する流通サービスに対応するため，コンテンツの提供者（サプライヤ）の機能を分割することで，アクセス権の詳細な設定が可能になる．たとえば書籍などは，作家と出版元，書店がそれぞれの意志でコンテンツの創作・発表，出版，展示・販売を行う．PFを用いたデジタル・コンテンツの流通でも，同様のビジネス・フローが実現可能でなければならない．プレーヤーはいくつもの権限を兼任できるので，クリエータから直接ユーザへ販売する場合にも対応できるようにする必要がある．また，Pay Per Useを実現するためには，コンテンツの利用管理や課金を司るシステムが必須であり，コンテンツの登録とコンテンツ識別子の管理を行い，ライセンスサーバと課金システムを外部に持ちそれと連携する方法をとることで，配信代行，徴収代行，収益分配システムへの柔軟な対応を可能にしている．

著作権管理プラットフォームは，著作物に関する権利情報を蓄積するデータベースを持つID管理機能，電子透かし・カプセル（DRM）などの各種コンテンツ保護処理機能，メタデータ流通機能，それらを統合的に管理して必要な処理を遂行するサービス処理機能から構成されている．これによりさまざまなサーバ構成，サイト配置構成をとることができ，多様なビジネスモデルに柔軟に対応できることになる．たとえば，比較的安価で流通量が多い静止画コンテンツを販売するというモデルであれば，電子透かし機能を使用し，コンテンツに

第2章　デジタル流通システムと著作権　　49

図2.2　著作権管理プラットフォームの構造

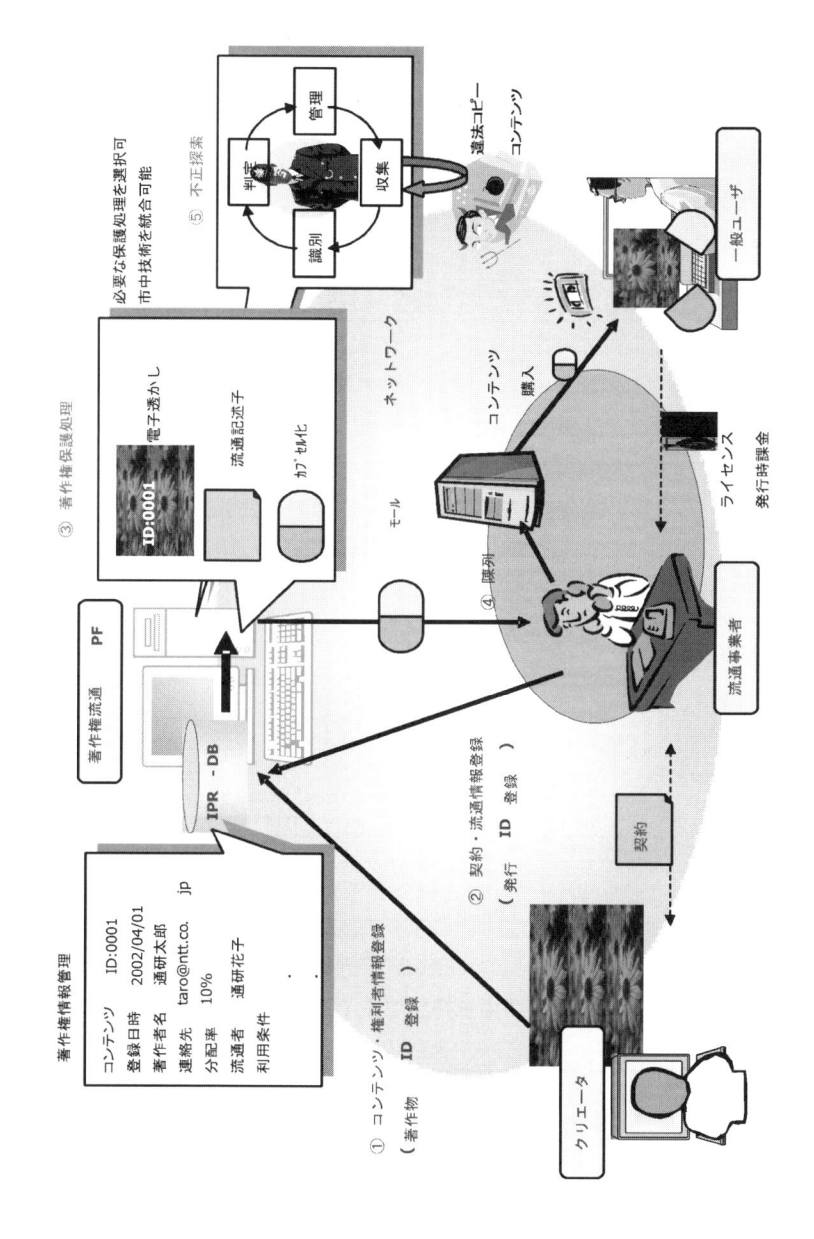

コンテンツIDを埋め込み，流通探索の機能と組み合わせることで，不正利用されているコンテンツを見つけ出すといった利用ができる．また，高価な映像コンテンツを販売する場合，DRM機能を使用し，コンテンツを暗号化し，ライセンス発行サーバを組み合わせることで，エンドユーザが映像コンテンツを再生するタイミングで課金システムと連動させるという利用形態が可能である．コンテンツ配信サービスを行う場合のサービスシーケンス例を以下に示す（図2.2）．

(1) クリエータは，著作物である製作したコンテンツを，著作権管理プラットフォームに登録する（図の①）．この際にコンテンツ属性，権利属性などコンテンツの情報を登録すると，コンテンツID（著作物ID）が付与される．

(2) 流通事業者は，著作権管理プラットフォームで管理している著作物に関する情報により，販売を行いたいコンテンツを検索し，権利属性の確認を行う．選択したコンテンツを販売するにあたり，著作権者の承諾を得たのち，著作権管理プラットフォームへの流通属性の登録，およびビジネスモデルに対応したコンテンツに対する保護処理を加える（図の②）．

(3) 保護処理が加えられたコンテンツには，発行IDが，コンテンツIDに加えて付与される（図の③）．これにより，どの流通事業が流通させたコンテンツかを，識別することが可能となる．

(4) その後，流通事業者はコンテンツをWeb等を利用し，販売を行う（図の④）．

(5) デジタル・コンテンツは，コピーが容易であるため，コピーしたコンテンツを不当に，Webで公開されてしまう場合がある．そういった不正利用コンテンツを検出するために，不正探索の仕組みを使って，疑わしいWebサイトからコンテンツを収集し，コンテンツに埋め込まれている電子透かしの情報を検出することで，不正利用の証拠とすることができる（図の⑤）．

5．PtoPデジタル流通

ブロードバンド利用形態も，WWWからPtoPに移りつつある．PtoPでは相手に直接情報を送るため，ネットワーク帯域とともに接続相手アドレス

が必要となる．インターネット上でのPtoPでは接続対象はますます細かくなる．情報家電では家庭の家電機器1つ1つがその対象となり，ICタグ等にIPv6を用いてIPアドレスを割り付けた場合には，さらに細かくなる．

ブロードバンド・インフラでは，コンテンツ自体ばかりでなく，デジタル財の複製権，翻案権，頒布権，氏名表示権などのライセンスや，ネットワーク財の帯域利用権，品質利用権，アクセス権などのライセンスが，市場で取引されるようになれば，ライセンスを流通対象とすることができ，誰でも，いつでも，どこでも，「(流せるものなら)何でも」デジタル流通ということが可能となってくる．

接続連鎖型のPtoPデジタル流通では，個人が，デジタル財の生産，流通，そして消費の，場面，場面で，その役割を担うことができることに特徴がある．デジタル財の生産，そのための資金調達，デジタル財の流通，そして自らが消費者となる一人三役(あるいは四役)のプレーヤーになれる．2者間の相対流通，つまり知人，隣人といった隣接近傍の流通が，大域的な流通を形成していくことも可能である．たとえば，資金調達と連動した掲示板，コミュニティ・サイト，ファンクラブネットなど「ネットでのつながり」から流通チャネルが多様化することがありうる．これは，ネットワークに接続された膨大な投資家の数の論理で，資金調達を実現する「ネット投げ銭モデル」である．歴史的に見て，ごく少数の資本家が，有名な芸術家を囲い込んで，芸術文化を謳歌した仕組みから，多数の小額資本を元に，芸術文化財を共有できることになる．言うなれば，インターネット・パトロニズムが，これからのPtoPデジタル流通の未来像であれば，デジタル文化も実り多い．

個人個人が流通の一翼を担う流通方法としては，知り合いや隣人に，視聴コンテンツに関連するメタデータや，他のコンテンツを紹介することによりインセンティブが得られるような仕組みが考えられる(片山ほか[2002])．ここで言うメタデータとは，コンテンツが表現する意味を補填する情報で，たとえば，著作権情報，歌詞カード，評論，意見，感想，推薦などである．デジタル財の仲介はアフィリエイトと呼ばれる．アフィリエイトとは，e-コマース・サイトを紹介し，紹介の結果e-コマース・サイトで買い物が行われたら，e-コマース・サイトから紹介者に手数料が支払われる仕組みである．アフィリエイト

は，デジタル財を買いたい人が集まりそうな場所や，コミュニティや，購入者を選んで紹介情報を通知するから効率的である．また，消費者の選択を事前に行うため，取引率が高いという特徴がある．アフィリエイトは成功報酬型の支払い形態が多いことも，費用対効果を高める効果がある．この仕組みは，興味のない商品を紹介される可能性が減るから，デジタル財を売る提供側だけではなく購入者にも利点がある．

このようにＰ to Ｐデジタル流通は，2者間通信で，局所近傍での取引と仲介により，新たなデジタル流通チャネルが形成できる．たとえば，流通のお手伝いをしたり，デジタル財にメタデータを付加することで付加価値を付けたり，知り合いに紹介したりすることで，インセンティブが得られたり，あるいは，デジタル財が安価に購入できるようになる．

流通が多様化すれば，現状より効率的な資金回収が可能となる．これはちょうど，最初はハードカバーで次にペーパーバックで販売するようなモデルに対応する (Shapiro and Varian [1999])．高くても購入してくれる人には高く販売し，安くならないと購入できない人には安く提供することで，最高の販売利益を生み出す可能性がある．一定の価格と販売数の積で売り上げが決定される仕組みから，個人の需要の多様性に基づく連続的な価格と，それぞれの販売数の積分が売り上げとなり，きめ細かなデジタル流通が可能となる．これが接続連鎖型のＰ to Ｐデジタル流通の特質である．これに加え，著作権の支分権の個別販売ができるようになれば，販売対象の多様化により，一物多価の環境を作り出す可能性もある．

Ｐ to Ｐデジタル流通は，映像配信といったメディア系の情報流通から，著作権や特許権や，デジタル・リソースなどのライセンス流通へ，そして，ノウハウ，アイデア，知識といった知恵の価値を自由に生産・発信，販売・購入，付加価値化・再利用，利用・消費できるような「知価流通社会」への進化を加速していく可能性がある．

6．デジタル流通技術の方向

本章では，デジタル・コンテンツとデジタル・ネットワークの基盤であるデ

ジタル技術（DT）の観点から，デジタル財のネットワーク流通の現状システムと技術課題，その解決方法について述べた．デジタル技術による情報流通革命というのは，これまでの通信技術，情報技術が目指してきた世界観とは違う世界を作り出していくのではないかと考える．特に，P to P 流通では，デジタル財やネットワーク財のライセンスの流通について検討し，個人間の局所的な流通が，大域的な価値を最大化するという可能性について述べた．デジタル技術の側面から，情報産業，情報流通ビジネスを実りあるものにしていくには，ネットワーク技術，情報技術，経済システム技術と法的基盤のそれぞれが閉じた世界の中で支えるのではなく，今まで以上に連携を深めていく必要がある．

現状の情報流通では，物の流通，アナログ財の流通，デジタル財の流通が混在し，問題も複雑化している．このような問題を解決するためには，

(1) 物の流通世界は，長い間の人間の知恵の集積によって形成された経験的な流通秩序であり，デジタル技術はその効率化，生産性向上などに寄与していく，

(2) アナログ財の流通世界で，今実現されている機能や性質を，できるだけデジタル技術が踏襲できるようにしていく，

(3) デジタル財の流通では，デジタル技術の性質を活かした新たな流通秩序を形成する技術として開発していく，

といった方向性が考えられる．わが国が，情報技術（IT）立国として，IT 産業を基幹産業にしていくには，競争力の高いデジタル・コア技術を保有していかなければならない．その方向観として，デジタル世界での新たな流通秩序を世界に先駆けて実現し，自らのデジタル流通市場を活性化すれば，産業競争力を強化していくことができるのではないかと考える．これには，デジタル・コンテンツの生産，流通，消費の各部分での研究課題，技術課題を明らかにし，技術開発していかなければならない．そこで，科学技術ばかりでなく，情報経済学的視点や法学的な観点からの研究成果も取り込んでいく必要があろう．

本章が，夢のあるデジタル社会を実現するにあたり，科学技術，社会科学の研究開発，技術開発の手助けになれば幸いである．

第2部　著作権の経済分析

第3章 アメリカにおける著作権の経済分析*

浜屋　敏・中泉拓也

1. はじめに

　デジタル化とネットワーク化という環境変化にともなって，わが国においても著作権のあり方についてさまざまな議論が行われている．しかし，議論の多くは，著作権とりわけ財産権を権利者と利用者の利害調整の面から検討する法学的なものである．一方，アメリカでは，「法と経済学」あるいは「法律の経済学的分析」が経済学および法学の1つの分野として確固たる地位を築いており，さまざまな研究成果が発表されている．

　その中で，研究開発も含めた特許権，著作権といった知的財産権に関する経済学的な分析に関しては，最大の論点として，Arrow [1962] が指摘した，事前のインセンティブと事後のアクセスのトレード・オフが挙げられる．すなわち，創作物をより多くするためには，創作者への利得を可能な限り多く保証し，創作のインセンティブを高めることが望ましい．それに対して，いったん創作物ができてしまえば，逆に多くの人が利用できるように，できるだけ創作物の価格を低く抑えるのが望ましく，創作者への利得も可能な限り低くするのが望ましい．こうしたトレード・オフ（事前と事後の不整合性）は，通常の競争市場では解決できない．著作権の経済分析においては，このトレード・オフに由来する問題を最小限に抑えることが第1の目標である．

　本章では，1980年代から最近までのアメリカにおける著作権の経済分析に関する主要な論文をレビューすることによって，伝統的なフレームワークを説明

---

*　本章は，浜屋・林・中泉［2002］を改訂したものである．

したい[1]．加えて，従来の著作権の経済分析を再検討すると同時に，特にデジタル財に関する問題を中心に，今後の課題について問題提起を行うこととする．以下次節では著作権の経済分析を概説するため，基本文献といえる Landes and Posner [1989][2]を詳述する．第3節では私的複製が事後的な厚生に与える影響や，デジタル財を想定した旧来の分析をサーベイする．第4節では，デジタル財の分析に関する今後の課題について整理する．第5節を結論とし，これまでの研究成果の整理および今後の課題について述べる．

2．著作権法の経済学

レビューの対象となる論文のうち，最も包括的に著作権の経済分析を行っているのは，Landes and Posner [1989] である．本節ではこの論文のポイントを解説する．

2.1 基本モデル

Landes and Posner [1989] では，通常の研究開発のモデルと同様，著作物の制作者が独占的に著作物を供給する際に，事前の制作者のインセンティブと事後的な消費者余剰の双方を考慮し，社会的に最適な著作権の設計について議論している．ただし，ここでは，著作物の製作者（制作者＋販売者）が，原則独占的に著作物を提供することができるが，私的コピーも一部出回ることを想定している．加えて，フェア・ユースの観点を考慮し，著作権の強化によりフェア・ユース，特に他の創作者へのアクセスの制限が，事前のインセンティブにマイナスの影響を与える点も考慮している．結果として，事前のインセンティブの効果を著作物の数量で評価し，事前事後双方を考慮した社会厚生の最大化をもたらす著作権制度を導出している．

以下，モデルの仮定について概説する．まず，作者とその作品の正当な販売者（出版社など）を同一とみなし，両者を併せて作者としている．また，作者

---

1) 本章でレビューの対象とする論文は，表3.1のとおりである．
2) この論文はその後 Landes and Posner [2003] に発展的に収録されているが，基本的な内容は変わらない．

第3章 アメリカにおける著作権の経済分析

表3.1 レビューの対象となる文献リスト

年代	著者	タイトル
1984	Novos and Waldman	"The Effects of Increased Copyright Protection: An Analytical Approach"
1985	Johnson	"The Economics of Copying"
1985	Liebowitz	"Copying and Indirect Appropriability: Photocopying of Journals"
1986	Besen	"Private Copying, Reproduction Costs, and the Supply of Intellectual Property"
1989	Landes and Posner	"An Economic Analysis of Copyright Law"
1989	Besen and Kirby	"Private Copying, Appropriability, and Optimal Copying Royalties"
1994 (2000)	Varian	"Buying, Sharing and Renting Information Goods"
1999	Bakos, Brynjolfsson, and Lichtman	"Shared Information Goods"
2000	Shy	"The Economics of Copy Protection in Software and Other Media"

注:各文献の出所など詳細は巻末の参考文献リストを参照のこと.

が作るコピー(以下,1つしか存在しない原作品から作者自身が生産するコピーを「オリジナル」と呼ぶ)を原則自由に価格設定して独占的に供給できるとしている半面,不特定多数の複製者(ユーザ)が私的コピーを作成することも想定し,しかもそれらは原則同質的であるとしている[3]. 次に,作者がオリジナルからコピーを作るための限界費用は一定であり,複製者がコピーを作る限界費用は逓増すると仮定している.つまり,作者の供給曲線は水平であるのに対し,複製者の供給曲線は右上がりであるとしている.その意味で,彼らの事後的な著作物の供給モデルは,作者がガリバーで複製者が他の供給者に相当するガリバー型市場に相当する.以下,彼らのモデルで使われる変数を定義する.

p:作品(オリジナルおよびコピー)の価格

$q(p)$:作品に対する需要(価格 p の関数)

---

3) 仮に品質が異なっていたとしても,品質を数量で補うことが可能であるとする.たとえば複製者によるコピーはオリジナルの半分の価値があるとすると,コピー2単位とオリジナル1単位は同じ価値を持つとする.

x：作者によるオリジナルの供給量
y：複製者によるコピーの供給量（$x+y=q$）
c：作者がオリジナルを作るための限界費用（一定と仮定）
e：作者が原作品を創造するためのコスト（表現のコスト）
z：著作権保護の水準
　$z \geq 0$ で，$z=0$ ならば著作権保護は全くなく，z が無限大ならば保護は完全で作者の許可のもとでしか複製できない．z は，侵害とされる場合の類似性の程度や保護期間，エンフォースメントの効率とコストなどによって決まる．
Π：作者の純利益

　さて，これらの変数を定義したうえで，複製者は競争的であるため，コピーの価格が限界費用に等しくなるまでコピーを販売する．さらに，複製者の限界費用は，コピー数の増加のみならず，著作権保護の水準（z）の増大とともに増加すると仮定している．これより，コピーの供給曲線は

$$y = y(p, z)$$

と表現できる．ここで，y は p の増加関数であり，z の減少関数である．
　また，作者の純利益 Π は，

$$\Pi = (p-c)x - e(z) \tag{1}$$

と表現される．これを事後的な粗利 $R=(p-c)x$（表現のコストを差し引く前の利益）と事前の表現のコスト $e(z)$ に分けて説明すると以下のようになる．
　まず R については，複製者が競争的であるのに対して，作者はオリジナルに対して価格支配力を有し，独占的にオリジナルを供給する．よって，作者は複製者の供給量を所与とした残余需要 x に基づいて独占価格を形成する．つまり，$x(p) = q(p) - y(p, z)$ となる．これを x に置き換えた作者の最大化問題は，

$$R = (p-c)[q(p) - y(p, z)] \tag{2}$$

となる．これを p について最大化することで，事後的な作者の利潤が得られ

る．また，事前の制作コストも加味した作者の純利益は，事後的な販売収入で得られる独占利潤 R から事前の表現のコスト $e(z)$ を差し引くことで得られる．

(1) 著作権保護の水準と利益の関係

以下では，著作権保護の水準（z）が作者の利益に与える影響について分析する．まず，作品価格に関しては以下の命題1にまとめることができる．

命題1　作品価格の決定要因

作品の価格は，作品に対する需要の価格弾力性が低いほど，また，複製者の供給の価格弾力性が小さいほど，オリジナルのシェアが大きいほど，高くなる．また，著作権保護の水準や作者がオリジナルを作る際の限界費用の作品価格への影響については，保護の水準が高くなるほど，オリジナルの限界費用が高くなるほど，作品価格が上昇し，販売される作品の総数は減少する．

これは，以下のように説明される．まず，需要の価格弾力性が低いほど作品価格が高くなるのは，通常の独占価格形成と同様の理由による．つまり，価格を上げても需要がそれほど低下しないため，作者ができるだけ価格を高くして収入を高くしようとすることによる．

しかしながら，この場合，通常の独占のように作者が完全に自由に価格を設定することはできない．価格を上昇させればさせるほど私的コピーが出回り，残余需要としての作者の販売量が低下してしまうからである．特に私的コピーの供給の弾力性が高く，またその量も多い場合，価格の上昇が私的コピーの供給をより多く増加させてしまうため，作者が価格を上昇させても，販売量が低下し，利潤の低下を招くことになる．よって，私的コピーの供給の価格弾力性が低く，しかもシェアが小さいほど，価格は高めに設定されることになる．

また，著作権保護の水準の作品価格への影響については，著作権保護の水準が高くなると私的コピーを製作するコストが高くなるため，著作者が価格を上昇させても著作者の残余需要が減りにくくなる．よって，著作者が価格をより高く設定し，作品の販売総数も低下する．

次に,保護の水準 (z) が作者の純利益 (Π) に与える影響については,以下の命題2にまとめられる.

命題2　保護の水準と制作者のインセンティブ

保護の水準 (z) が作者の事後的な粗利（表現のコストを差し引く前の利益）に与える影響については,複製者によるコピーの数がゼロになるまでは保護の水準 (z) を大きくするほど作者の粗利は上昇するが,それ以上 z が増大しても事後的な粗利は変化しない.また,z の上昇は引用の困難さにもつながり,事前の制作コストを高める効果も存在する.

まず,事後的な粗利は,z の上昇つまり著作権の強化が私的コピーのコストを上昇させ,私的コピーの量を減少させるため,z の上昇にともなって増加する.ただし,私的コピーがゼロになった時点で,著作権をそれ以上強化しても私的コピーには影響を与えないため,粗利も変化しない.また,保護の水準が増大すればするほど,引用や参照が行いにくくなるため,事前の表現のコストは増加する.よって,作者の純利益は保護の水準をやみくもに高めても大きくなるとは限らない.

(2) 著作権保護の水準と原作品の数の関係

作者は,純利益が正,つまり,

$$R \geq e(z) \tag{3}$$

が成り立つ場合にのみ,創造活動を行い,作品を創作する.ここで,純利益が正の場合に作品を創造する作者の数,つまり原作品の数を N とする.その際各作者が同程度の質,量を持つものを1単位ずつ創造し,その需要構造などは同質であるとする.それに対して,原作品を創造する作者のコストは作者間で異なり,総作品数に比例して逓増すると仮定する.すると,粗利が作品ごとに変わらない半面,事前の表現のコストが逓増するため,(3)式を満たすような作者は限られており,その数 N は,著作権保護の水準 (z) の関数として内生的に導出される.そして,作品数に関する上記の仮定のもとで,以下の命題3

第3章 アメリカにおける著作権の経済分析

を得ることができる．

命題3　保護の水準と作品数

z が N に与える影響は，図3.1 にあるとおり，ある特定の水準 ($\bar{z}$) までは z の増加とともに N も増加するが，増加の程度は徐々に減少し，$\bar{z}$ を超えれば N は減少することになる．

N は

$$N = N(R, e) \tag{4}$$

と表現できる．ここで，事後の利潤増加は作品を創造する人の数を増加させるため，N は R の増加関数である．それに対して，コストが増加すると原作品を作る人の数は減少する．e は z の増加関数であるため，z の増加はコストを増加させ作品数を減少させる効果を持つ．ところが，上述のとおり R は z が小さいときは z の増加関数でもあるから，z が増大すれば，収入の観点からは N は増加する．このように z の増大は，表現のコストを上昇させて作品数を減少させる効果を持つとともに，R の増加を通じて作品数を増加させる．しかしながら，z がある一定の水準を超えれば，R はそれ以上増加しなくなる．したがって，z が N に与える影響は，図 3.1 にあるとおり，ある特定の水準

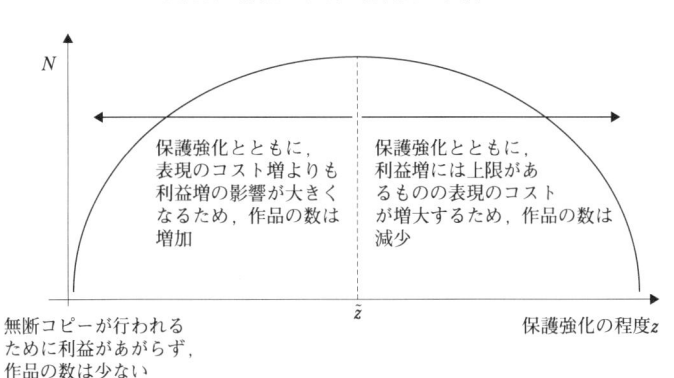

図 3.1　保護の程度と作品数の関係

($\bar{z}$) までは z の増加とともに N も増加するが，$\bar{z}$ を超えれば N は減少することになる．

(3) 著作権保護の水準と厚生の関係

以上の分析をもとに，作品の数等，事前のインセンティブを考慮した総合的な社会厚生に対する著作権保護水準の効果について述べる．総合的な社会厚生を W，作品の数を N，作品ごとの事後的な社会的余剰を w，作品を作るためのコストを E（著作権制度を管理するためのコストを含む）とすると，社会厚生は，「事後的な社会的余剰（消費者余剰および生産者余剰の総計）×作品数－総制作費」すなわち，

$$W(z) = N(z)w(z) - E(N(z), z) \tag{5}$$

となり，W と z の関係は，それぞれの要素への z の影響を総合して以下の命題 4 にまとめられる．

命題 4　保護の水準と総合的な社会厚生

事後的な社会的余剰（w）および作品を作るためのコスト（E）は z の減少関数である．それに対して，作品の数（N）は $\bar{z}$ までは z の増加関数であり，それ以降は減少関数となる．よって，総合的な社会厚生 W は $\bar{z} < \tilde{z}$ となる $\tilde{z}$ までは，著作権の保護水準の強化によって増加する半面，それ以上となると，減少する．結果として，総合的な社会厚生を最大化する保護水準は $\tilde{z}$ となる．

事後の社会的余剰については，作者が独占企業の振る舞いをするため，作者が価格を上昇させればさせるほど死荷重[4]が増大し，余剰が低下する．価格は z の増加関数のため，z の増加によって事後的な社会的余剰が低下することになる．また，個々の作品の表現のコスト（e）は z の増加関数であるため，作品

---

[4] 財が独占的に提供される等の事情によって，社会的余剰が競争市場の場合に比べて小さくなり，失われる経済的厚生の損失分のこと．

図 3.2　保護の程度と経済厚生の関係

N, w, W, E

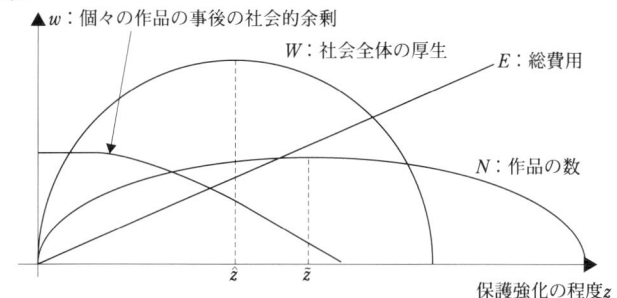

w：個々の作品の事後の社会的余剰
W：社会全体の厚生
E：総費用
N：作品の数

保護強化の程度 z

$z\uparrow \Rightarrow N\uparrow (\tilde{z}\text{まで}),\ w\downarrow,\ E\uparrow$（この関係から $\hat{z}$ が決定）

を作るためのコスト（E）も z の増加関数である．それに対して，命題3より，作品数は $\tilde{z}$ までは，作者の純利益を増加させるため増加関数だが，それ以降は減少関数である．これらの効果を総合すると，総合的な社会厚生を最大にする権利水準は $\hat{z}$ となる．以上を図示したものが図3.2である．

(4)　基本モデルの意味

　以上説明してきたように，Landes and Posner [1989] モデルの特徴は，著作権が作者の事後的な粗利を高めるだけでなく，いわゆる「表現のコスト」（作品を創造するために必要な事前的なコスト）を高めることで，作者の純利益にとって正の影響のみならず負の影響も持つことを明らかにしたことだと言えるだろう．その他，比較静学によって基本モデルから導かれる特徴として指摘しているのは，次の7点である．

　第1に，社会的に価値の大きい作品——事前の表現のコストに比べて事後的な社会的余剰（生産者余剰＋消費者余剰）が大きい作品——においては，原作品の数を増やすことが望ましく，そのために著作権保護の水準はより強化されるべきである．第2に，最適な水準以上に著作権保護を強化すると，作者にとって（粗利が増えるから）原作品の数を増やそうというインセンティブは働くが，作品あたりの事後的な社会的余剰が減少することによるコストや制作の際の表現のコスト，著作権制度を管理するためのコストなどが増加する分が大きくな

り，総合的な社会厚生は減少する．そして，第3の特徴として，保護の程度に対する作品数の変化の反応度が大きければ大きいほど，粗利の増加量が大きいほど，限界的な作者にとって表現のコストが小さいほど，zの増加とともに増加するNの数は大きくなる．よって，このケースでは著作権保護の水準も強化されるべきである．

第4に，作品に対する需要が大きく作品のコピーを作るための限界費用が小さいほど，wは上昇する．したがって，時を経ることによって，収入の増加や技術進歩が作品の市場を拡大し，コピー作業のコストを低下させるならば，Rを高めるために著作権保護は強化されるべきである．第5に，保護の程度が増加してもwの減少量が非常に小さいならば，最適な保護の水準は上昇する．言い換えれば，保護強化によって作品あたりの事後的な社会的余剰が減少する程度が小さいほど，作品の数が増加するために保護の最適水準も高めるべきである．第6に，zの増加に伴う表現のコストの増加量が大きいほど，最適な著作権保護の水準は低くなる．よって，デッドコピーを作る個人と新しい作品を創造するためにオリジナルを利用する個人とを区別することができれば，前者に対しては後者よりも広範なオリジナルの著作権を適用すべきである．そして最後に，著作権制度を管理するコストが小さいほど，作者が金銭上のインセンティブに敏感なほど，著作権保護の水準は高くなるということがわかる．

2.2 応　用

Landes and Posner [1989] は，以上のような基本モデルを説明した後に，アイディアと表現の区別，二次的著作物，フェア・ユース，保護の期間といった問題について，経済学的な分析を加えている．

(1) アイディアと表現の区別

著作権法は他人の著作をたとえ悪意がなくとも無断で「利用」することは禁じているが，特許とは違って，独立した（偶然の）「再創造」は禁じていない．その理由は2つ考えられる．1つは，自分が創造しようとしている作品が過去の作品と重複していないかどうかを調査するためには，大きなコストがかかるからである．もう1つは，著作権法は作者の表現に対する「ただ乗り」を禁じ

ているのであるが，偶然の再創造にはコストがかかっており「ただ乗り」にはならないからである．

著作権法がアイディアではなく表現を守るのはなぜかについて，従来は作者がアイディアまで独占してしまうと，作品の価格が高くなり，社会厚生が減少するということで説明されてきた．しかし，Landes and Posner [1989] はコストに注目し，アイディアを保護すると表現のコストが高くなって原作品の数が減り，社会厚生が低下するという理由を主張している．一方で，複製者は原作品の表現だけでなくアイディアも利用するから，アイディアの保護は複製者のコストも増加させるために原作者の利益は上がる．このトレード・オフを考えると，圧倒的に前者のコストの方が大きいとしている．

なお，作者はアイディア創造者であると同時に過去のアイディアの利用者であり，アイディアを生むコストはそれを表現するのに必要なコストに比べて低いことが多く，新しいアイディアはいろいろな形で表現できるから，すべての作者はアイディアを保護するのではなく表現を保護することに同意するだろう．さらに，アイディアを保護すればそれで儲けてやろうという者（レント・シーカー）が増え，最小限の表現でアイディアを保護しようとする．そうなれば，新しいアイディアは生まれるものの，1つのアイディアに基づいた深い表現が現れなくなり，社会厚生は低くなってしまう．また，アイディアを保護するためには，表現を管理する以上に管理のためのコストもかかる，といった点にも言及している．

(2) 二次的著作物

二次的著作物 (derivative works) とは，外国語への翻訳および他のメディアへの転載である．二次的著作物の作成に関する権利を原作の作者に独占させる[5]のは，経済学的には，もし原作の作者以外に二次的著作物を作成する権利を与えてしまうと，原作者自身が二次的著作物を作るまで（そして自らが二次

---

5) アメリカ法においては，現在では「二次的著作物」の作者の権利を保護しているが，この論文が指摘するような欠点を考慮に入れ，「当該著作物の著作者が寄与した素材であって，当該著作物に使用された既存の素材と区別されるもののみに及び，既存の素材に対するいかなる排他的権利をも含まない」という限定的な保護にとどめている．

的著作物の作者になるまで）原作品の発表を遅らせるというインセンティブが働き，原作品の発表時期をゆがめる結果になってしまうからであると説明できる．また，取引費用の視点からも説明できる．というのは，たとえば英語の小説を新しく日本語に翻訳する権利について，訳者が原作の作者以外——たとえば以前の日本語訳の訳者——にまで承認をとらなければならないのであれば，取引費用が高くなる．二次的著作物の作成に関する権利が原作者に独占されているならば，交渉相手はひとりですみ，取引費用も低下する．

(3) フェア・ユース

引用など限られた範囲であれば，作品の使用を認めるというフェア・ユースについては，従来は十分な理論的説明がなされていなかった．しかし，Landes and Posner は，ごく一部の引用についても著者の許諾を得なければならないとなると，取引費用がかさむという理由を指摘している．また，裁判では「生産的（productive）なフェア・ユース」と「再生的（reproductive）な利用」が区別されるが，これも経済学的に意味のあることで，「生産的なフェア・ユース」は作者の表現のコストを下げることで著作物の数を増やすが，「再生的な利用」は作者の利益を低下させるため創作のインセンティブが低くなってしまうことによる．

(4) 保護の期間

著作権の期間を限定することについては，経済学的には2つの方向から正当化できる．1つは，期間を制限することでレント・シーキング等も含めた独占による弊害を小さくすることができるからである．第2に，過去にさかのぼって著作権を侵害していないかどうかの，チェックを行うコストを下げるという理由もある．こられの理由はともに特許においては非常に重要であるため，特許では権利保護の期間は著作権より短い．逆に，商標は独占力が弱く調査のコストも低い（現在市場に出ている商品だけを調査すればよいため，過去にさかのぼって調査する必要がない）ため，商標には実質上有効期間はない[6]．著作権は，

---

6) 日米ともに有効期間は10年であるが，現に使用している限り何度でも更新可能である．

どちらかといえば独占力は弱く，調査コストは存在するものの，重要ではない（独立した再創造は著作権侵害とはみなされないため）．したがって，著作権の保護期間が特許より長く商標より短いのは経済学的にも合理的である．

また，著作権の保護期間を短くせよという主張の理由の1つに，期間が長いほどパブリック・ドメインの作品が減り，作者の表現のコストが増加するというものがある．ただし，期間が長くなれば作者の利益も大きくなるから，表現のコストが増加することと相殺される．現実にはアメリカの著作権は，保護範囲も保護期間も強化される方向にあり，これは技術進歩とともに複製のコストが低下していることを反映している．

3．私的複製の経済的影響

著作権に関わる経済学の研究の中で最も成果が多いのが，私的な複製の経済的な影響に関する分析である．このテーマに関する主要な研究の中でも重要なのは，伝統的なアプローチを代表する Besen and Kirby [1989] と，インターネットなどの技術の進歩を考慮した Varian [1994] や Bakos, Brynjolfsson, and Lichtman [1999] であろう．ここでは，これらの研究を紹介することで，私的複製に関する経済的影響をレビューすることとする．また，Shy [2000] に基づいて，ソフトウェアに対するコピー・プロテクションの経済的な意味についても考えてみる．

3.1 伝統的な分析

⑴ 統合的なモデル

Besen and Kirby [1989] も含め，従来の研究（Novos and Waldman [1984], Johnson [1985], Liebowitz [1985], Besen [1986]）は，複製にコストがかかり，その質もオリジナル（作者による複製）と異なることを前提とした分析が多い．この場合，作者と複製者の複製コストの相違や限界費用の構造，コピーとオリジナルの質の相違等によって，個人による複製が作者の利益や社会厚生に与える影響についても異なる結果が導かれる．

まず，作者以外が，オリジナルとほとんど同じ質の複製を無コストで行うことができる場合，作者以外がコピーを私的もしくは違法に行うことが懸念される．そういった状況が仮に一般的となった場合，事後的な消費者余剰は増大する反面，生産者余剰がなくなり，事前のインセンティブが担保されないため，創作活動が行われなくなってしまう．これを避けるためには，著作権を設定することによって，事前のインセンティブを確保することが不可欠となる．

それに対して，複製にコストがかかり，コピーがオリジナルと必ずしも同じ質を保てない場合，私的な複製が行われたとしても，作者の利潤はプラスとなるため，必ずしも私的な複製がすべて否定されるわけではない．むしろ，あまりに作者が高価格を設定し，消費者余剰が低くなる場合，事後の厚生の観点からは私的な複製を行う方が経済学的に望ましい．従来の研究はこういった状況のもとに，事後の余剰に対する複製の影響を考察したものが多い．

まず，Novos and Waldman [1984] は，複製のコストが複製者間で異なるものの，コピーとオリジナルの質の相違が全くない場合，つまり，完全代替的な場合，無断複製の禁止によって，コストが割高な無断複製が出回ることを阻止できるため，事前のインセンティブを高めるだけではなく，事後の経済厚生の増加にもつながる場合があることを示した．それに対して，Johnson [1985] は，コピーの質がオリジナルと異なり，それが製品差別化につながる場合，複製によって，事後的な厚生のみならず事前のインセンティブの面でもプラスの効果が生じ，長期的な経済厚生が引き上げられる場合があることを示した．そして，複製が経済厚生に与える長期的な影響を左右する要因として，コピーがオリジナルの需要を引き下げる程度，作品の供給弾力性，消費者が作品の多様性に与える価値という3点を指摘した．

一方，Liebowitz [1985] は，これらの理論分析をふまえ，学術論文の複写について実証研究を行った．そして，複写によって学術雑誌の発行者の利益が増加することを実証した．また，その要因として，「間接的な収益帰属の可能性 (indirect appropriability)」の存在を挙げている．たとえば，学術雑誌の場合，図書館で購入される場合，個人で購入される場合よりも複写される可能性が高いため，発行者が個人よりも図書館に対して高い価格を付けても購入される．このようなケースが，「間接的な収益帰属の可能性」が存在する場合に該

当する．

　図書館で雑誌を複製する者は複製のコストしか払わないが，複製者の需要が増加すれば図書館としての需要も増加するため，図書館は価格が高くても学術雑誌を購入することになる．よって，複製によってオリジナルの需要や価格が高くなり，それらの需要が作者にも還元されている．一方，収益帰属の可能性が直接的である場合とは，作者（発行者）が直接的な購入者の需要しか獲得できない場合である．また，Besen [1986] では，複製者の限界費用が作者の限界費用以下で，かつ，作者がコピーの価値を吸収するためにオリジナルの価格を上げることができれば（「間接的な収益帰属の可能性」と同じ考え方），複製は少なくとも短期的には生産者余剰も消費者余剰も増加させることが示されている．

　Besen and Kirby [1989] は，これらの過去の研究をふまえて，複製者がコピーを作成する際の限界費用，オリジナルとコピーの代替性により，間接，直接双方の収益帰属の可能性の状況を内生的に導出する統合的なモデルを提示している．さらに，限界費用と収益帰属の可能性には厳密な対応関係があり，複製者の限界費用が一定のとき直接的収益帰属が，逓増のとき間接的収益帰属の可能性が生じることを示している．

　結果として複製者の限界費用については，それまでの多くの研究では（たとえば Landes and Posner [1989] を含めて）複製者の限界費用は逓増であるという前提を置く場合が多かったが，Besen and Kirby [1989] は一定の場合と逓増の場合を分析している．また，オリジナルとコピーの代替可能性については，それまでの分析ではコピーはオリジナルに劣るという仮定が一般的であったが，Besen and Kirby [1989] は完全に同質的，つまり完全代替的なケースと不完全な場合の両方を想定している．そして，彼らは，これらの前提を組み合わせ，完全代替かつ限界費用一定を除く3つのケースを想定し，それぞれについて複製の経済的な影響を分析している．

(2)　直接的収益帰属

　第1のケースは，複製者の限界費用が一定（複製者の限界費用は作者の限界費用よりも高いと仮定）で，コピーとオリジナルの代替可能性が不完全な場合で

あり，直接的収益帰属が導出される．ここでの仮定は以下のとおりである．
- 著作物などの知的財産の需要曲線は線形で右下がりである．
- 消費者はオリジナルとコピーを不完全な代替物とみなし，コピーに低い評価しか与えない．
- 個々の消費者は，多くても，1つのオリジナルか1つのコピーのいずれかを購入する．
- 複製の限界費用は一定で，コピーはオリジナルからだけ作成される（コピーの複製はできない）．
- 作者が複製が行われているかどうかを調査することはできないか，複製がフェア・ユースとみなされて著作権の侵害とは認められないために，作者は複製を禁止することはできない．
- オリジナルの限界費用は一定である．
- 作者は利益[7]を最大化しようとする．

これらの仮定のもとで，コピーがなければ，オリジナルの需要は

$$P = a - bQ$$

で表される．利潤最大化という仮定のもとでは，均衡価格 P^* と均衡生産量 Q^* は，

$$P^* = (a+c)/2$$
$$Q^* = (a-c)/2 \quad \text{ただし，} c \text{ は原作者による複製の限界費用}$$

となる．作者の利益は $(a-c)^2/4b$，消費者余剰は $(a-c)^2/8b$ である．

消費者 x がコピーに与える価値を $V_c(x)$，オリジナルに与える価値を $V_o(x)$ とすれば，コピーはオリジナルの不完全な代替物であるから，

$$V_c(x) = \alpha V_o(x) \quad 0 < \alpha < 1$$

と表現できる．複製者による複製の限界費用を r とすれば，コピーの価格も

---

7) 本章では，利益とは事後的な利益を意味している．事前のコストはサンク・コスト（埋没費用）として捨象しているため，事後的な最大化問題のみを議論することができる．

それと等しくなるから，消費者がオリジナルを購入するのは，オリジナルの質の高さがオリジナルの価格の高さを上回るときであり，

$$(V_o - V_c) \geq P_o - r$$

が成り立つ場合だけである．ここで，P_o はオリジナルの価格である．

以上から，コピーが存在するという条件下でのオリジナルの需要関数は，Landes and Posner [1989] と同様残余需要関数となり，

$$P_o = (V_o - V_c) + r = (a - bQ) - (\alpha a - \alpha b Q) + r = a(1-\alpha) - b(1-\alpha)Q_o + r$$

となる．ただし，ここでは価格が r/α 以下になるとコピーが行われないため，図3.3では D_o' として示される途中で屈曲した線 ABC となる．点 B では，V_o と V_c の差は P_o と r の差に等しい．したがって，点 B の消費者はオリジナルとコピーに無差別であり，点 B より右ではコピーは生産されない．

作者にとっての利潤最大化状態は，新しい限界利益 MR_o' が限界費用 c と等しくなる点である．このときの価格は P^{**}，生産量は Q^{**} になる．Q^{**} はコ

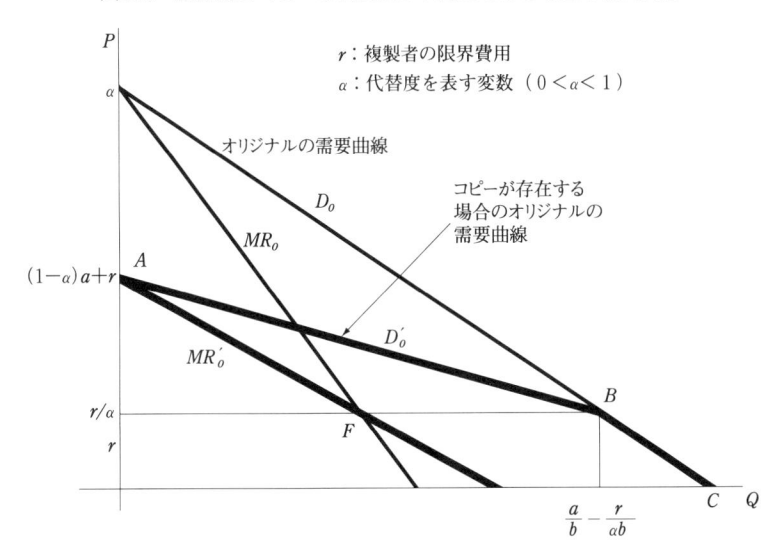

図3.3 原作品とコピーの代替性が不完全である場合の需要曲線

r：複製者の限界費用
α：代替度を表す変数（$0 < \alpha < 1$）

ピーがない場合の最適生産量 Q^* に比べて，大きい場合もあれば小さい場合もある．図3.4は $Q^{**} > Q^*$ のケースを示したもので，この場合は，作者の利益の減少分は消費者余剰の増加分によって相殺されるから，全体的に見れば，

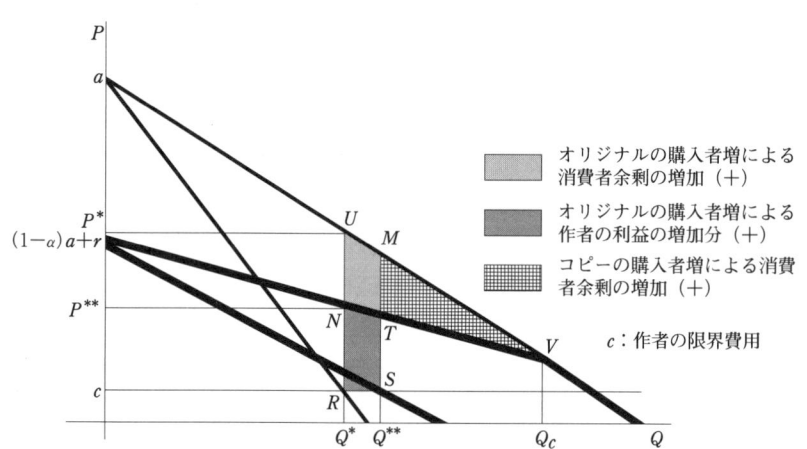

図3.4 新しい均衡量 Q^{**} が以前の均衡量 Q^* より大きい場合

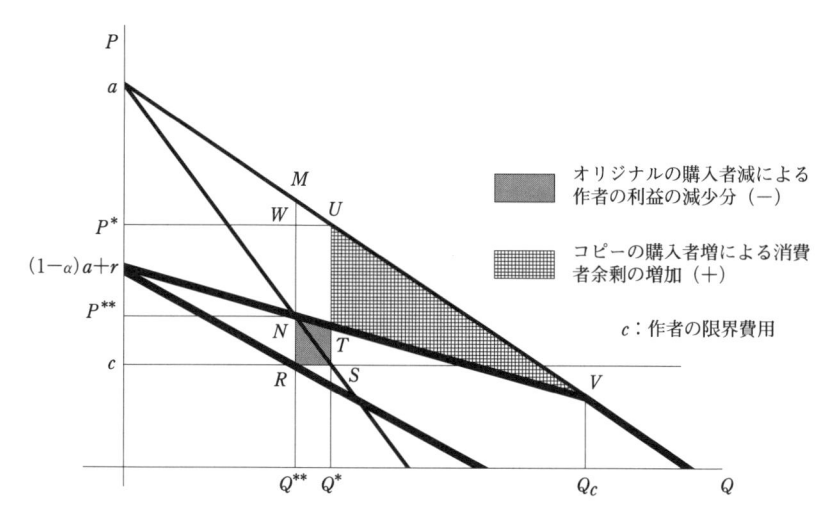

オリジナルの購入者増による消費者余剰の増加（＋）
オリジナルの購入者増による作者の利益の増加分（＋）
コピーの購入者増による消費者余剰の増加（＋）
c：作者の限界費用

図3.5 新しい均衡量 Q^{**} が以前の均衡量 Q^* より小さい場合

オリジナルの購入者減による作者の利益の減少分（−）
コピーの購入者増による消費者余剰の増加（＋）
c：作者の限界費用

第3章　アメリカにおける著作権の経済分析　　75

コピーの存在によって事後的な経済厚生（生産者余剰＋消費者余剰）は増加する．

一方，図3.5は $Q^{**} < Q^{*}$ のケースを示しており，この場合，コピーの存在によって減少する作者の利益は，消費者余剰とコピーの製作者の利潤の増加で補いきれない部分が残る．複製が経済厚生を高めるか否かということは，消費者余剰の増加分で補いきれない作者利益の減少分（図中の四角形 $NRST$）と，コピーの購入者が増加することによって得られる消費者余剰（図中の三角形 TUV）プラス複製者の利潤と，どちらの面積が大きいかということによって決まる．したがって，この場合は複製が事後的な経済厚生に与える影響は，増加の場合もあり減少の場合もある，ということになる．

(3) 間接的収益帰属

複製者の限界費用が水平のため収益帰属の可能性が直接的である場合は，オリジナルの価格は購入者がオリジナルに与える価値以下でなければならなかった．以下では，作品が複製によって共有されるという事実を反映して作品の価格を上げることができる——すなわち，収益帰属の可能性が間接的である——というケースの分析を行う．これは，コピーの数とともに限界費用が増加する場合に起こり，準公共財をクラブで共有する場合の分析と共通点を持っている．そのため，ここでもクラブ財の分析を拡張する．

ここでの分析では，以下のような仮定を置く．すなわち，コピーの限界費用は逓増し，コストには複製のためのコストのほかに，クラブの規模とともに増加するクラブ内の取引費用も含まれている．そして，そのコストはすべてのクラブに共通であると仮定する．また，クラブを結成するのに障害は存在せず，コピーからコピーを作ることは不可能で，クラブ員はコピーを使用し，クラブのオーガナイザーがオリジナルを使用すると仮定する．このケースは，コピーとオリジナルの代替性が完全か不完全かということで，第2のケースと第3のケースの2つに分けることができる．

Besen and Kirby [1989] が想定する第2のケースは，オリジナルとコピーが全く同質の場合である．この場合，個々のクラブ員のコスト，つまりクラブの平均費用が最小になるように最適なクラブの規模が決定される．平均費用が最小になるのは，追加的なメンバーの増員による平均可変費用と，オリジナル

を購入するのに必要な平均固定費用とが等しくなるときである．クラブが同質的であるとしたため，すべてのクラブは同じ規模（メンバー数）になる．また，オリジナルの価格が上昇すれば，平均固定費用は右にシフトするのに対して平均可変費用は変わらないから，クラブの規模は大きくなる．

たとえば，クラブの平均費用（AC）すなわち1人あたり支出額が，

$$AC = dn + \frac{P_o}{n}$$

で表されるとする．ここで，n はオーガナイザーを含むクラブのメンバーの数であり，dn はクラブを結成しコピーを作成するための平均可変費用，P_o はオリジナルの価格である．このとき，クラブの総費用が $dn^2 + P_o$ となることから限界費用は $2dn$ となり，これはクラブのサイズとともに増加する．

AC を最小化する n は，

$$n^* = \begin{cases} (P_o/d)^{1/2} & \text{for } P_o > d \\ 1 & \text{for } P_o \leq d \end{cases}$$

となる．コピー「使用」の1人当たりの支出額（コピーの価格）を P_{use} とすると，

$$P_{use} = AC^* = dn^* + \frac{P_o}{n^*} = 2(dP_o)^{1/2}$$

となる．オリジナルに対する需要 Q_o は，1人当たりの支出額（コピーの価格）より得られる総需要量 Q_{use} を用いると $P_{use} = a - bQ_{use}$ より，以下のようになる．

$$Q_o = \frac{Q_{use}}{n^*} = \frac{[a - 2(dP_o)^{1/2}]/b}{(P_o/d)^{1/2}} = \frac{a}{b}\left[\frac{d}{P_o}\right]^{1/2} - \frac{2d}{b}$$

また，オリジナルの価格 P_o は，

$$P_o = \left[\frac{a}{nQ_o + 2d}\right]^2 d$$

となる．これを所与として，作者は独占利潤を最大にするため，限界収入が限界費用 c に一致するような価格設定を行う．

需要関数は非線形だから，このような状態において複製が新しい均衡価格に

第3章 アメリカにおける著作権の経済分析　　　77

与える影響を解析するのは容易ではない．そこで，Besen and Kirby [1989]は，クラブの平均可変費用の傾き d とオリジナルを作る限界費用 c について複数の数値をあてはめてシミュレーションを行い，その結果から以下の3つの特徴を導き出している．

まず第1に，作者がオリジナルを作る限界費用がクラブを結成するコストよりも高ければ，コピーは高価なオリジナルを代替するから，複製によって事後的な生産者余剰も消費者余剰も増加する．2番目に，クラブ結成のコストが高いにもかかわらずクラブが結成されれば，一般的な場合，事後的な作者の利益も消費者余剰も減少する．そして3番目に，複製者による複製も作者によるオリジナル作成作業も効率的ならば——クラブの平均可変費用の傾き d もオリジナルを作る限界費用 c も低いならば——，概して，複製によって作者の利益は減少するが消費者余剰は増加する．事後的な経済厚生への影響は，増える場合もあれば減る場合もある．

最後に収益帰属の可能性が間接的でオリジナルとコピーが不完全な代替物である第3のケースでは，第2のケースに加えてオリジナルとコピーの価値が異なるという要素が加わるために，分析はさらに複雑になる．ただし，ここでも，平均費用が最低となる $MC = AC$ でクラブの最適規模が決定されることは従来と同様であり，経済厚生についてもほぼ同様の結論を得ている．

3.2　情報財の共有に関する分析

特許や著作物などの知的財産は，すべて情報財であるといえる．しかし，アメリカにおける著作権の経済分析は，いくら消費されても消尽されえない，売り渡したとしてもその効用は売り手に残る，といった情報が一般の財とは異なる面を持つことを考慮しているものの，物理的な本や音楽CDなどの媒体に体化した情報財にも，物財の性質が存続していることを前提に分析を行ってきた．

ところが，パソコンやインターネットの普及とともに，情報が（物理的な媒体を伴わずに）それだけで取引されうるようになり，状況が大きく変わってきた．そのような状況を伝統的な経済学の枠組みで説明しようという試みは，いまだ遅れており，完全には説明されてはいない（この分野に関する今後の課題については次節で整理する）．しかし，1990年代半ば頃から，それまでの研究と同

じ問題意識でありながらも,「複製(copy)」という言葉よりも,新しい技術による情報財の「共有(share)」という側面に焦点を当てた論文が出てきた.その代表例が,Varian [1994] と Bakos et al. [1999] であろう.

通常であれば情報財の共有を可能にする技術の存在は,作者の利益にとって負の効果をもたらすと考えられがちだが,現実には,たとえば書籍における図書館やソフトウェアにおけるサイトライセンス,ビデオのレンタルショップなどが実在している.これらのことから想像されるとおり,情報財の共有を前提とした利用者に対して,どの程度の範囲で共有するかが想定でき,コピーのコピーが大規模に出回らなければ,共有することを所与として,著作権保持者が高い価格を付けることができ,作者の利益は増加するのではないか.Varian [1994] は,このような問題意識で分析を進めている.そして,彼が得た結論は,①共有のための取引費用が生産のための限界費用よりも低い,②情報の中身が数回しか参照されず,共有のための取引費用が小さい,③財を共有する市場において財に対して高い価値を与える消費者と低い価値しか与えない消費者を区別することが可能,という3つの条件のもとで,作者は情報財の共有を許可することで高い利益をあげることができる,というものであった.

次に Bakos et al. [1999] では,先行論文と異なり,市場を通じた共有だけでなく,家族など社会的な要因で作られたグループ(クラブ)における情報財の共有を分析の対象としている.Besen and Kirby [1989] のように,それまでにもクラブ内における複製の問題を扱った研究はあったが,Bakos らの分析では共有された財(コピー)は,共有されないオリジナルと同質であり,さらに複製のコストも全くかからないとしている.よって,Besen and Kirby [1989] が分析していなかった,完全同質かつ限界費用一定の部分を分析していると言える.ただし,財は小規模な事前に決められた社会的グループ(クラブ)によって共有され,すべての経済主体は1つのグループにのみ属し重複しないという仮定を置いている.仮に,社会的グループが少しでも重複していれば,グループ間でコピーが共有されることになるため,大量にコピーが出回ることになってしまうからである.さらに,製作者はそのクラブのサイズやその成員の選好を事前に完全に把握していると仮定している.こういった場合,独占的な製作者は,販売した情報財がグループ内のみで共有されることを前提と

第3章　アメリカにおける著作権の経済分析　　　　　　79

して，高い価格を付けて販売する．クラブの構成員は，仮にこういった価格形成が行われても，複製による共有で採算が合うため，その価格で財を購入し，共有することになる．

　このような前提のもとで彼らが導いた結論は，以下の5点にまとめられる．まず第1に，他の条件が不変のもと，同じ規模のグループ内で財が共有されるならば，グループ化されることで大数の法則が働き，グループ全体の価値の平均が，異なる価値を持つ成員個々の価値よりも平準化される．結果として，共有がない場合には購入しなかった評価の低い成員がいても，グループ化することで購入する場合が増える．そのため，売り手の利益は増加する．第2に，小規模のサイズの異なるグループ内で財が共有される場合，グループの規模の違いが個々の消費者の評価の違いよりも大きいならば，共有によって利益は減少する．

　3番目に，小規模のサイズの異なるグループ内で財が共有される場合，グループの規模の違いが個々の消費者の評価の違いよりも小さいならば，共有によって利益は増加する．第4に，グループメンバーの財に対する評価に負の相関がある（高評価消費者が低評価消費者と共有する傾向にある）場合，また，グループサイズとグループメンバーの評価に負の相関がある（低評価消費者が大規模グループを結成して財を共有しようとし，高評価消費者は個人または小規模のグループで財を購入する）場合，共有によって売り手の利益は強化される．そして第5に，共有された財（コピー）の品質がオリジナルよりも劣る可能性を考慮するようにモデルを拡張すると，共有財（コピー）の価値が減価するほど売り手の利益が増加する場合がある．

　Bakosらによれば，これら5つの結果は，これまでの研究では言及されてこなかった2つの要因で説明することができる．彼らは，それを「集約効果（aggregation effect）」と「チーム多様性効果（team diversity effect）」と名づけている．集約効果とは，グループによる財の評価のバラツキは，個人による評価のバラツキよりも小さいということである．集約効果が存在するから，売り手はグループに商品を販売することで，より適切な価格を設定できる．たとえば，ある財に対する6人の消費者の評価が5ドル，7ドル，9ドル，11ドル，13ドル，15ドルだった場合，売り手の収入は最大36ドルである（価格は9ドル）．

しかし，この6人の消費者をどのようにグループ分けしても（各グループの人数が同じである限り），売り手の収益は大きくなる．

たとえば，5ドルと15ドル，7ドルと13ドル，9ドルと11ドルを組み合わせて3つのグループを作ってみる．これは売り手にとって最も望ましいケースで，価格は20ドルに設定して60ドルの収益を得ることができる．売り手に最も不利益なチーム編成の場合でも最低40ドルの収益をあげることができる．これは，売り手が商品をバンドリングしてセット販売することで消費者の評価のバラツキを小さくできることに似ている．しかし，商品のバンドリングは売り手が自由に決めることができるのに対して，消費者のグループ化については売り手はほとんどコントロールできないという違いがある．

消費者のグループ化を売り手がコントロールできないということを，「チーム多様性効果」と名づける．これは，売り手にとってはやっかいな問題を引き起こす．多様性が大きければ大きいほどグループの評価を予測することが困難になり，売り手の利益は低下する．たとえば，ある財に対して5ドルの評価をする消費者が10人いた場合，売り手は5ドルの価格で商品を販売して50ドル得ることができる．ところが，10人のうち2人がチームになり，残る8人のうち3人がチームになり，残る5人が個人のままだとすると，評価は10ドル，15ドル，5ドルに分かれ，売り手は35ドルしか収入をあげることができない（価格は5ドル）．このように，売り手の利益にとって反対の効果をもたらす「集約効果」と「チーム多様性効果」はお互いに複雑に関係しあっており，Bakosらは，チームの多様性などを確率変数で表現して数値シミュレーションによる実験を行っているが，一定の法則を見出すにはいたっていない．

Bakosらは論文の結論として，不正なコピーを作る限界費用も著作権者が原作品の正当なコピー（オリジナル）を作る限界費用もほとんどゼロになるデジタル時代においては，共有（複製）が売り手の利益に与える影響は，今までの文献では言及されてこなかった「集約効果」と「チーム多様性効果」に大きく左右されることを強調している．これまでの文献で重要な要因とされた限界費用は，目に見える物財の場合は有効ではあるが，デジタル形式で流通する情報財が増えれば増えるほど，重要ではなくなってくる．

しかしながら，彼らの分析はクラブが小規模にとどまり，さらに各クラブ間

の成員の重複がないという仮定に大きく依存している．その点でNapsterのような世界規模でのコピー共有や，コピーのコピーさえ質が落ちないといったデジタル財の特質の考慮は不十分と言わざるをえないだろう．

3.3 コピー・プロテクションの経済的な意味

多くのソフトウェアにはコピー・プロテクション（防御）がかかっている．かつては，特殊な装置をパソコンに装着しなければプログラムが起動しないなど，技術的に1つのコンピュータでしかプログラムが動かせないようになっているソフトウェアも少なくなかった．しかし，最近では，多くのソフトウェアは契約でコピーを禁止してはいるものの，かつてのような厳格なコピー・プロテクションを採用したソフトウェアは少なくなっており，たとえばマイクロソフトも1つのプログラムを同一の利用者がオフィスのパソコンと家庭用のパソコンと双方で使えるような形態を検討中であるという．利用者が多ければ多いほど利用者の効用も高まるというネットワーク外部性に注目して，厳密なコピー・プロテクションが必ずしもソフトウェア製作者の利益増加に結びつかないことを分析しているのが，Shy [2000] である．

Shy [2000] では，ソフトウェアにはネットワーク外部性が働くとして，あるソフトウェアに対して表3.2のような効用を持つ消費者を仮定している．つまり，消費者はこのソフトウェアを自分しか使わない場合は＄200しか支払う意思がないが，利用者の数（n^B（正規の購入者の数）と n^P（コピーの利用者の数）の合計）が多いほど支払意思額は高くなる．また，ソフトウェアの販売者は独占状態にあると仮定している．

表3.2 ネットワーク外部性：消費者の支払意思額

利用者の数（$n = n^B + n^P$）	1	2	3	4
支払意思額（willingness to pay）	＄200	＄300	＄450	＄525

もしソフトウェアがコピー・プロテクションを採用していれば，独占的な販売者は2人の消費者（$n^B = 2$）にソフトウェアを販売し，利益は＄600となる（2×＄300）．一方，ソフトウェアにコピー・プロテクションがなく，2人の正

規購入者がいて（$n^B=2$），2人のコピー利用者がいる（$n^P=2$）と仮定した場合，利用者の数は4人になる（$n=4$）から，正規購入者の支払意思額は＄525になる．したがって，販売者の利益は＄1,050（2×＄525）となり，コピー・プロテクションを採用しない方が販売者の利益は大きくなることがわかる．

　Shy [2000] はさらに，2つのソフトウェア会社の競争状態におけるコピー・プロテクションとソフトウェア会社の利益の関係を分析し，すべての企業がコピー・プロテクションを採用している市場では，ある企業がコピー・プロテクションをはずすことによって利益をあげることができるという結論を導いている．これは，現実のソフトウェア企業の価格戦略を検討する際にも，重要な分析結果であろう．

4．デジタル財の分析における残された課題

　以上，従来の著作権の経済分析に関して，主要な文献をサーベイした．最後にデジタル財の出現が著作権制度に与える影響について，今後の検討課題を提起する．

　Landes and Posner [1989] に代表される従来の著作権の経済分析は，私的コピーを違法に商用化する場合にオリジナルや正規ルートに比べて流通させるコストがかかり，しかも複製物の質も劣化することを前提としたものが多い．その場合，仮にそういった違法コピーに対して著作権に基づいた差止め命令を行わなくとも，より低い価格で高い質の作品を供給できるオリジナルは十分な収益を得ることができる．結果として，仮に著作権に基づく権利が全く与えられなくても著作者への利得が確保され，創造のインセンティブが保証される場合もある．

　しかしながら，デジタル化とネットワーク化はこのような前提を覆す可能性を現実のものとしつつある．少なくとも現状ではオリジナルと全く同質のコピーを複製することができ，さらにはそのコピーからも全く同質のコピーが複製される．しかも，複製のためのコストはほとんどゼロであり，その流通もインターネットを利用することで低コスト，容易，かつ大規模に流通させることが可能である．Bakos et al. [1999] などは情報財を扱っているものの，私的コ

ピーが限定的にしか出回らないという本質的な仮定を置いており，現状ではその仮定は崩れてしまっている場合も多い．

このような状況では，作者への報酬など製作コストを負担しなければならないオリジナルよりも，コピーの方が低いコストで同質の財を供給することができる．そのため，むしろ私的コピーの方が高い利潤を得ることができる．よって，著作権に基づく差止めを行わなければ，オリジナルの収益を確保することができない．おそらく中途半端な流通管理では私的コピーの抑制は不可能であることをNapsterタイプのサービスが示唆している．そのため，技術的にオリジナルを複製することを不可能にしたり，著作権制度を強化したりするなどより踏み込んだ方法が採用されていく可能性が高い．

このような踏み込んだ方法を採用することの経済的な評価は，現在行われている段階である．また，著作権制度の強化のみならず，技術的に複製を不可能にする技術の採用が望ましいかといった点に関しても今後の検討課題である．実際，映画等コンテンツの製作に莫大なコストがかかる分野では，複製を不可能にするような技術を採用する方向が顕著になってきているように思われる．逆に，学者等アカデミックな分野を中心に，著作権における人格権は主張するものの，財産権の側面は放棄してもよいという人々も少なからず存在する．これについては名和［2002c］で指摘されているが，学者などには自身の研究から得られる金銭的な利益よりも名声など非金銭的な利益を重視するため，必ずしも金銭的な報酬にこだわらない人々も多いことによる．

しかしながら，著作権制度は両者を同一に扱い，権利規定に関しても著作（権）者がそれを完全に行使することを前提として構築されている．よって，仮に作者に財産権としての著作権を行使しない意図があっても，それが利用者には伝わりにくく，利用者に不利な制度となっているという問題がある．このような状況においては，権利内容の開示の試みが，情報の非対称性の緩和という観点からも高く評価されるべきである．特に，従来の著作権の一元管理から複数の管理主体による著作権管理が行われるようになり，著作権の権利内容を利用者がトレースするのがますます困難になってきている現在，著作物の利用可能性を高めるためには，著作者が利用者に権利規定について事前に開示することが望ましい[8]．

ところで，前述のように，デジタル財ではコピーのコピーもオリジナルと同等の質を得るため，消尽原則も注意深く設定する必要がある．仮にコピーに対して著作権者の権利が及ばず，オリジナルにおいて権利が消尽してしまう場合，同じ質を有するコピーのコピーを抑制する手段がなくなってしまう．この場合，コピーのコピーによって，著作権者の利益が全く得られない可能性も生じる．本書第5章で述べるように，事前のインセンティブを確保するための報酬を固定費として抱え，しかも限界費用が一定の産業では，流通過程に限定する必要はなくても，いずれかの時点で独占的な状況を甘受せざるをえない．このため，競争政策に抵触する状況は必然的に存在し，それとの整合性を注意深く検討する必要がある．

5．結　論

本章では，「法と経済学」的アプローチによって著作権の経済的な影響を分析したアメリカの主な論文をレビューした．これらの研究が設定している前提の中には，デジタル化の進展によって現実味を失っているものもあることは事実であり，それらの点については第4節で検討した．しかし，条件によっては複製が経済厚生を増加させる場合もあるという分析結果や，作品の価格設定を決める際に供給者のコスト構造だけでなく利用者における共有のあり方に注目すべきだという指摘，コピー・プロテクションがソフトウェアの利益を損なう場合もあるといった分析は，新しい著作権制度を考えるためだけでなく，著作権を保有している企業や個人の価格戦略を考えるうえでも，参考になるところがあるだろう．本章で取り上げた論文をはじめとして，アメリカでは著作権あるいは知的財産権に関する経済学的な研究成果が数多く存在しているが，わが国では神［1999］など一部を除いて，研究の蓄積が少ない．今後，わが国においてもこの分野の研究が進んでいくことを期待したい．

---

8) このような点で「クリエイティブ・コモンズ」および「クリエイティブ・コモンズ・ジャパン」や林紘一郎氏の「ⓓマーク」の試みの進展に期待したい（本書終章を参照）．

第4章　権利保護期間の最適化*

中泉　拓也

1. はじめに

　本章では，望ましい著作権の権利保護期間について議論する．著作権の権利設定について検討する場合，まず第1に知的財産権全般に通じる問題を念頭に置かなければならない．第3章でも指摘されているように，知的財産権特有の問題とは，事前のインセンティブと事後的なアベイラビリティのコンフリクトを，いかにバランスよく解決するかということに集約される．

　質の高い著作物を多く制作するためには，制作コストを十分補えるだけでなく，制作者に十分な報酬が行き届くようにすることが必要である．つまり，制作者への報酬を高くし，成果物の価格が上昇することを甘受しなければならない．そういった観点からは，著作権保護を強化することが望ましい．しかし，著作を普及させるという事後的な観点からは，著作物の価格をできるだけ安くする方が望ましい．すなわち，制作者に十分な報酬が行き届くように，高い価格を設定してしまうと，事後的な観点からは望ましくなく，むしろできるだけ制作者への報酬も抑えるべきだということになる．結果として著作権の権利保護もむしろ緩和させるのが望ましい．このように，著作物の事前のインセンティブの観点からは著作権保護を強化し，著作物の価格も高くならざるをえないのに対し，事後的な普及のためには著作権の権利保護をむしろ緩和し，著作物の価格を安く抑えることが望ましい．

＊　本章を執筆するにあたり，デジタル創作権研究会の参加者，および清水崇氏をはじめとするContract Theory Workshop East の参加者から有益なコメントをいただいたことに感謝したい．当然のことながら，論文の内容に関する責任は，すべて筆者に帰属する．

研究開発の文脈で Arrow [1962] が指摘したこの問題は，著作権でも重要な問題となる．尾崎 [2002] の言葉を借りると，このような相矛盾する要求にバランスよく答えるのが，著作権制度に要求されることとなる．両方の折り合いをうまく付けず，どちらか一方だけを極端に支持してしまうと，どちらの保護に傾いた場合でも社会的な厚生は低下してしまう．この相矛盾する要求にバランスよく応じるよう，著作権を設定するのは，それほど容易でない．

本章では，著作権の権利保護期間に関して，この問題を考慮しつつ望ましい保護期間のあり方についての検討材料を提供する．権利保護期間の長期化が保護の強化に，短期化が保護の緩和につながることは明らかであろう．よって，著作権の権利保護期間を過度に長期化した場合，著作者への利得という観点からはプラスであるが，著作物が長期にわたって保護されているため，必然的に，事後的なアクセスが長期的に阻害されるという問題が生じる．特に現在の著作権制度のもとでは，著作権者を利用者が特定しなければならないため，古い著作物になるほど著作権者の特定が困難さを増す傾向がある．その結果，著作権者を特定するコストが権利期間に比例して，もしくはそれ以上に高まることになる．逆に著作権の権利保護期間を過度に短期化した場合，著作者への報酬が低下し，著作物の制作自体が阻害される．

ところで，著作権の権利保護期間の長期化は事前の観点からのみ正当化される．すなわち，新たな著作物が高質かつ多量に制作されるために，権利保護を強化し，著作者への報酬を高めることが正当化される．しかしながら，既存の著作物の権利強化は事前の観点からメリットを生まないのに加え，事後的な利用可能性を低めるため，経済学的なメリットは全く存在しないと言ってよい．

エルドレッド判決では，既存の著作物の権利保護期間を延長することが論点となったが，上述の説明から，既存の著作物の権利保護期間の延長に対して，経済学者が一斉に反対したのは当然のことといえる．この裁判に関しては，第5章を参照のこと．

それに対して本章では，事前と事後両方の問題を考慮して望ましい権利保護期間について検討している．ここでは，著作者と流通業者を同一の主体とみなすなど旧来の文献の仮定を踏襲したうえで，新たな著作物に対して，望ましい権利期間設定について示す．結論を先に述べると，事前のインセンティブを最

大限確保するという意味で，制作者の利潤が最大になることを保証するという前提のもとでも，権利期間は潜在的な需要が消失する以前に失効することが望ましいことが示される．

　権利期間内では，著作物の価格には，事前の著作のコストや著作者の報酬が上乗せされている．すなわち，著作者およびその著作の流通業者が独占的に当該著作物を供給しているため，著作物の価格には独占価格が設定される[1]．

　そのためモデルで示すように，時間を通じて需要や需要者の限界評価が逓減する需要曲線のもとでは，仮にそういった独占価格のもとで需要が消失したとしても，限界費用を上回る価格のもとでの潜在需要が消失したわけではない．このような低い限界評価を持つ需要者は，独占価格を形成する著作者にとっては顧客とはならない反面，もし著作物を利用することができれば便益を得ることができる．よって，仮に著作権の権利期間がこれらの需要者が正の便益を持つ期間で失効し，より低い価格で著作物が得られた場合，著作者の利益を損なうことなく，潜在需要者が著作物を得ることで便益を受ける．結果として事後的な社会厚生が増大することになる．

　ただし，後述するように，現実には価格差別を含め異時点間で異なる価格が設定されるため，単一価格が設定されるケースほど単純ではない．また，この場合コースの推論（Coase Conjecture）すなわち，「独占企業が耐久財を供給している場合には自らが過去に供給した財と競合関係が発生するため，独占利潤を獲得できないという理論的予測」（有斐閣経済辞典より）での論点を考慮しなければならない．本章の文脈では，後に価格が低下することを見越して買い控えが行われる場合，当初の価格が維持できない可能性がある．これに関連した価格設定の頑健性について検討しなければならない．これについては第3節および第4節で詳述するが，一定の条件のもとで，上述の結論が支持されることが示される．

　上記の結論は，著作物の需要が期間を経るごとに増大していくような非常に

---

[1] 多くの著作には密接な代替財（代替物）があるため，純粋な独占価格を形成するのは難しいが，特に出版直後では代替財が少なく，需要も非弾力的であると考えることができる．ただし，時間を経るごとに代替財となる類似著作が増加し，当該著作物の限界便益もしくは限界評価が低下すると考えられる．

例外的な著作物以外には，すべてあてはまる．また，モデル分析で明らかなように，上述の考え方のもとで，最適な権利期間を個々の著作物にあてはめた場合，著作者が設定する販売価格のもとで需要がゼロとなる時点までが最適な権利期間となり，この期間はすべての著作物で異なる．

さらに，ほとんどの著作物は公表時点から期間を経るごとに急激に需要量が逓減する反面，著作物が広く出回るまでの潜伏期間が非常に長いものや，他の著作が出回ることでさらにその著作物の価値が増加し，著作物の需要や価値が期間を経るごとに増大していくようなものも稀には存在するだろう．このような多種多様な権利期間を1つの法的な枠組みで規定するには相当な工夫が必要となる．少なくとも現在のような多種多様な著作物すべてを一律で規定する著作権制度ではとうてい対応できるものではない．むしろ，Landes and Posner [2003] が提唱しているような，著作権の登録制と登録の更新制は有効な手法となりうるだろう．加えて，これに追及権を付与することも一考に値すると思われる．

以下，次節では基本モデルを導出し，第3節では基本モデルで導出した需要曲線の頑健性とコースの推論に類する議論について考察する．基本モデルでは，著作者が単一価格を設定するという仮定のもとでこの結論を導出しているのに対して，実際には価格差別が行われる．そのため，第4節では価格差別における流通業者の役割に言及しながら解説し，基本モデルの考えが価格差別ができる状況でも適用可能であることを示す．第5節では，時間に関して逓増的な需要が導出される場合など，第4節までのモデルでは説明できない状況を整理する．第6節では，例としてゲームソフトの販売量の逓減率をグラフで示し，これまでのモデルの含意を検討する．最後に第7節を結語とする．

2．基本モデル

以下では Landes and Posner [1989] に代表される従来の著作権の経済分析を権利期間設定の分析に応用する．まず，著作物の複製費用すなわち限界費用は単純化しゼロとする．また，権利保護期間においては，他者が私的コピーを販売することを完全に妨げることができるとする．そのため，権利保護期間内

は流通業者と著作者が一体の製作者が，著作物を独占的に供給することができる．また本節では，著作権者が著作物に単一価格を設定して販売するケースを扱う．実際には，製作者は期間ごとに異なる価格を付ける価格差別を行うが，この点については後述する．

ここでは著作物の需要関数を，時間の関数として導出する．すなわち，需要者の著作物に対する限界評価（金銭的に表現された限界効用）を時間に依存した形で描く．さらにここでは単純化して，時間とともに逓減する右下がりの需要曲線が得られるとする．また，単位時間ごとの需要量を1単位，割引率も0と単純化する．この需要曲線の理論的基礎は後述するが，著作物が公表された時点以降，それを参照する代替的な著作物が公表され，そういった代替財となる著作物が時間を経るほどに増加すると考えられるため，著作物の価値も時間に比例して逓減すると考えている．よって，経済主体が $[0, \bar{t}]$ の範囲で連続的に分布し，各 t 期においてのみ図4.1にある $P = P^D(t)$ となる評価を当該著作物に対して与えるとすると，上記のような需要曲線が得られる．

著作物の価値が時間に比例して逓減するという仮定は，ほとんどの著作物にあてはまると考えられる．類似著作物の増加が，当該著作物の価値の増加につながるような著作物も稀に存在すると思われるが，そういった例外的な著作物の効果については第5節でまとめる．以上より，横軸に時間，縦軸に需要者の限界評価をとると，図4.1のような右下がりの需要曲線（逆需要関数 $P = P^D(t)$）が得られる．

限界費用がゼロで，私的コピーが出回らないという状況のもと，製作者のみ

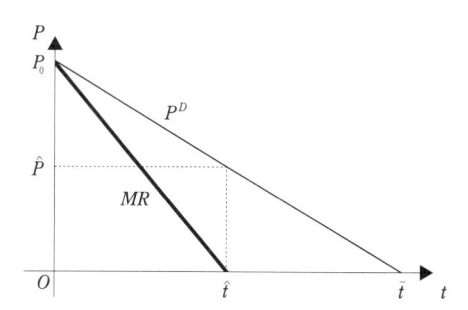

図4.1 創作者の利潤最大化による価格決定

が独占価格を設定する場合，限界利潤曲線と限界費用曲線（ここではゼロ）との交点 $\hat{t}$ における限界評価 $\hat{P}$ を著作物の価格に設定することになる．

しかしながら，製作者が自由に価格を設定できるのは著作権の権利保護期間の範囲内のみである．権利保護期間が切れると他者が自由にその著作物を販売することが可能で，競争により価格が限界費用に等しくなるところまで低下する．そのため，権利保護期間が有限期間 t' とすると，t' 期以降の著作物の価格は限界費用，ここではゼロに等しい．当然のことながら，t' が変化することで著作物の価格がゼロとなる範囲も変化する．加えて，製作者もその権利期間を所与として当初の著作物の価格を決定するため，当初の価格も変化する．以下では，著作物の保護期間 t' が変化したときの，製作者の価格設定と，それによる製作者の利潤，消費者余剰がどのように変化するかを考察する．

まず $t \leq t'$ の期間では著作権が適用されるため，他者のフェア・ユース以外での利用は完全に排除される．そのため，$t \leq t'$ のもとでは，著作者が直面する需要曲線（ここでは逆需要曲線：$P = P^D$ の形で記）は上記の P^D と等しくなる．

それに対して，著作権の権利保護期間が切れる $t > t'$ においては，前述のように著作物の価格はゼロとなる．結果として，製作者が直面する需要曲線および限界収入曲線は t' において屈折する．権利保護期間と限界収入曲線の形状は権利保護期間が $\hat{t}$ より長いかどうかで異なり，権利保護期間の方が長く，$\hat{t} \leq t'$ の場合，図 4.2 のようになるのに対して，権利保護期間の方が短く，$\hat{t} > t'$ の場合，図 4.3 のようになる．いずれの場合でも，製作者はこのような屈折した限界収入曲線と限界費用曲線の交点に対応する価格を設定することになる．以下，図 4.2，4.3 について説明する．

まず，$\hat{t} \leq t'$ の場合，限界収入曲線と限界費用曲線は，もとの図 4.1 と同様 $\hat{t}$ で交わるため図 4.1 と同様に著作者も価格を $\hat{P}$ に設定する．結果として，$\hat{t}$ までの需要者が製作者から著作物を購入し，それによる製作者の利潤は四角形 $O\hat{P}E\hat{t}$ になる．また，著作権の期間が切れた $t > t'$ 期以降は，多くの業者がこの著作物を供給できるため，競争により価格が限界費用に一致することになる．その結果，需要者は限界費用（ここではゼロ）で著作物を購入することができる．また，限界費用もゼロのため，著作者の利潤はゼロとなる．

それに対して，$\hat{t} \leq t'$ のもと，$\hat{t} < t < t'$ の期間では，著作物に対する評価

図 4.2 権利期間が $\hat{t} \leq t'$ のときの限界収入曲線

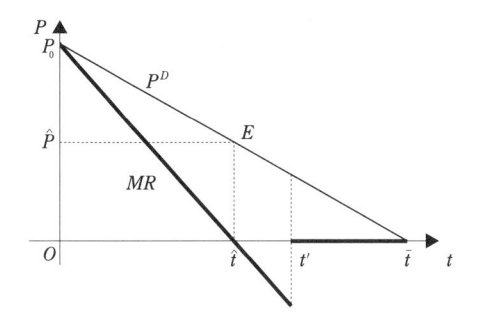

図 4.3 権利期間が $\hat{t} > t'$ のときの限界収入曲線

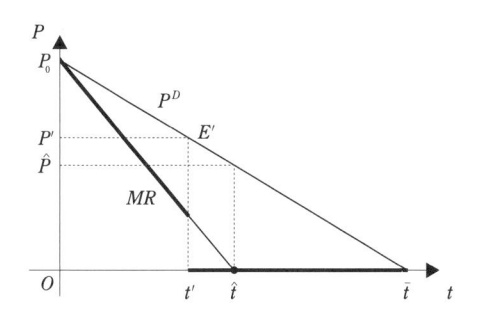

はプラスにもかかわらず，著作物の価格の方が高いため，著作物を購入せず，著作物は利用されない．

ここで $\hat{t} \leq t'$ の範囲で著作権の権利保護期間 t' を短くすることを考えてみよう．この場合製作者は依然として価格を $\hat{P}$ に設定し，$\hat{t}$ までの需要を確保するため，製作者の利潤は変化しない．それに対して，著作権の権利設定が短くなった分だけ，競争が促進され価格ゼロの期間が増加し，利用者の便益は増加する．結果として，$\hat{t} \leq t'$ では著作権の権利保護期間を短くすればするほど，製作者の利潤を変えずに社会厚生を高めることができ，$\hat{t} = t'$ とするのが最適であることがわかる．

次に図 4.3 のように，$\hat{t} > t'$ の場合，先ほどと異なり，限界費用と限界収入曲線が $\hat{t}$ ではなく t' で交わるため，製作者は価格を $\hat{P}$ より高い P' に設定す

る．結果として，$t<t'$の需要者がより高い価格で著作物を購入しなければならないと同時に，製作者の利潤は四角形$O\hat{PE}\hat{t}$より少ない四角形$OP'Et'$になる．それに対して，著作権の期間が切れた$t'<t<\bar{t}$の需要者は，限界費用（ここではゼロ）で著作物を購入することができ，消費者余剰がその分増大する．

この場合，著作権の権利保護期間をさらに低下させた場合，限界収入曲線がより早く限界費用曲線（この場合はゼロなので横軸に相当）に交わるため，製作者が設定する価格が上昇する．そのため，製作者から著作物を購入する$t<t'$の需要者の余剰は低下する．半面，権利保護期間が短縮化されるため，製作者の利潤は低下する．それに対して，限界費用（ここではゼロ）で購入することができる$t'<t<\bar{t}$の需要者が増加するため，その部分の消費者余剰が増加する．

以上をまとめると，まず，権利保護期間が$\hat{t}\leq t'$においては，権利保護期間を$\hat{t}$に近づけることによって，製作者の利潤を変えないで，消費者余剰を増加させることができる．そのため，$t'=\hat{t}$に設定することが事前の観点からも事後的な観点からも望ましい．

また，$\hat{t}>t'$においては，権利保護期間の短縮化によって，製作者が設定する著作物の価格が上昇し，製作者から著作物を購入する消費者の余剰が減少すると同時に，製作者の利潤も低下する．ただし，権利保護期間が切れた後は，より多くの需要者が著作物を安く（ここではゼロで）購入することができる．

よって，製作者の利潤を最大限保証するという制約を課した場合，価格差別のないもとでは，権利保護期間を$\hat{t}=t'$に設定するのが望ましい[2]．これは，財に対する潜在需要がなくなる前に権利保護期間が切れたとしても，製作者にとっては，その財の需要の評価が低いため，その需要を吸収するような低い価格を付けるインセンティブを持たず，製作者の利益は変化しない反面，権利保護期間が切れたことによって，需要者は安い価格でその財を享受できることによる．よって，財に対する潜在的な需要がなくなる以前に権利保護期間が切れ

---

[2] 任意の保護期間の中で，事後的な消費者余剰を最大化するような保護期間$t=t^{*}$を導出することも可能だが，ここでは著作権の意義を尊重し，事前のインセンティブを最大限確保するという制約のもとで，事後的な消費者余剰の最大化を検討している．

るのが望ましい．

　次節で述べるように，これらの結論は各時点での需要主体の効用がその時点でのみ発生するという仮定に依拠していることに留意すべきである．仮に各時点で需要主体が当該著作物を購入した際，その便益が一定期間継続して発生するような設定のもとでは，後に価格が低下すると，価格低下まで需要を控えるインセンティブを生じさせ，製作者の利潤を変化させてしまう．

　このような変化は，各需要者が当該著作物の消費により得られる便益の逓減率の大きさに依存する．仮に全く逓減しない場合，すべての需要者は著作権の権利が消失し価格がゼロになるまで待つことになる．ここではその逆の極端なケース，つまり便益の逓減率が無限大という状況を扱っている．現実はこの両者の中間に位置すると考えられるため，需要が消失してすぐの t' の時点ではなく，一定期間を経た後に権利期間が消失することが必要となる．

　本節の最後にモデルの結論を現実的な観点から整理する．まず，潜在的な需要は消失していないが，当該価格のもとで需要がなくなる時点で権利保護期間が失効するような期間を設定することが望ましい．これは，このような権利保護期間のもとでも，製作者の利潤は最大限保証できるのに加えて，潜在的な需要者は低い価格で著作物を享受できるため，事後的な消費者余剰は増加することによる．よって価格設定によって需要が消滅する時点に，権利保護期間を設定するのが望ましい．また，需要が当該価格で消滅する時点，すなわち最適な保護期間は，著作物によって異なることも明らかであろう．

　このような結論は一見すると非常に興味深い反面，理論的に時間を通じて逓減する需要曲線が得られる根拠が明確でないようにみえる．また，価格差別が行われない，需要曲線が著作物の公表当初から時間とともに右下がりであるといった仮定自体が現実的でないようにもみえる．そのため，次節ではまず時間を通じて逓減する需要曲線の頑健性について議論する．その後，第4節で流通業者の役割も含め，価格差別について説明した後，価格差別の効果について検討する．

3. 時間を通じた需要曲線の頑健性

　前節の議論は，著作物に対する限界評価が時間とともに逓減し，時間軸で右下がりの需要曲線が得られるということを大前提としてきた．時間を経るにしたがって当該著作物の代替的な著作物が増加し，当該著作物の限界評価が逓減していくと考えると，この前提も不自然でない．

　しかしながら，このような需要関数と従来の消費者行動の理論との理論的整合性については，検討しなければならない．以下では，著作物に対して異なる評価を与える異質な経済主体（heterogenous agents）が数多く存在すると仮定して，このような需要曲線の導出を試みる．

　前節で述べたように，$[0, \bar{t}]$ における任意の t 期において $P = P^D(t)$ となる評価を当該著作物に対して与える経済主体が連続的に分布していると考えると，前述のような需要関数が得られる．以下では，このような需要関数の妥当性について検討しよう．

　まず，各 t の経済主体の便益が $[0, t)$ まで生じず，t 期になって初めて発生するのは疑問の余地があるが，これについては，各経済主体の便益は $[0, t)$ 期の間でも発生する可能性があるものの，著作物自体の存在を知らないなど，著作物へのアクセスが不十分で便益が発生しえないということで説明できる．実際に第 6 節で言及する学術論文の引用数やアメリカでの著作物の需要動向を見ると，このような設定も不自然でないだろう．

　仮にこのような情報の問題が無視でき，著作物へのアクセスが十分であれば，前節のようななめらかな需要曲線に基づいて需要は発生せず，著作物の発売時点で需要が出尽くしてしまうことになる．たとえばある著作物に関する t 期の効用を

$$u_i(t) = \int_t^\infty u_i e^{-\rho \tau} d\tau$$

（u_i は各経済主体の便益に依存した定数，ρ は割引率）とし，これを最大化するように t を選択する場合，価格 $P(t) = P$ の著作物に関しては，$u_i/\rho \geq P$ となる需要者すべてが 0 期時点で当該著作物を購入することが最適であることがわ

かる．また，価格が時間を通じて全く変化しないため，$u_i/\rho < P$ となる需要者は当該財を購入しないことになる（$P(t) = P$ は任意の時点で P が不変を意味する）．

第6節や付録2で示されている CD やゲームソフトの販売数量のように，発売時点に需要量が極度に偏っているものに関しては，著作物に関する情報が広く行き渡っている場合であると解釈することができ，この定式化の方が正しいことを示唆している．

しかしながら，需要は発売時点ですべて出尽くしているわけではない．発売時点より期間を経てから当該著作物を知り，購入しようとする需要者も存在すると考えられる．さらに，発売当初と比較して代替財としての類似著作物も増加しており，そのような需要者の評価すなわち，WTP（Willingness To Pay, その著作物を得るためにどれだけ支払ってもよいと思うかどうかを示す留保価格）は当初の需要者よりも低下すると考えられる．

このような設定は，第2節のモデルを線形の効用関数で表した以下のような効用関数で表現される．すなわち，t 期においてその著作物を知る需要者が得る効用を $u(t)$ とすると，$\alpha(t)$，$\beta(t)$ を各経済主体 t に依存した定数，$\tilde{t}$ を各主体の限界評価がゼロとなる時点，割引率をゼロと単純化して

$$u(t) = \int_t^{\tilde{t}} (-\alpha(t)\tau + \beta(t)) d\tau$$

となる．第2節では，この設定に加え，需要者が $[0, \bar{t}]$ に連続して分布しているとし，しかも任意の t に対して $\alpha(t)$ が無限大であると仮定している．$\alpha(t)$ が有限の場合，前述の「コースの推論」に類する問題を考慮しなければならない．

いま，$\hat{t}$ 時点で著作権の権利保護期間が切れることで，価格がゼロとなったとする．このとき，独占価格 $\tilde{P}$ のもとで，財を購入する需要者つまり，$t < \hat{t}$ に位置する需要者であっても，$\tilde{t} > \hat{t}$ であれば，残余需要が正つまり，

$$\int_{\hat{t}}^{\tilde{t}} (-\alpha(t)\tau + \beta(t)) d\tau > 0$$

となる需要者が存在することになる．よって，そのうち，もし価格 $\tilde{P}$ で $t < \hat{t}$ 期に著作物を購入するよりも $\hat{t}$ 時点で著作権の価格がゼロとなってから購入

する方が便益が大きい需要者が存在したならば，その需要者は，価格が低下するまで待つことになる．

よって，$\hat{t}$時点で著作物の購入者がいなくなったからといって，この時点で権利期間が消失し価格がゼロとなる場合，$t < \hat{t}$時点で購入する予定の需要者も$\hat{t}$時点まで待つことになり，著作物を価格$\hat{P}$で購入する需要者が減少してしまう．結果として，著作者の利益が低下することになる．

以上より，$a(t)$が有限の場合，著作者の利益を最大限保証するためには，$t' > \hat{t}$とし，$t \leq \hat{t}$で著作物を購入する需要者が価格ゼロを待つインセンティブがなくなる時点まで，権利保護期間を継続させることが必要となる．また，$a(t)$が小さいほど権利保護期間も長期化させなければならない．

これは次節で述べる異時点間の価格差別を行う場合でも，留意しなければならない問題である．価格差別を行う場合でも$a(t)$が小さくなるほど価格を下げるタイミングを遅くしなければならず，また設定できる差別価格の数も限定される．$a(t) \equiv 0$という極端な場合，権利期間の消失のみならず，いかなる価格差別のもとでも当初の価格での需要者がゼロとなる．

しかしながら，現実に単行本と文庫本といった価格差別が行われていることは，任意のtのもとで$a(t) > 0$という仮定を正当化させるだろう．次節では，基本モデルで用いた設定のもとで，価格差別の効果について考察している．そこでは，第3種価格差別，しかも差別化される価格が2種類という非常に限定的な検討しか行っていないが，それは，このようなコースの推論に関する問題が存在し，第1種価格差別のような複数の価格差別が困難な点も考慮してのことである．

最後に，一部の著作物には代替財が増える方が，引用などが増え限界評価が増加することも考えられる．このような場合，他の著作物と補完関係があると言え，時間を通じて右下がりの需要曲線は得られない．さらに，時間を経るにつれ，需要関数の外生的な要因が変化し，需要自身がシフトすることも十分考えられる．こういった需要のモデル化は今後の課題である．

4．価格差別の効果と流通業者の役割

　従来の著作権制度は，著作者ではなくむしろ流通業者の保護に寄与してきたという批判がある[3]．また，流通業者の独占状況をもたらしていること自体が，問題であるという考え方もある．しかしながら著作物の場合，限界費用も小さく，かつ一定であるため，私的コピーを容易に市場に供給することができるため，通常の財の生産形態とは大きく異なる．このような状況では，著作物の販売に関して，事後的な死荷重をできるだけ生じさせずに固定費を回収するためのビジネスモデルが必要となる．

　以下で述べるように，価格差別はこのための方法の1つである．現状の流通システムには，流通ルートの管理による私的コピーの排除によって，価格差別を可能にし，こういった問題を解決しているという面が存在する．このような価格差別による経済厚生の改善については Mankiw［1998］，Landes and Posner［2003］等でも指摘されており，以下ではこの価格差別の効果を解説し，そのうえで上記の権利期間設定の議論を拡張する．

　前述のように，質の高い著作物を多く制作するためには，制作者に十分な報酬を支払うこと，より厳密には，十分な報酬へのコミットメントが必要である．反面，多くの人々が著作物に接するためには，著作物の価格をできるだけ安くする必要が生じる．

　このような一見矛盾する問題に対して答えるのは，ほとんど不可能のようにみえる．しかしながら，このような事前に支払われるべき開発主体や著作者への利得は，事後的には生産量によらず回収しなければならない固定費となる．こういった固定費は，通常の産業でも発生するため，技術的特許では通常の財ように価格を限界費用に一致させることで，解決されることも多いと思われる．

　技術的特許は価値としては大きいものの，それを商用化するためにはそれに基づいて新たな財を生産しなければならない．その際の生産費用は限界費用が

---

[3］著作者に比べて流通業者の方が著作権に関する情報の蓄積が大きく，裁判で著作者が流通業者に対して弱い立場になり，結果として低い利得に甘んじることになるという点も考えられる．特に著作者の側に資金制約があり，裁判で弱い立場になる場合にあてはまる．

右上がりの通常の費用関数となる．研究開発の割合に対して，そういったコストの割合が十分大きい場合，価格を限界費用に一致させることで，最適な供給量が実現されると同時に，それによって得られた利潤で固定費としての事前の開発主体への報酬も回収することができる．

　それに対して，著作物の場合，全コストに占める研究開発の割合が大きい医薬品等に似て平均費用が逓増的でないため，価格を限界費用に一致させ，事後的な死荷重をなくそうとすると，粗利潤自身がゼロとなり，固定費を回収できない．このため，通常の市場取引とは異なる固定費の回収システムが必要となる．すなわち，限界費用が一定のもとで，固定費としての事前の報酬を確保し，かつ，広く著作物が行き渡るようにするためのビジネスモデルが必要となる[4]．この問題を解決する方法の1つとして，独占による価格差別の導入がある[5]．

　価格差別とは，著作物ではおなじみの方法だが，単行本と文庫本などほとんど同じ質の財を異なる価格で販売する方法である．そのため，その著作物の評価の高い需要者には単行本として高く財を売る反面，低い需要者には文庫本として低い価格を提示することになる．結果として，高い価格によって得られた利潤を著作者への報酬という固定費の回収にあてると同時に，低い価格での販売も行うことで，多くの需要者へのアクセスも保証されることになる．このような価格差別は，単行本と文庫本に限らず法人向けと個人向けで異なる価格を付ける，映画のようにロードショーとそれ以外で差をつけるなど，さまざまなバリエーションがある[6]．

---

4) 重要なことは，事後に固定費としていかに回収されるかよりも，むしろ事前に回収されることが制作者の信頼に足るものかどうかである．つまり，制作者に報酬が支払われることに対するコミットメントがあるかどうかである．

5) 第三者が固定費を負担する方法もある．第三者，たとえば政府が固定費を回収する場合，さまざまな情報の非対称性の問題，徴税システムの非効率性等が存在するため，現実的でないだろう．政府が第三者として取引に介入している例として，日本の社会保険が挙げられるが，政府介入によって生じている山積する問題がここでも現れる．それに対して現在の民放などは，スポンサーという視聴者以外の他者が固定費を支払っているという意味でこのシステムに近いが，民間ベースの分だけ競争原理が働いて問題が緩和されている可能性がある．

6) なお，価格差別によって当該財を独占的に供給している企業の利潤が増加する反面，消費者余剰は低下する．そのため，通常の独占企業においては必ずしもこのような価格差別が手放しで肯定されるわけではない．ここでは，事前のインセンティブを担保するための措置として，こういった価格差別が肯定される可能性があることのみを指摘する．

しかしながら，裁定が自由に行われる通常の市場環境では，このような価格差別を維持することは不可能である．たとえば単行本が出た時期にそれを私的コピーすることで文庫本と同じ価格で販売すれば，それによって単行本の需要を吸収することができる．結果として，誰も単行本を買わなくなるだろう．このように，価格差別を行うためには，一定の流通管理や独占を容認しなければならない．逆に裁定が自由に行われれば，価格差別に基づく固定費の回収システムは成立しないことになり，事前のインセンティブを確保するには他の方法が必要となる．

著作物では，私的コピーの流通が容易なため，流通経路をコントロールしないと価格差別が維持されないようにみえる．そのため，流通経路を管理するために流通業者を保護してきたことが正当化されると考えられる．

しかし，流通業者の保護と流通チャネルの管理がこのような違法コピーの流通の抑制に，本当に役立ってきたかどうかには疑問も残る．流通経路を管理するよりも，デジタル財で利用される電子透かしを用いた違法コピーの摘発等，著作物自体をトレースする方が効果的にみえる．流通業者の独占的な地位を保証し，流通管理をするのは間接的かつ次善の策にもみえる．これは立山 [2002] で述べられているように，表現の自由の保障を大前提とすると，著作そのものを規制することができないため，妥協の産物として流通を管理することを行ってきたと考える方が自然のように思われる．

しかし，このような間接的な方法は，少なくとも近年のデジタル化・ネットワーク化に直面して，困難になったように思われる．この場合，流通業者を保護するような間接的な方法をとらず，私的コピー自体の摘発等，コンテンツや作品自体の管理にウェイトを移さざるをえないだろう．

また，流通ルートの過度の保護には問題が大きい．過度の保護を回避するためには，①他のビジネスモデルを用いた固定費の回収システムの構築，②競争的な流通経路で，価格差別を実現させる上記の問題を解決すること，③現状の枠組みで著作者に交渉力を持たせるような権利設定への変更，④事前のインセンティブを確保する非金銭的な仕組みの構築，といった方向が考えられる．

以下ではこのような価格差別が可能であることを前提とした場合，権利保護期間をどのように設定すべきかについて考察する．

まず，任意の時間ごとに，各時点の各消費者の留保価格に等しい価格を設定することが（経済学的にはこれを完全価格差別，もしくは第1種価格差別という）可能であるとする．その場合，たとえば図4.1においては，各時点 t で $P(t) = P^D(t)$ を設定することで，製作者は三角形 $OP_0\bar{t}$ の消費者余剰すべてを利益として得ることができる．また，この場合，すべての需要者が著作物を購入できているため，価格差別のない独占のケースで $\hat{t} < t < \bar{t}$ の範囲の需要者が著作物を利用できない事態からは改善していると言える．通常はこのような余剰の独占は社会的に望ましくないが，この場合事前のインセンティブの確保という側面があり，その面からはこのような製作者による余剰の独占も評価される．そのため，この第1種価格差別が可能であれば，事前のインセンティブの確保と事後のアベイラビリティともに解決できることになる．

しかしながら，現実にはこのような完全価格差別を行うことはほとんど不可能と言ってよい．それは，各需要者の限界評価をすべて供給者が知っているわけではないこと，個々の時点ごとに多くの価格を設定するコスト自体が非常に大きいこと，あまりに価格差別を徹底した場合，中古市場，ここではゲームソフトの中古市場や古本の市場などで転売が広く行われることが裁定活動に相当し，そういった価格を維持できないこと，また前述のコースの推論に関する問題があることによる．そのため現実には，価格差別は単行本と文庫本の2通りの価格設定など，より限定的なものにとどめざるをえない．これを第3種価格差別という[7]．以下では，第2節で用いた需要構造の上で，第3種価格差別のうち，2通りの価格が設定される場合を取り上げて，保護期間について議論する．

証明は付録で示すが，結論から述べると，2種類の場合の最適な価格差別は，需要曲線の傾きのそれぞれ1/3と2/3の傾きの直線が横軸と交わった交点（図4.4ではそれぞれ $\hat{t}_1$, $\hat{t}_2$ に相当）の時点で，付与されるべき価格を設定することになる．結果として図4.4のように，当初は $\hat{P}_1$ その後 $\hat{P}_2$ の価格が形成される．製作者が独占的に価格を設定する結果，$\hat{P}_2$ を限界費用と等しい低い水準

7）第2種価格差別とは電気料金のように固定料金と従量料金を組み合わせることで，同じ財について数量ごとに異なる価格を設定することを言う．

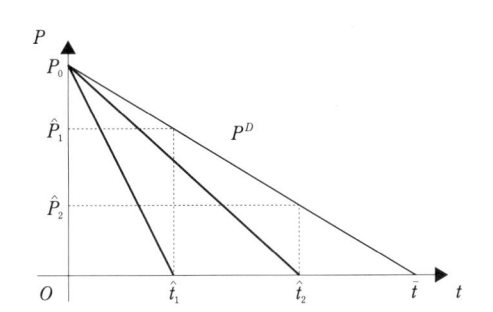

図4.4　創作者の利潤最大化による2通りの価格差別

に設定するのではなく，それよりも高い価格を設定することで，低い価格からも超過利潤を得ることになる．

　この場合，$\hat{P}_2<\hat{P}$であり，文庫本に相当する価格が第2節の基本モデルにある価格差別を行わないときの価格$\hat{P}$と比較して低いものの，$\hat{P}_2>0$となっており，依然として限界費用より高い価格が設定されている．そのため，$\hat{t}_2<t<\bar{t}$の需要者は依然として著作物を利用できない[8]．

　その結果，価格差別が存在しない状況での$\hat{t}$，$\hat{P}$を$\hat{t}_2$，$\hat{P}_2$に置き換えることで第2節と同様の結論がほぼ踏襲される．すなわち，価格差別が存在したとしても，第3種価格差別の場合，低い価格設定によって得られる需要がなくなった時点でも，潜在的な需要がそこでなくなっているわけではない．そのため，その時点で権利保護期間が消失すると，潜在的な需要者が著作物を利用する機会が提供されるため社会的にはむしろ望ましい．しかも低い価格設定によって，得られる需要がなくなった時点で権利保護期間が切れたとしても，著作者の利潤を最大限保証することができる．よって，コースの推論に関する需要者の行動を考慮し，一般化する余地はあるものの，第3種価格差別が行われている場合，低い価格設定によって得られる需要がなくなった時点までを，権利保護期間とすることが望ましい．

8）　この状況はn種類の価格を設定したとしても常に最後の価格$P_n>0$に対してあてはまる．

5. 限界評価が時間に関して逓増的な著作物

これまで，著作物の限界評価は時間とともに減少すると仮定してきた．次節で示すように，ゲームソフトやCD等では，販売量から見ても，発売当初が最も高く，この仮定の妥当性を示しているようにみえる．また，宮代ほか[1997]に掲載されている科学技術の論文の引用回数などは，論文発表直後は引用数が少ないものの，その後急激に増加したあとは，逓減傾向となる．このような場合，論文の公表当初は限界評価も時間とともに逓増する可能性を示唆しているものの，その後引用数の逓減傾向が支配的となり，限界価値も逓減していくと考えてよいだろう．

他の著作物でもこのような傾向はあると考えられるが，限界価値が低下していき，設定された価格で需要が消失する時点に権利保護期間を設定することが望ましい，という上述の結論は変わらない．

ただし，ゴッホの絵画などのように著作者の死後の方が評価が高くなるという，限界評価の逓増期間が極めて長いものも稀に存在する．また，プラトンやアリストテレスの原著のように，引用されることで古典としての価値が増加するという著作物も歴史上数多く存在している．このようなものは稀であるといえるが，そういった著作物の権利保護期間については，ここでの分析の域を超える．このような著作物の著作者の権利保護のために，前述の著作権の更新制に加え，追及権の設定なども検討に値するかもしれない．

6. 実際の著作物需要の逓減率

以上，本章では最適な権利保護期間について理論モデルを用いて考察してきた．本節では，ゲームソフトの現実の販売数量の逓減率を例示して，上記の最適な著作権の権利保護期間の現実性について議論する．図4.1～図4.4は縦軸には限界評価を表しているのに対して，図4.5では販売量をグラフに示しているため，需要量と限界評価に関して一定の関係があることを前提としている．なお，アメリカの著作物の逓減率とその分析はLandes and Posner[2003]で

行われている.また,日本の科学技術論文の引用数を用いた逓減率の考察は,宮代ほか［1997］を参照のこと.

図4.5は比較的販売量が多いゲームソフトの発売から,週ごとの販売本数(単位千本)の推移をグラフに示している.ここでは,『ファミコン通信』から抜粋したため,ベスト30以下になると本数の統計が得られず,ゼロ本とカウントされてしまうことに留意されたい.図4.5で見ると,上述のように,販売数量の多いソフトでも,10週間程度でほとんど販売数量がゼロに近づき,4年後の販売数量はほとんどないという状況になる[9].

上述の結論を適用すれば,この場合,ほとんど販売数量が消失する4年後に著作権の権利保護期間が切れるのが,望ましいと言える.ただし,このようなゲームソフトの逓減率の高さは,積極的な広報活動のため,ゲームソフトの認知度が高いことにもよると考えられる.そのため,コースの推論に基づくと,各需要者の評価の逓減率はこれよりも緩やかなる可能性があり,注意を要する.

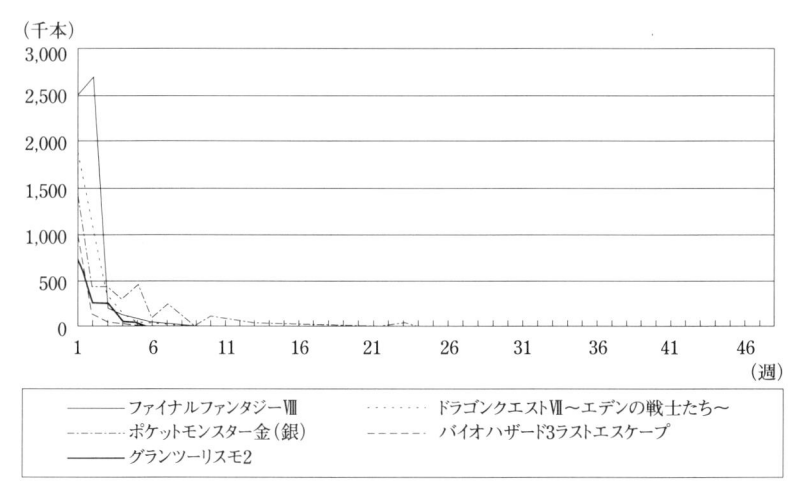

図4.5 ゲームソフト販売数量逓減率

凡例:
──── ファイナルファンタジーⅧ
……… ドラゴンクエストⅦ～エデンの戦士たち～
-・-・- ポケットモンスター金(銀)
----- バイオハザード3ラストエスケープ
──── グランツーリスモ2

---

[9] ファイナルファンタジーⅧに関してのみ,総販売量に関する逓減率が新宅・田中・柳川［2003］に掲載されている.第1週目の販売量が上記雑誌の集計の2週にまたがっており,2週にピークが分かれている以外は,本節のグラフに類似したグラフが得られている.

また，Takahashi [2003] で分析されているように，ゲームソフトでは中古市場が発達しており，中古市場でいち早く代替的な中古ソフトの供給が行われることも，このような逓減率の高さの一因であると考えられる．

7. おわりに

本章では，著作権の権利保護期間について考察した．ここでは，各著作物の時間ごとの需要に関して一定の仮定を置くことで，個々の著作物に対して最適な権利期間の導出を試みている．結論として，①需要者の便益が時間とともに逓減していく速度が十分大きいもとで，著作物の権利保護期間は，著作者が設定する価格で需要がなくなった時点から一定期間の後に設定することが望ましい．そうした場合でも，著作者の利益は最大限に保証できるのに加えて，潜在的な需要はなくなっていないため，利用者は増加する．②このような最適な権利保護期間は，著作物によって千差万別である．といったことが挙げられる．

現在の著作権法で定められている権利保護期間は，書物やCD，映画など多種多様なものを一律に扱っている．しかしながら，需要関数の異なる多種多様な財を一括して一律何年といった規定を行うのは，やはり無理があると言わざるをえない．個々の著作物ごとに完全な自由度を持たせるのは法的に難しいとしても，前述の Landes and Posner [2003] の著作権の登録制および更新型の併用のように，多種多様な事情に適用できるような制度が望ましいと考えられる．また，権利期間についても，多くの著作物で最適期間より過度に長くなっていることも問題だろう．

付録1

ここでは第4節で解説した2通りの価格で価格差別が生じた場合の，著作者の最適な価格設定について解説する．

単純化し，逆需要曲線が時間の関数として線形かつ右下がりで表されるとする．つまり，$P^D(t) = b - at, \ a > 0, \ b > 0$．

著作権者の最大化問題は以下のようになる．

第 4 章 権利保護期間の最適化

$$\max_{t_1,t_2} \Pi = P(t_1)\,t_1 + P(t_2)\,(t_2 - t_1) \tag{A1}$$

これに $P(t) = P^D(t) = b - at$ を代入して微分することによりそれぞれの最適解が得られる．

t_1 で微分　$\dfrac{\partial \Pi}{\partial t_1} = b - 2at_1 - (b - at_2) = 0 \tag{A2}$

t_2 で微分　$\dfrac{\partial \Pi}{\partial t_2} = b - 2at_2 + at_1 = 0 \tag{A3}$

これより $t_1^* = \dfrac{b}{3a}$, $t_2^* = \dfrac{2b}{3a}$ を得る．ちなみに，価格差別が存在しない場合の独占企業の限界収入曲線が $MR(t) = b - 2at$ に対して，t_1^* が

$$b - 3at_1^* = 0$$

を満たし，t_2^* が

$$2b - 3at_1^* = 0$$

を満たすことから，それぞれ，P_0 から，需要曲線の 3 倍の傾きと 3/2 倍の傾きの直線と横軸との交点に相当する時点の限界評価を価格とすることが最適となることがわかる．

付 録 2

正式な統計を利用したものでないため，あくまで参考であるが，音楽 CD においては，図 4.6〜図 4.8 の総販売量に占めるシェア（％）を示したグラフより傾向を見ることができる．先ず図 4.6 のようにパソコンソフトと類似の逓減率を示す作品を挙げることができる．反面，図 4.7 のように比較的息が長く，ピークも発売当初にないものや，ピークが予想外の時点で現れる図 4.8 のタイプも存在する[10]．

---

10) これらのグラフはオリコンチャートの100位までのデータをもとに http://yoiyanet.hp.infoseek.co.jp/oricon/oricon.shtml で整理された統計等から作成．2003年10月17日現在．

図 4.6 CD 販売数量逓減率

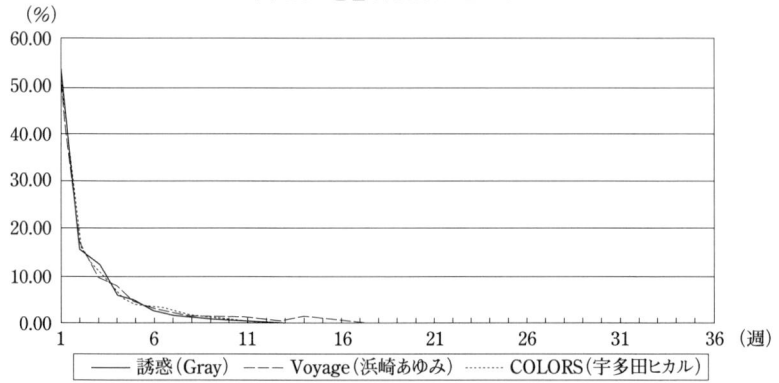

凡例: 誘惑（Gray）／Voyage（浜崎あゆみ）／COLORS（宇多田ヒカル）

図 4.7 ワダツミの木（元ちとせ）販売数量逓減率

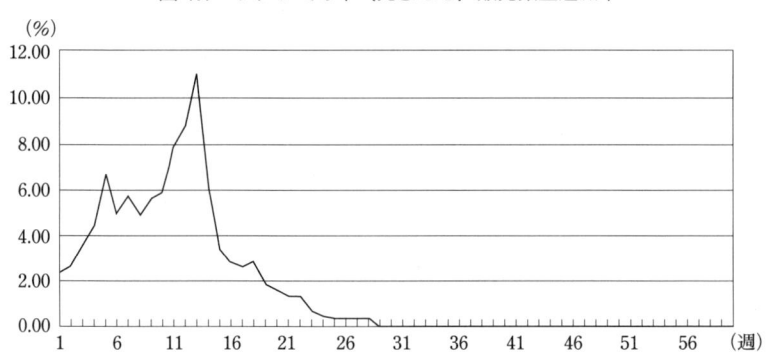

図 4.8 地上の星／ヘッドライト・テールライト（中島みゆき）販売数量逓減率

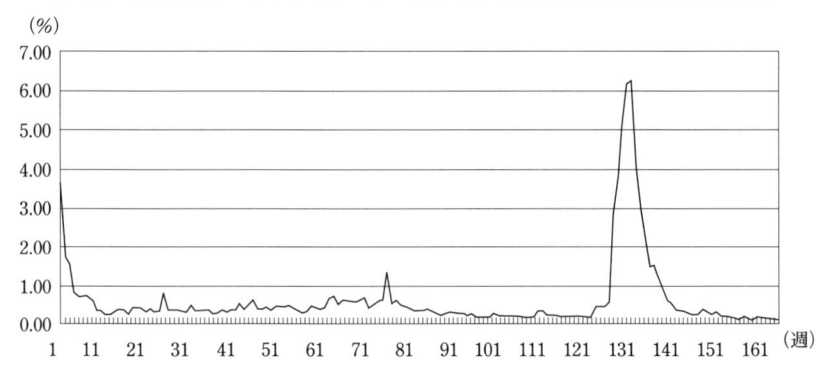

第5章 権利保護期間延長の経済分析：
エルドレッド判決を素材として

城所　岩生

1．はじめに

　アメリカでは著作権は憲法で規定されている．この規定に基づいて1790年に最初の連邦議会（以下，「議会」）で著作権法が成立した．このときの著作権の保護期間は原則として公表後14年で，登録制度のもとで一度だけ14年の更新が認められ，最長28年となっていた．その後，議会は産業界の要請に応えて，たび重なる期間延長を行った（表5.1参照）．

　最新の1998年の延長では，個人著作物は著作者の死後70年，職務著作物は公表後95年まで延長された．ソニー・ボノ著作権期間延長法（Sonny Bono Copyright Term Extension Act：以下，CTEA）[1]による延長である．2003年に満了するミッキーマウスの著作権期間の延命を図ったディズニーが，定評のあるロビー力を駆使して成立させたので，ミッキーマウス保護法とも揶揄されるCTEAが[2]，上記規定を含む憲法に違反するとの訴えが提起され，連邦最高裁（以下，「最高裁」）まで争われた．

　英米には訴訟に関心を持つ第三者が，裁判所に法廷助言を提出する制度がある．本訴訟で最高裁に提出された40近い法廷助言の中には，5人のノーベル賞受賞者を含む経済学者によるものも含まれていた．判決はCTEAを合憲とし

---

1) Pub. L. 105-298, Title I, Oct. 27, 1998. 112 Stat. 2827. 作詞家でもあるソニー・ボノ下院議員（共和党）が提案した．
2) 本件訴訟をボランティアで弁護したスタンフォード大学ローレンス・レッシグ教授は，ディズニーが19世紀のグリムの童話を利用している事実を指摘しつつ，「自分達がグリムの童話に対してしてきたことを，自分達に対してはさせないようにしている」と批判した（*Legal Times*, Feb. 12, 2002）．

表5.1 アメリカの著作権期間延長状況

年	当初の期間	更新できる期間	合計
1790	14年	14年	28年
1831	28年	14年	42年
1909	28年	28年	56年
1976	個人：著作者の寿命＋50年 職務著作：公表後75年または創作後100年のいずれか短い方	なし	個人：著作者の寿命＋50年 職務著作：公表後75年または創作後100年のいずれか短い方
1998	個人：著作者の寿命＋70年 職務著作：公表後95年または創作後120年のいずれか短い方	なし	個人：著作者の寿命＋70年 職務著作：公表後95年または創作後120年のいずれか短い方

出典：Solum, Lawrence B. (2002) "Eldred v. Ashcroft," 36 *Loyola Law Review*, 5.

たが，ブライヤー裁判官がこの法廷助言などをもとに違憲とする少数意見を書いた．

本章では，この判決を素材にアメリカにおける著作権期間延長の経済分析を紹介する．最初に裁判の背景として，下級審判決と経済学者の法廷助言を概観した後（第2節），最高裁判決を紹介する（第3節）．次いでブライヤー裁判官の反対意見と多数意見の反論を紹介し（第4節），判決の意義でしめくくる（第5節）．

2．裁判の背景

2.1 下級審判決

合衆国憲法は「著作者および発明者に対して一定期間，著作，発明に独占的権利を付与することにより，学術技芸の進捗を促進することを目的として，著作物の保護に関する立法権限を連邦議会に付与する」と規定している（U.S. Const. Art. I, §8, cl. 8）．1998年，議会はCTEAによって著作権の保護期間を20年延長した．1976年の著作権法改正では，著作権期間は著作者の死後50年だったが，CTEAのもとで，死後70年に延長された（17 U.S.C. §302(a)）．1831年，1909年そして1976年の延長時に議会は，すでに発生している既得著作権と

今後発生する将来の著作権を同等に取り扱ってきた．

　著作権期間満了により，パブリック・ドメインとなった著作物を利用した製品や役務を提供する原告エリック・エルドレッドらは，司法長官を相手どってCTEAが憲法の，①著作権条項に定める「一定期間」，②修正1条に定める表現の自由の保障，に違反するとして本訴訟を提起した．原告は新しい著作物に対して，著作権期間を死後70年に延長することについては争わず，著作権が現存する公表ずみの著作物の期間延長だけを問題にした．「一定期間」は著作権が発生した時点で確定し，これを延長することは議会の権限を越えると主張した．

　コロンビア特別区連邦地方裁判所は，①CTEAの期間は有限で永久ではないので，著作権条項の「一定期間」に違反しない，②他人の著作物を利用する者に修正1条の権利はない，として原告の主張を却下した[3]．コロンビア特別区巡回控訴裁判所（以下，巡回控訴裁判所は「控裁」）も，①著作権期間がさらに「一定期間」延長されても「一定期間」でなくなる理由は見あたらない，②著作権はそもそも考えや事実ではなく表現に付与されるものである，また表現自体にも「公正使用」[4]を認めている，などの理由で表現の自由も制約していない，として地裁判決を支持した[5]．このため，原告は最高裁に上訴した．

　アメリカの最高裁は裁量上訴（certiorari）制度を採用している．上訴を受理するか否かを上訴を受ける裁判所が決める制度で，事件の重要性や判例の統一の必要性を考慮して，9名中4名の裁判官の賛成により認められる．2002年2月，最高裁は本件上訴の受理を決定した．

2.2　経済学者の法廷助言

(1)　法廷助言とは

　英米には第三者が法廷助言者（amicus curie：ラテン語，英語では friend of the

---

3) Eldred v. Reno, 74 F. Supp. 2d 1 (D.D.C. Oct. 28, 1999).
4) 著作権法107条は「著作物を批評，報道，教育，研究，調査等の目的で使用する場合は公正使用として著作権を侵害しない」と規定して，公正使用の抗弁を認めている（17 U.S.C. §107）．
5) Eldred v. Reno, 239 F. 3d 372 (D.C. Cir. 2001).

court) となって，裁判所の要請によってあるいは許可を得て，法廷助言 (amicus brief) を提出する制度がある．経済・社会上の重大政策に関わる事件を扱う最高裁においてはその役割は顕著で，本訴訟でも2002年10月の最高裁での審理の前に39件の法廷助言が提出された．2002年5月に提出された法廷助言は，5人のノーベル経済学賞受賞者を含む17人の経済学者によるものだった．その概要を以下に紹介する．

> ### コラム　法廷助言と最高裁
>
> 　最高裁が2002～2003年期（2002年10月～2003年6月）に下した判決で最も注目を集めたのは，入学者選抜でミシガン大学ロースクールが採用した，黒人など人種的少数派（Minority）を優遇する積極的差別是正措置（Affirmative Action）を合憲とした判決である．1960年代の公民権運動の産物である積極的差別是正措置に対しては，白人から逆差別で法のもとの平等に反するとの訴えが続発し，カリフォルニア州は1996年に住民投票で是正措置を禁じた．最高裁も時代を追って，審査を厳しくしていたが，教育の分野では多様性も重要な使命であるため，5対4の僅差で合憲とした．
>
> 　重要な社会問題である本訴訟には，同時に争われた学部での積極的差別是正措置をめぐる訴訟（こちらは6対3で違憲判決となった）とあわせて，107の法廷助言が提出された．その中には是正措置に反対のブッシュ大統領の強い要請に基づいて作成された，司法省の助言も含まれていた．法廷助言が数の多さだけではなく，判決内容に影響を及ぼした点でもこの判決は異例だった．レンキスト長官を含む9名の最高裁裁判官の構成は，保守派3名，リベラル派4名，中道派2名で，中道派の判断が判決を左右する浮動票（swing vote）とされている．2人の浮動票が賛成に回ったため合憲判決となったわけだが，その1人であるオコーナー裁判官は，法廷助言が「積極的差別是正措置のもたらす利益は理論でなく，現実である」ことを裏づけていたと指摘している．

(2) ジョージ・アカーロフ他16名の法廷助言

法廷助言者の関心　法廷助言者は，経済成長を促進するにあたっての政府の役割について懸念を抱いている経済学者で，発明の経済分析と，新たな作品を創作するインセンティブに関する政策の効果について教鞭をとり，研究し，また出版をしてきた．助言者の現職は文末のとおりだが，助言者はこの文書を所属する組織のためにでなく，個人として提出するものである．助言者は本訴訟のいずれの当事者をも弁護する者ではないが，本件について以下の見解を持つものである．

議論のまとめ　この文書は，1998年著作権期間延長法（CTEA）の主な特徴である，現存するあるいは，将来の作品に対して著作権期間を20年延長した点に関して経済分析を試みるものである．経済学者の見方は，特に既存の作品の期間延長について議会がCTEAを制定した理由を考慮しているので，裁判所に役立つと思われる．議会は予想されるコストを差し引いた後，ネットで経済効果が得られるような政策を追及したと思われる．著作権の期間延長に伴う主な経済効果は，著者に新しい作品を創作するインセンティブを与えることである．この経済的インセンティブの規模は，創作時に期待される将来得られるであろう報酬の現在価値によって決まる．

　CTEAの2つの構成要素は，その経済効果において著しく相違する．新しい著作物に対して，長い期間を認めることは著作者に対する予想報酬を増加させる．しかし，報酬は今後何十年にわたって発生するため，その現在価値は少ないもので，CTEA以前の期間と比べて，これによる増加は1％にも満たない可能性が高い．新しい著作物に対して経済的関心を持つ著者にとって，この報酬によるインセンティブの付加部分は，極めて少ない．一方，既存の著作物に対する期間延長は，その創作が認められた後に報酬が与えられるため，著作者にとって創作に対する経済的インセンティブをほとんど増大させない．

　CTEAは経済の効率性に対して，さらに2つの効果をもたらす．第1に著作権保有者が，生産した著作物を割り当てる期間を延長することによって，コストを上回る価格を設定することになるため，非効率性を増す．第2に著作権保有者が，派生作品を創作する期間を延長することによって，既存の著作物を

利用した新しい著作物の創作に影響を及ぼす．もとになる著作物に著作権がある場合，それをもとに新しい著作物を創作する者にとって，著作権保有者を探し出し，交渉することに伴う取引費用はばかにならない．

全体として，CTEAによる期間延長がもたらす経済的便益がそのコストを上回るとは考え難い．さらに既存の著作物の期間を延長する場合，そのコスト増に見合うほど新しい著作物を創作するインセンティブを増大させない．効率に代わって，消費者福祉の観点から検討しても結論は同じである．CTEAによる消費者から著作権保有者への資源の移転は，消費者福祉を減退させる新たなる要因だからである．

議論

Ⅰ．CTEAによる，著作権期間延長がもたらす経済的便益が，そのコストを上回る可能性は少ない．

A．CTEAはイノベーションに対して，非常に小さな便益を提供するにすぎない．

1．著作権は創造的な作品の創作に付随する特殊な問題を解決する．

他の作品の場合，競争相手は最初の参入者と同じコストを負担しなければならない．本などの創造的な作品の場合，法的な保護がなければ著作者は競争相手が自分の初期投資の成果を搾取することを防止できない．著作権は著作者の創作に対する初期投資の回収を保証することによって，創作に対するインセンティブを提供する．

2．CTEAの新しい著作物に対する著作権期間延長は，極めて限られたインセンティブを付加するにすぎない．

たとえば，ある著作者が本を著述後，30年生存したとする．CTEA前の死後50年を加えた80年後の1ドルを金利7％で現在価値に戻すと0.0045ドルにすぎない．CTEA後の死後70年を加えた100年後に受け取る1ドルの現在価値は0.0012ドルにすぎない．1年目から100年目まで毎年1ドルずつ著作権使用料を受け取ると仮定し，金利7％で現在価値に戻すと，1年目から80年目までの使用料合計は14.22ドル，81年目から100年目までの合計は0.05ドル，つまり，CTEAによる20年間の期間延長は0.33％の使用料増をもたらすにすぎないのである．

3．CTEAによる既得著作権の期間延長は，新しい著作物を創造するインセンティブとはならない．

　上記の例で1年目から100年目までの使用料合計は14.27ドルだが，永久著作権の使用料合計は14.29ドルなので，著作権を永久化しても使用料は0.12％増えるにすぎない．既得著作権の期間延長も著者にとってのインセンティブとはならないのである．

B．CTEAは独占の社会的コストを増大させる．

　競争市場において価格は限界費用に近づくので，資源の効率的配分が保証される．対照的に独占者は，限界費用以上の価格を長期間にわたって課すため，消費者の購入手控えによる販売機会の喪失が資源の配分を非効率的にする．CTEAによる20年間の期間延長はコスト以上の価格を長期間にわたって許すため，社会的負担を増やす．

　著作権保有者が独占的な価格設定をすると，資源が消費者から生産者に移転するため，消費者福祉も阻害される．消費者から生産者へ資源を再配分することに伴う消費者福祉の後退は，上記資源配分の非効率化以上に悪影響をもたらす．

II．CTEAは，既存の素材を利用した新しい作品の創作を制限することによって，イノベーションを減退させる．

　CTEAによる期間延長は，既存の作品を一部利用した新しい作品のコストを引き上げる．使用料の支払いだけでなく，昔の作品の著作権保有者を見つけ出すコスト，交渉するコストである．コスト高騰は創作者にインセンティブを与えない．その結果，CTEAは新しい作品を減らし，新しい作品の創作に伴う取引費用を引き上げるという2種類の負荷を社会に課す．

結論

　CTEAに伴う費用便益分析を行うと，既存の作品，新しい作品のいずれに対しても期間延長が効率を高める手段であるとはいえない．既存の作品の期間延長は，新しい作品を創造するインセンティブを全く与えないにもかかわらず，数種の新たなコストを課す．新しい作品の期間延長は，現在価値にすると経済的効果があまりない便益しかもたらさない．消費者福祉向上政策としては，CTEAは多量の資源を消費者から著作権保有者に移転するという，より大き

な問題を抱えている．

2002年5月20日

法廷助言者リスト（ノーベル経済学賞受賞者のみ抜粋，カッコ内は受賞年)
ジョージ・アカーロフ，カリフォルニア大学バークレイ校（2001）
ケネス・アロー，スタンフォード大学（1972）
ジェームス・ブキャナン，ジョージ・メイソン大学（1986）
ロナルド・コース，シカゴ大学ロースクール（1991）
ミルトン・フリードマン，フーバー協会（1976）

3．最高裁判決

　2003年1月，最高裁も控裁判決を支持する以下の判決を下した[6]．
１．既得著作権の期間を延長することは議会の権限を逸脱していない．
　原告は将来の著作物に対して，著作権を死後70年間認めることが「一定期間」であることは容認しているが，既存の著作物に対しては，「一定期間」とは言えないとしている．議会は一貫して，著作権期間延長法制定の1週間前に自分の作品を売り出した著作者が，制定の翌日に売り出した著作者より不利な立場に立たされることのないようにしてきた．CTEAも1976年の改正による期間を保持しつつ，既存，新規とも20年間を加えることによって，この慣行に従っている．
２．CTEAは著作権条項によって付与された立法権限の合理的な行使である．
　CTEAは議会が典型的に行える決定であり，裁判所が議会の権限を逸脱しているとして無効にできない決定である．CTEAを通過させた主たる要因は1993年のEU指令である．EU指令は加盟国に対して，死後70年間の著作権期間を確立させるとともに，同じ期間の保護を与えない非加盟国の著作物には，70年間の保護を拒否した．議会はアメリカの著作権期間も70年に延長すること

6）　Eldred v. Ashcroft, 123 S. Ct. 769（2003）.

によって，アメリカ人著作者がヨーロッパ人著作者と同じ著作権の保護を受けられるようにした．CTEA はまた，アメリカ人および外国人著作者に対して，アメリカで創作するインセンティブを与えた．

　議会はまた，現代人の寿命が延び，高齢出産し，技術の恩恵を受けているなどの人口統計的，経済的，技術的変化に照らして，著作権保有者がその作品の複製，配付に投資することを期間延長によって促進するようにした．

3．CTEA の20年間の延長が，議会の「一定期間」の制約を逃れるあるいは踏みにじる試みであるという解釈は成り立たない．

　原告は1831年，1909年，そして1976年の改正が超えなかった「一定期間」の憲法的な限界を，CTEA が超えた点を立証していない．永久的な著作権を創造したわけではない点では，以前の法律も CTEA も同じである．

4．既得著作権の期間延長は対価がなくても可能である．

　原告は「議会が著作者からの新しい見返りなしに，既存の著作権を延長できない」という前提に立っているようだが，これは受けいれられない．原告はまた，CTEA による既存の著作権の延長は，新しい作品の創造を刺激するのではなく，すでに創作された作品に価値を付加するだけなので，「科学の進歩を促進する」ことはないとしているが，CTEA が「科学の進歩を促進する」と結論づけることは，以上の分析からも明らかである．また，建国以来議会が将来の作品と既存の作品を同等に扱ってきたことは，原告の主張を覆す．

　原告の「対価を要求することなしに既存の著作権期間を延長することは，当初の著作者に『一定期間』，『独占的な権利』を与えるのと引き換えに，期間経過後は公衆に開放することとした議会の意図を無視するものである」との主張も採用できない．議会は既得著作権者を将来の著作権者と同等に扱ってきた事実に鑑みれば，著作者が過去170年間，その保護を取得した時点での著作権の保護だけではなく，その後の更新や延長においても同様の保護を受けると解するのは理にかなっている．

5．CTEA は修正１条にも違反しない．

　CTEA による既存および将来の著作権期間の延長は，表現の自由を保障した修正１条にも違反していない．修正１条と著作権条項はほぼ同時期に制定された．これは憲法起案者が著作権の独占に対して，表現の自由と相容れると考

えたことを示している．加えて，著作権保護は修正1条を取り入れている．第1に著作権法は，アイディアではなく表現のみが著作権の保護を受けるとしている（17 U.S.C.§102(b)）．これは著作者の表現を保護しつつ，事実の自由な伝達を許可することによって，修正1条と著作権のバランスを定義的に図ったのである．第2に「公正使用」の抗弁は，著作権を付与された作品の事実やアイディアを公衆が利用することのみならず，表現そのものについても限られた目的で利用することを認めている[7]．修正1条は自分自身の表現の自由については保障しているが，表現者が他人の表現を使用する権利を主張する場合には保障の程度は低くなる．本件がそうであるように，議会が著作権保護の枠組みを変えない限り，修正1条によるこれ以上の審査は不要である．

4．ブライヤー裁判官の反対意見と多数意見の反論

7名の裁判官が賛同した判決に対して，スティーブンス裁判官とブライヤー裁判官が反対意見を書いた．経済学者の法廷助言の経済分析をもとにしている，ブライヤー裁判官の反対意見と，それに対する多数意見の反論を以下に紹介する．

4.1 ブライヤー裁判官の反対意見[8]

(1) CTEAは公共の利益をもたらさない

合衆国憲法によれば，著作権法の主たる目的は著作者に報いることではなく，公共の利益に資することである．CTEAは，①必要以上に高い著作権料によって関連作品の創作を抑制し，作品の頒布を制約する，②著作権のある作品を複製する者は著作権者を探し出さなければならない，という負担を公衆に課している．

議会調査サービス（Congressional Research Service）の調査報告書によれば，

---

7) 注4参照．
8) Eldred v. Ashcroft, 123 S. Ct. at 801.

55年から75年経過した著作権で，商用価値のあるものは2％にすぎないが，年間4億ドルの著作権料を稼いでいる．著作権期間が20年間延長されるとすでに多額の著作権料を稼いだ著作権保有者に，さらに数十億ドルの著作権料を稼がせることになる．これは価格に転嫁されて，古典的作品の流通を制約する．

調査報告書によれば，75年以上経過した著作物は2018年までに35万件にのぼる．著作物の利用者は著作権者の許諾を得る必要があるが，膨大な量の古い著作物の使用許諾を得なければならないことは，歴史家，学者，著述家，芸術家，データベース運営者など，多くの利用者の仕事を著しく妨げる．特に，コンピュータでアクセス可能なデータベースが迅速な調査を可能にする時代に，著作権期間の延長は障害となる．

CTEAには，著作者に新たな作品を創作する経済的効果はない．55年から75年経過後に商用価値のある著作物は2％にすぎないことから，75年経過後も商用価値のあるものはもっと少ないはずである．5人のノーベル賞受賞者を含む経済学者が法廷意見で使用した現在価値の計算に基づけば，75年後以降の20年間，毎年100ドルを稼ぎ続ける1％の確率を現在価値に換算すると7セントにすぎない．CTEAは控え目に見ても著作権期間を永久化することに伴う便益の99.8％をもたらすため，永久化することとの差を見出し難く，「一定期間」とした議会の意図に反しないかの問題を提起する．

CTEAの立法過程を遡ると，娯楽産業の輸出促進効果も勘案しているが，著作者に独占権を与えて，貿易収入を上げるために国内外に高い価格を課すことは著作権の目的ではない．著作権は私的利益ではなく，公共の利益を追求するものである．多数意見は，人口統計的，経済的，技術的変化を期間延長の理由とするが，死後50年まで延長した1976年の改正で不十分だったとする理由に乏しい．

⑵　CTEAは修正1条にも違反する

CTEAは表現に関連する重大な害悪をもたらす．著作権を保有する作品の伝統的な頒布だけでなく，新技術を使用した新しい頒布まで制約する．CTEAが既得著作権を保有する企業や子孫の，私的金銭的利益をもたらすことは容易に理解できるが，公衆の利益になる点を見出すのは難しい．既存の作品につい

ては，公的便益は皆無に近く，深刻な公的害悪をもたらすことは明らかである．よって，CTEA は憲法上合法的な利益を促進するとは考えられず，著作権条項が修正１条に照らして，議会に付与した立法権限の範疇を超えるので，違憲である．

4.2 多数意見の反論

判決は，ブライヤー裁判官の反対意見に対しても反論している．いずれも脚注であるが，その反論を以下に紹介する．

(1) 脚注10[9]

ブライヤー裁判官は，アメリカの著作権期間の EU との調和は「重大な」統一性を達成することに「明らかに」失敗しているので，CTEA は合理的でないとして，無効を主張する．彼が提案する「合理的ベース」の特異性は明らかである．著作権分野での議会の立法的選択に関し厳重な司法審査をすることによって，議会が達成しようと努力した微妙なバランスを変更することは，われわれの役割ではないということを強調してきた．議会の著作権に関する権限の行使は合理的でなければならないが，ブライヤー裁判官の合理性に対する厳しい基準は例を見ない．

(2) 脚注11[10]

著作権が「永久的に」延長できるかという問題に対して，マリベス・ピータース著作権登録官は以下の CTEA の主要な制定理由を強調する．「著作権の永久化を主張する者もいる．期間延長の過程でもそういう意見を聞いた．たとえば，作詞家のギルドはそれを主張している．しかしながら，憲法は一定期間と言っているが，具体的にどれくらいの期間が一定かは言及していない．われわれが死後70年とする理由はヨーロッパがそうしているからである．」

---

9) *Id.* at 781.
10) *Id.*

(3) 脚注15[11]

　ブライヤー裁判官は著作権期間の延長に伴う経済的インセンティブは小さく，「合理的な経済的視点」を持った「いかなる著作者をも」駆り立てる要因とはならないとしている．「新技術に照らして新しいルールを定める」ような合理的経済的インセンティブを測定することは，基本的には議会の仕事であって裁判所の仕事ではない．議会は多数の著名な芸術家から証言を聞いた．それぞれの証人は著作権制度による自己および子孫に対する公正な報酬の保障が，創作のインセンティブとなったと信じている．

　議会はまたマリベス・ピータース著作権登録官他の，CTEAによって創出される経済的インセンティブに関する証言を聞いた．ピーターズ氏は既存の作品に対する著作権期間を延長することは，「新しい著作物の創作および頒布の資金源となる収入を提供する」としている．同氏は「最終作品に対して収入が得られない限り，彼らは創造を続けることはできない．大衆は著作者の最初の作品だけではなく，それに続く著作物によっても利益を受ける．ウェブスターは辞書が完成するまでの20年間，綴りや文法についての著作物で家族を養った」と証言している．

(4) 脚注16[12]

　CTEAに付随する上下院の報告書に，著作権を永久化する目的を見出すことはできない．特に上院の報告書は「憲法は議会に，著作権作品に無限の保護を認めることを明確に禁止し，その禁止を解放するような意図も禁じた」としている．CTEAの制定に携わった議員も同じようなことを述べている（たとえば，「著作権保護は限定的期間のみとするべきである」「永久的保護は社会を利さない」とするコーブル下院議員の証言）．

　しかしながら，ブライヤー裁判官はCTEAの「経済的効果」は，著作権期間を「実質的に永久化」するものであると主張する．原告を支持する法廷助言の仮定と数式に基づいて，同裁判官はCTEAが永久的著作権の99.8％の期間

---

11)　*Id.* at 782.
12)　*Id.* at 783.

を保障していると強調する．しかし，ブライヤー裁判官の計算どおりであれば，永久的著作権の99.4％を保障した1976年法も同罪であり，1909年法（97.7％）および1831年法（94.1％）でさえ違憲の疑いがある．ブライヤー裁判官はしばしば建国の父を引用しているが，彼らが「一定期間」を暦でなく，計算機に基づいて計算したとは思えない．

5．判決の意義

本訴訟で最高裁が求められたのは，CTEAが違憲かどうかの判断である．判決文も「われわれはたとえ本法に異論があったり，まずい判断と主張できたとしても，議会の決議や政策判断をとやかく言う自由はないので，CTEAは著作権条項に基づく議会の権限行使の範囲を逸脱した許し難い間違いと結論づけることはできない」[13]としている．前段で仮にCTEAが悪法だとしても，それについて判断を求められたわけではなく，また判断する立場にもないことを説き，後段で違憲とはいえないとしている．違憲判決が下ることがわが国ほど稀ではないアメリカでも，違憲訴訟のハードルは高いのである．

ハードルの高さは法律の内容によっても異なる．アメリカでは法律，法令の合憲性を審査するにあたり表5.2のとおり3つの基準を適用している．CTEAは経済社会立法としての性格と，基本的人権（表現の自由）を規制する立法としての性格という2つの側面を持つ．EUの保護期間にあわせたCTEAが，

表5.2　法令の合憲性審査基準

基準	適用例	挙証責任	挙証内容
厳格審査	基本的権利	被告（連邦，州）	やむにやまれぬ政府利益達成のために必要か
中間審査	性差別	被告（連邦，州）	重要な政府利益達成のために必要か
合理性審査	経済社会立法	原告	正当な政府利益に合理的な関連しているか

出典：城所岩生（2001）『米国通信改革法解説』p.165.

---

13)　*Id* at 782-783.

経済社会立法に適用される合理的基準をクリヤーすることは，判決も認めている．わが国でも最近叫ばれている知財立国に，アメリカは1980年代から取り組んだ．その取り組みが結実して，知的財産関連産業が航空宇宙産業に次ぐ外貨収入の稼ぎ頭となっている事実に鑑みれば，判決に疑問の余地はない．

そこで，原告は厳格な審査が要求される修正１条違反も主張した．重要な基本的人権である表現の自由を保護するため，それを侵害するおそれのある立法に対しては，３つの基準のうちでも最も厳しい基準が適用される．最高裁がこの基準を適用すれば，（原告ではなく）被告である司法長官が，CTEA が「やむにやまれぬ政府利益達成のために必要な立法」であることを立証しなければならない．しかし，最高裁は著作権法が修正１条との調和を図っていること，表現者自身の表現でなく他人の表現の利用を制約しているにすぎないことなどから，この厳しい基準の適用を拒否した．

負けたとはいえ，原告が最高裁まで争った意義は十分あった．最高裁は年間8,000件にのぼる裁量上訴の申請を受けるが，受理するのは80件前後である．控裁によって判断が分かれる場合以外は，重要な法律問題を含むと判断した場合にのみ受理するわけだが，確率的には１％にすぎない．上訴受理の背景にはブライヤー裁判官の存在も否定できない．議会が1976年の著作権法改正による期間延長を検討中の1970年，ハーバード大学ロースクール教授だった同氏は，「延長は不要かつ有害」とする論文を発表した[14]．39件以上提出された法廷助言のうち４件で引用された論文である．また，大方の予想を覆した上訴受理にあたって，学会の第一人者が原告を弁護している事実が重みを持ったことは間違いない．スタンフォード大学ロースクールのローレンス・レッシグ教授は，本件訴訟を第１審から，当時所属していたハーバード大学の同僚とともにボランティアで弁護した．全米の著名な知的財産権法担当教授も弁護に加わった．

最高裁の受理によって，本件訴訟がにわかに世間の注目を浴びるようになった．そうでなくてもマスコミ受けする「ゴリラ 対 小人」，すなわち「巨大企業 対 個人」の争いであるうえに，著作権法の権威が弁護している．学者のゲームにすぎないと，高をくくっていたエンターテイメント業界も肝を冷やした．

---

14) Breyer, Stephan G. (1970) "The Uneasy Case for Copyright," 84 *Harvard Law Review*, 281.

CTEA反対が周知の事実だったブライヤー裁判官に，残る8名の裁判官の半数が同意すれば，2対1で合憲とした控裁判決は覆るからである．

著作権法は著作者の利益と，公共の利益のバランスを図る法律である．そのバランスが著作（権）者側に偏りすぎているというのが，レッシグ教授の持論である．CTEAもその一例なので，違憲訴訟の弁護を買って出たわけだが，違憲判決までは勝ち取れなかった．しかし，最高裁まで争ったことで，期間延長も含めて，今後の著作権保護強化に歯止めがかかった．

CTEAは提案したソニ・ボノ議員がスキー中に事故死したため，夫の遺志を継いだマリー・ボノ議員（共和党）が成立させた．同議員は「夫は永久化を望んでいたが，違憲のおそれがあるとのスタッフのアドバイスで，20年の延長とした．あらゆる手段を用いて，われわれの著作権法を強化するために皆様方のご協力をお願いしたい．ご存知のとおり，ジャック・バレンディ氏[15]は永久マイナス1日までの延長を提案しており，次の議会で審議されるかもしれない」と証言した[16]．

レッシグ教授は最高裁判決の直後，『ニューヨーク・タイムズ』紙への投稿で，公表の50年後から税金を課すことによって，商用価値のない作品をパブリック・ドメインに移行させる提案を行った[17]．法廷助言やブライヤー裁判官の少数意見は，古い著作物の利用者に著作権者を探し出すことに伴う負荷を課す，CTEAの問題点を指摘した．レッシグ教授は政府に納税した事実を記録させれば，利用者も容易に古い著作権者を探し出せるので，この問題も解決できるとしている[18]．2003年6月，ゾー・ロフグレン下院議員（民主党）はこのアイディアを採用した法案を提案した[19]．次は永久化以外ないところまで，著作権期間を延長し続けた議会が逆方向に動いたのである．法学，経済学両分野の碩学を動員できたことも本裁判の意義の1つだが，その成果は十分あったと言える．

---

15) 全米映画協会会長．
16) 144 Cong. Rec. H9951 (daily ed. Oct. 7, 1998).
17) *New York Times,* Jan. 18, 2003.
18) *Id.*
19) Public Domain Enhancement Act, H.R. 2601, 108th Cong. (2003).

第3部　著作物の流通とインセンティブ

第6章　消尽理論の法と経済学

石岡　克俊

1. はじめに

　本章では，著作権の化体した商品が流通・取引される際に適用される法理——消尽理論——の経済学的分析を試みる．消尽理論とは，権利者が適法に生産していったん流通においた限り，その物を購入し使用，販売，貸与等する行為は権利侵害を構成しないとする法理である．産業財産権[1]とは異なり，著作権においては，譲渡権のように明文の根拠がない限り，原則として権利の消尽はないとされてきた．

　しかし，近時，著作権者に対する権利保護と社会公共の利益との調和の必要性のもと，市場における商品の自由かつ円滑な流通の確保と，著作権者の利得機会の保障ないし利得機会の一回性とを根拠とし，権利（頒布権）の消尽を認める最高裁判決が現れた．この判決で示された内容は，BBS上告審判決以来，消尽原則適用の根拠として定着した感があるが，理論の根拠づけそれ自体やこの判決の射程について，より踏み込んだ検討がなされる必要がある．

　たとえば，消尽理論適用の根拠とされる市場における自由かつ円滑な流通の阻害は，それだけで法目的に反することにはならない．創作に対するインセンティブを高めるため，商品に関わる流通をコントロールし権利の強化を図ることは現行著作権法の枠内においても考えうるからである．また，著作権者によ

---

1)　なお，この語につき政府・知的財産戦略会議は，「知的財産戦略大綱」で，従来用いられていた工業所有権の語を「産業財産権」に統一すること，またそれにともなう法改正等所要の措置を講ずる旨を明らかにしている．本章ではこの方針に従い，これまでの工業所有権と同様の意味で産業財産権の語を用いることとする．

る利得機会の保障ないし二重利得の否定についても，譲渡ないし許諾の際の利得の範囲や程度につき，その機会が一回でなければならないわけではない．追及権のような例もあり，この点もまた，法目的との関係で解釈論的・政策論的，場合によっては立法論的に判断しうる事項であると考えられるからである．

　他方，この最高裁判決を含め裁判所による一連の判断は，いずれも，消尽しない頒布権の前提となった劇場用映画と，「映画の著作物」の該当性が具体的争点となったゲームソフトとの間の差異に言及している．しかし，劇場用映画につき頒布権を認めるに至った根拠が，他の著作物やその複製物との間で，どれくらい有意にその取り扱いの別を説明しうるのだろうか．また，その取り扱いの別に根拠があるとすれば，いかなる点に求められるべきなのか．新技術の導入にともない，これまでとは異なった流通・取引が出現しつつあるなかで，劇場用映画ということのみで消尽しない頒布権を一律に認めることが果たして合理的なのだろうか．

　技術革新の結果，人間の知的・精神的創作活動の成果がさまざまな媒体（メディア）に固定され複製され，市場において大量に流通・取引されるようになった現在，改めて消尽理論適用の根拠の検討を法律論以外の見地からもなされる必要はおおいにある．

　本章では，創作活動に対するインセンティブとして著作権制度を捉えた場合，裁判所により示された消尽理論の根拠付けが果たして妥当なものなのか，また同理論の適用がいかなる帰結をもたらすのか，経済モデルを使って分析・検討を加え，現下の法的問題への示唆を得ることにしたい．

2．消尽理論

　消尽理論とは，権利者が適法に生産していったん流通においた限り，その物を購入して使用，販売，貸与等する行為は権利侵害を構成しないとする知的財産権法上の法理である（紋谷[2003]193頁）．特許権など産業財産権において，同理論が学説上（紋谷[2003]193頁，中山[1998]ほか），判例上[2]，実定法上[3]適用されると一般に解されている．

　特許権者等産業財産権の権利者は，業として特許発明等を実施する権利を専

有するものとされている[4]．特許法における「実施」とは，たとえば「物の発明」について見ると，当該発明品の生産，使用，譲渡等（譲渡・貸し渡し，物がプログラム等の場合には電気通信回線を通じた提供を含む），および輸入，譲渡等の申出をする行為である[5]．

したがって，権利者または権利者から許諾を受けた実施権者から当該特許発明等に関わる製品の譲渡を受けた者が，業として，自らこれを使用またはこれを第三者へ再譲渡する行為や，譲受人から当該製品を譲り受けた第三者が，業として，これを使用または他者に譲渡・貸し渡す行為等も，外形上，形式的には特許発明等産業財産権の実施に該当し，これらの行為は権利侵害を構成することとなりそうである．しかも，これらの行為につき実施行為から除外するとの明文の規定も存在しない[6]．

---

2) たとえば，BBS事件上告審判決（最高裁平成9年7月1日判決，平成7年(オ)第1988号，特許権侵害差止等請求事件，判例時報1612号3頁）．

3) たとえば，育成者権につき種苗法21条4項は，登録品種等の種苗・収穫物が譲渡された場合，当該登録品種等の種苗の育成者権の効力は，その譲渡された種苗・収穫物の利用には及ばない旨定めている（なお，同項但書参照）．また，回路配置利用権についても半導体集積回路の回路配置に関する法律12条3項は，回路配置利用権者等が登録回路配置を用いて製造した半導体集積回路を譲渡した場合，回路配置利用権の効力は，その譲渡・貸し渡し・展示・輸入する行為には及ばない旨定め，消尽理論を具体的規定をもって認めている．なお，商標権については，それが流通過程にある限り権利は消尽しないと解すべきとされる．それが権利者と最終消費者とを直結するきずなとして解されるためである（紋谷［2003］193頁）．

4) 特許法68条本文，実用新案法16条本文および意匠法23条本文参照．なお，商標権の場合は指定商品・指定役務についての登録商標の使用につき（商標法25条本文），回路配置利用権の場合は登録回路配置の利用につき（半導体集積回路の回路配置に関する法律11条本文），育成権の場合は登録品種等の利用につき（種苗法20条），排他的独占権を有するものとされている．

5) 特許法2条3項1号参照．なお，特許法は「物の発明」のほかに「方法の発明」および「物を生産する方法の発明」を加えた3種の類型を挙げ，それぞれについて「実施」の態様を定めている．また，実用新案法および意匠法における「実施」の態様については特許法とほぼ同様（実用新案法2条3項および意匠法2条3項参照）．商標の「使用」につき商品商標との関連では，商品またはその包装に当該商標を付し，あるいは商標の付されたものを譲渡，引き渡し，譲渡もしくは引き渡しのために展示し，輸入し，または電気通信回線を通じて提供する行為（商標法2条3項1号・2号）．半導体集積回路の回路配置に関する法律における回路配置の「利用」とは，登録回路配置を用いて半導体集積回路を製造，かくして製造した集積回路とそれを組み込んだ物品の譲渡，貸し渡し，輸入，または譲渡，貸し渡しのために展示する行為であり（同法2条3項），種苗法における品種における「利用」とは，その品種の種苗とその種苗を用いることにより得られる収穫物を，生産，調整，譲渡の申出，譲渡，輸出，輸入およびこれらの目的をもって保管する行為をいう（同法2条4項）．

しかし，裁判所は一様にこのような考え方を否定している．
曰く，

> 「特許権者自身又は特許権者から許諾を受けた者が特許発明の実施品を譲渡することにより，その物については，特許権は用い尽くされたものであり，以後，その物の販売，使用に対し，当該特許権の侵害を主張して差止めあるいは損害賠償を請求することはできないものと解するのが相当である」[7]．

> 「特許権者等から一旦適法に当該特許に係る製品の譲渡を受けた後の業としての使用や譲渡等の行為については，……右使用や譲渡が特許権侵害を構成しないとすることについて，その理論構成には差異こそあるが，特許法の立法当初から当然の前提とされていた結論であり，このような結論を採ることについては全く異論をみないところである．そして，当裁判所は，……業としての使用や譲渡が特許権侵害を構成しない理由としては，特許権者等が当該特許に係る製品を適法に拡布したことにより，当該製品に関する限り，当該特許権は目的を達成して消尽したものと解するのが正当であると考える」[8]．

> 「特許権者または実施権者が我が国の国内において特許製品を譲渡した場合には，当該特許製品については特許権はその目的を達成したものとして消尽し，もはや特許権の効力は，当該特許製品を使用し，譲渡しまたは貸し渡す行為等には及ばないというべきである」[9]．

これらが判例上示された権利消尽（用尽）の法理であり，裁判所はこのよう

---

6) すでに指摘したように，この点について明文の規定をもって適用を排除している法律も存在する（前掲注5参照）．
7) BBS事件第一審判決（東京地裁平成6年7月22日判決，平成4年(ワ)16565号，特許権侵害差止請求事件，判例時報1501号70頁）〔76頁〕．
8) BBS事件控訴審判決（東京高裁平成7年3月23日判決，平成6年(ネ)3272号，特許権侵害差止等請求控訴事件，判例時報1524号3頁）〔5頁〕．
9) BBS事件上告審判決（最高裁平成9年7月1日判決，平成7年(オ)1988号，特許権侵害差止等請求事件，判例時報1612号3頁）〔7〜8頁〕．

な判断を示すにあたり，大きく分けて2つの根拠を指摘している[10]．

　1つは，当該製品の市場における自由かつ円滑な流通の確保を念頭に置いたものである．製品に化体した権利の効力が適法な拡布の後にまで及ぶとすると，当該製品の移転にはその都度権利者等の同意が必要となる．通常の経済取引においては，譲渡人は目的物について有するすべての権利を譲受人に移転し，譲受人は譲渡人が有していたすべての権利を取得するものと考えるのが一般であり，当該製品においてもこのような理解に立ち，譲渡等の都度許諾を要するというのは，権利者を過度に偏重するものであり，妥当とは言えないとする考え方である．

　いま1つは，利得機会の一回性ないし二重利得の否定として理解しうるものである．権利者は，当該製品を自ら譲渡するにあたり，特許発明等の公開の代償を含めた譲渡代金を取得し，特許発明等の実施を許諾するにあたって実施料を取得するのであるから，特許発明等の公開の代償を確保する機会は保障されており，また権利者等から譲渡された当該製品について，権利者が流通過程において二重利得を得ることを認める必要性はそもそも存在しないとする．かような当該製品の価格決定過程を踏まえ，権利者等の利益と産業の発展という社会公共の利益の調和という観点から見た場合，権利者等には当該製品を拡布する際に利得を確保する機会が保障されている以上，その保護はその機会の保障をもって足り，それ自体，両者の利益保護の最も合理的な調和点であるとする考え方である．

　以上が，特許発明を中心とする産業財産権をめぐる消尽理論のあらましである[11]．

---

10)　この点については，最高裁判決に至る一連のBBS事件判決を参照されたい．
11)　なお，かつてわが国において消尽理論が輸入行為との関係で議論されたことがある（特許発明等の実施，商標の使用等には，譲渡などの他に「輸入」も含まれており，外形上，輸入行為は権利侵害を構成し，これを否定する条文上の根拠はない）．これまでの議論は，わが国の国内において権利者が当該製品を譲渡した場合，当該製品に化体した権利の効力の消長に関する問題であった．しかし，このような製品が国境を越えて流通する場合にはなかなか単純にはいかない．これは，並行輸入の拡大とそれにともなう事件の増加のなかで，いわゆる権利の「国際的消尽」の問題として認識されるようになった．かつては特許独立の原則や属地主義と関係づけてこの問題を理解する見解が少なくなかったが，現在ではこれらの原則と消尽の有無との関係は中立的であることが解釈上明

では，次に消尽理論を著作権法との関連で見ていくことにしよう．

これまで述べてきた産業財産権における実施と異なり，著作権は，複製権・上映権・展示権・頒布権・譲渡権・貸与権等利用権の束として構成され，通常，著作物を利用する場合には，それぞれ支分権ごとの許諾に加え，地域，期間，数量または改変行為等，さまざまな形での制限を課すことが可能となっている．

特に，譲渡および貸与をその内容とし「映画の著作物」のみに認められている頒布権は，場所的，時間的，内容的に範囲を限定して許諾しうる消尽しない権利であるとされ（たとえば，紋谷［2003］140頁，文化庁長官官房著作権課内著作権法令研究会・通商産業省知的財産政策室編［1999］114頁），それゆえに流通を全面的にコントロールしうる他に類を見ない強力な権利であると理解されている[12]．

このように，「映画の著作物」についてのみ頒布権が認められてきた背景には，①映画製作には多額の資本が投下されており，流通をコントロールして効率的に資本を回収する必要があったこと，②劇場用映画フィルムの配給権という形の社会取引の実態が存在していたこと，③著作権者の意図しない上映行為を抑えることが困難であるため，その前段階である頒布行為を抑える必要があったこと等が挙げられている（文化庁長官官房著作権課内著作権法令研究会・通商産業省知的財産政策室編［1999］114頁）．

他方，譲渡権については，著作物の円滑な流通を確保する観点から，著作物を複製物等有体物の形態で譲渡した場合，当該有体物についてはその権利の目的を達成したものとして，それ以降の譲渡について権利の効力が及ばないとするいわゆる譲渡権の消尽の規定を置いている[13]．これは，先述のように「映画

らかとされ，権利の消長はもっぱら一国の知的財産政策ないし法解釈の問題であるとされるに至った．特許に関しては縷々その経済的帰結についての議論がなされ，結果，最高裁判決において国際的消尽を認める方向での一応の決着を見るに至っている（しかし，この判決に関しても種々の疑問が提出されているが，本章ではこの論点については扱わない）．なお，TRIPs協定6条は「消尽」につき「この協定に係る紛争解決においては，第3条および第4条の規定を除くほか，その協定のいかなる規定も，知的所有権の消尽に関する問題を取り扱うために用いてはならない」と述べ，消尽の取り扱いについて中立的な立場を表明している．

12）ただし，頒布権の行使には価格に関するコントロール（再販売価格維持等）までは含まれないと解されている（石岡［2003］151頁注(17)参照）．なお，独占禁止法における著作物の再販適用除外制度の詳細につき石岡［2001］を見よ．

の著作物」の頒布権は消尽しないと解釈されていること，譲渡権の性格は最初の譲渡の可否に関して著作者の関与を可能にするものであり，流通の全面的コントロールを内容とする頒布権とは性質を異にしていることから，「映画の著作物」について認められる頒布権とは別個に規定されたものである（文化庁長官官房著作権課内著作権法令研究会・通商産業省知的財産政策室編［1999］114頁）。

ところで，近時，家庭用テレビゲーム機用ソフトの中古販売に関連して，著作権（とりわけ頒布権）の消尽につき注目すべき判断が最高裁判所によって示された。

本件は，家庭用テレビゲーム機用ソフトの開発，製造および販売を目的とするゲームソフト製作会社が，自ら発売元として適法に販売し，小売店を介していったん一般消費者に譲渡され，遊戯に供されたゲームソフトを再びゲームソフト販売業者が買い入れ，中古品として販売している行為について，著作権（頒布権）侵害の有無が問題となった事案である（一連の判決の詳細は，石岡［2003］参照）。

この事案につき，大阪高裁[14]は，権利の消尽について真正面から取り上げ，これまでの判例にならい[15]，ゲームソフトが「映画の著作物」と認める一方で，一連の判決において初めて著作権につき消尽理論を適用し，頒布権が第一譲渡によって消尽するとの画期的な判断を示した。

この判決では，権利消尽の具体的根拠として，有体物取引一般に認められる当事者の合理的前提，市場における商品の自由かつ円滑な流通，著作権者の利得機会の確保を挙げている。これらは，いずれも特許権に関し権利消尽を認め

---

[13] なお，WIPO著作権条約［WCT］6条は，「文学的および美術的著作物の著作者は，販売またはその他の所有権の移転により，その著作物の原作品または複製物を公衆に利用可能にすることを許諾する排他的権利を享有する」としたうえで，「著作物の原作品またはその複製物について，著作者の許諾を得て最初に販売またはその他の所有権の移転が行われた後に当該権利が消尽する条件を締約国が定める自由に影響を与えるものではない」旨規定し，消尽の条件につき締約国のフリーハンドを認めている（なお，実演家に認められる譲渡権につきWIPO実演・レコード条約［WPPT］8条参照）。

[14] 大阪高裁平成13年3月29日判決，平成11年(ネ)第3484号著作権侵害行為差止請求控訴事件，判例時報1749号3頁。

[15] 平成9年改正前において，「映画の著作物」につき頒布権とともに認められていた上映権に関する事案であるが，パックマン事件（東京地裁昭和59年9月28日判決，判例時報1129号120頁），フリーウェア・パックマン事件（東京地裁平成6年1月31日判決，判例時報1496号111頁）等。

たBBS事件上告審判決[16]のロジックをそのまま著作権の領域において採用したものとなっている．また，消尽理論は，自由な商品生産・販売市場を阻害する態様となる限りにおいて認められ，明文の法律の規定の有無に関わらないこと，消尽理論適用の有無は関係当事者の具体的行為態様如何によることも併せて示されている．

判決によれば，頒布権には譲渡の権利が含まれており，その権利内容から原則として自由な商品生産・販売市場を阻害する態様となり，消尽理論の適用を受けるとする．しかし，自由な商品生産・販売市場を阻害しない例外的な類型が，劇場用映画にみられる配給制度であり，公に上映する目的の場合に限って，消尽理論の適用がない旨，判示した．

これに続く，最高裁判決[17]は，基本的に大阪高裁判決の考え方を踏襲し，「公衆に提示することを目的としない家庭用テレビゲーム機に用いられる映画の著作物の複製物の譲渡については，……いったん適法に譲渡されたことにより，その〔権利の—筆者注〕目的は達成したものとして消尽し，もはや著作権の効力は，当該複製物を公衆に再譲渡する行為には及ばない」[18]と述べている．

最高裁は，消尽理論適用の根拠について，特許製品においてすでに判例上導かれている理論に依拠し，著作物またはその複製物を譲渡する場合においてもこの理が妥当することを認め，大阪高裁判決をほぼ引用しつつ，これと同様の議論を展開した[19]．

すなわち，

　　(ア)著作権法による著作権者の権利の保護は，社会公共の利益との調和の

---

16) 最高裁平成9年7月1日判決，平成7年(オ)第1988号，特許権差止等請求事件，判例時報1612号3頁．
17) 最高裁平成14年4月25日判決，平成13年(受)952号，著作権侵害行為差止請求事件，判例時報1785号7頁（大阪事件），および最高裁平成14年4月25日判決，平成13年(受)898号，著作権侵害差止請求権不存在確認請求事件，判例時報1785号9頁（東京事件）．なお，以下では，便宜上，大阪事件上告審判決から引用する．
18) 最高裁平成14年4月25日判決，平成13年(受)952号，著作権侵害行為差止請求事件，判例時報1785号7頁〔8頁〕．
19) 最高裁平成14年4月25日判決，平成13年(受)952号，著作権侵害行為差止請求事件，判例時報1785号7頁〔8頁〕．

第 6 章　消尽理論の法と経済学　　133

　　下において実現されなければならないところ，(イ)一般に，商品を譲渡する
　　場合には，譲渡人は目的物について有する権利を譲受人に移転し，譲受人
　　は譲渡人が有していた権利を取得するものであり，著作物又はその複製物
　　が譲渡の目的物として市場での流通に置かれる場合にも，譲受人が当該目
　　的物につき自由に再譲渡することができる権利を取得することを前提とし
　　て，取引行為が行われるものであって，仮に，著作物又はその複製物につ
　　いて譲渡を行う都度著作権者の許諾を要するということになれば，市場に
　　おける商品の自由な流通が阻害され，著作物又はその複製物の円滑な流通
　　が妨げられて，かえって著作権者自身の利益を害することになるおそれが
　　あり，ひいては「著作者等の権利の保護を図り，もって文化の発展に寄与
　　する」（著作権法 1 条）という著作権法の目的に反することになり，(ウ)他方，
　　著作権者は，著作物又はその複製物を自ら譲渡するに当たって譲渡代金を
　　取得し，又はその利用を許諾するに当たって使用料を取得することができ
　　るのであるから，その代償を確保する機会は保障されているものというこ
　　とができ，著作権者又は許諾を受けた者から譲渡された著作物又はその複
　　製物について，著作権者等が二重に利得を得ることを認める必要性は存在
　　しないからである．

と．
　この判決において示された点は，BBS 上告審判決以来，消尽原則適用の実
質的根拠として現在定着した感がある．しかし，その結論の妥当性にもかかわ
らず，法解釈上さまざまな問題が提起されている（詳細は，石岡［2003］138～
140 頁参照）．また，そのほかにも消尽理論の根拠づけに関する根本的な問題点
や本判決の射程などについても検討しておくべき論点は多い．
　まず，消尽理論の根拠づけに関して見ておくことにしよう．理論適用の根拠
として挙げられている(イ)について，判決は商品取引一般に認められる合理的前
提とともに市場における自由かつ円滑な流通の阻害について指摘したうえで，
それらが著作権者の権利保護や法目的に反する旨述べている．これは，著作物
が商品という形をとりつつ流通する場合に，どのような範囲で著作者によるコ
ントロールを認めるかにつき，市場取引一般において考慮されるべき原則を持

ち出すことでその限界を示そうとするものである．しかし，市場における自由かつ円滑な流通が阻害されると，なにゆえ著作者の利益を害することにつながるのか必ずしも明確にされていない．他方，仮にこのような流通が阻害されるとしても，商品に関わる流通をコントロールすることにより創作に対するインセンティブを高め，権利保護の強化を図ることも論理的には可能であり，その意味で，流通の阻害が，即，法目的に反することには必ずしもならないのではないか．

また，著作権者による利得機会の保障と二重利得の否定を説く(ウ)についても，権利者が譲渡ないしは許諾の際の利得の範囲や程度につき，必ずしも利得機会は一回でなければならないというわけではない．(イ)と同様，法目的との関連で政策的に判断しうる問題であるとも言える[20]．

次に，本判決の射程について検討しておこう．本判決を含め事件の一連の判決は，消尽しない頒布権の前提となった劇場用映画とゲームソフトの間の違いを明らかにし，それを際立たせることによって結論の妥当性ないし説得力を高めようとしている．

しかし，先に見た「映画の著作物」についてのみ頒布権が認められるに至った3つ根拠との関連で，他の著作物ないしその複製物との間で，果たしてどれくらい有意にその取り扱いの別を説明することができるのだろうか．

多額の投資を回収する便宜として頒布権を認めたとする根拠について見ると，本件で問題となったゲームソフトなどもいまや巨額の投資によって製作されていることは誰の目にも明らかであるし，また，劇場用映画はメディアの多様化にともない，必ずしも配給収入に一元的に依存する体制ではもはやない．意図しない上映行為を抑えるには，流通や取引の制限を必然的にともなう頒布権を認めることのみが唯一の手段といえるのか否かいまだ判然としない．さらに，頒布権に基づく配給制度という流通・取引実態が現状において譲渡として捉えられるべきものなのか，それとも貸与なのか明らかではなく，新技術の導入によりこれまでとは異なった流通・取引が出現しつつあるなかで，劇場用映画と

---

[20] もちろん，本判決が利得機会の保障を，権利保護と市場における自由かつ円滑な流通との間の最も合理的な調和点として認めたものと評価することは可能ではある．

いうだけで消尽しない頒布権を一律に認めていくことが果たして妥当なのか．これらは改めて検討を要する課題であるともいえる[21]．

判決は，全体を通じて劇場用映画のみを消尽しない頒布権の対象にしようと試みているようにも思われる．しかし，これまで見てきたように経済的インセンティブの確保等から考えれば，消尽理論の不適用を何も劇場用映画に限る根拠は必ずしも明らかではない．逆に，他の著作物ないしはその複製物についても消尽理論の不適用を意義づけることができるかもしれない．技術革新の結果，人間の知的・精神的創作活動の成果がさまざまな媒体（メディア）に固定され複製され，市場において大量に流通・取引されるようになった現在，改めて消尽理論適用の根拠の検討を法解釈以外の見地からもなされる必要性はおおいにあると思われる．

そこで，以下では簡単な経済モデルを使って分析・検討し，現下の法的問題への示唆を得ることにしたい．

3．流通と権利，あるいは対価徴収可能性

3.1 頒布権・譲渡権

頒布権は，「映画の著作物」に特有の支分権として著作権法上認められている権利である（著作権法26条）．また，頒布とは「有償であるかまたは無償であるかを問わず，複製物を公衆に譲渡し，又は貸与すること」であり，特に「映画の著作物」においては，公衆に提示することを目的として「映画の著作物」の複製物を譲渡または貸与することを意味する（同法2条1項19号）．頒布権は，場所的，時間的，内容的に範囲を限定して許諾し得る権利であり，消尽理論の適用如何はすでに明らかにしたとおりである．

また，頒布権の対象ともなっている譲渡行為は，映画の著作物以外の著作物について別個譲渡権として規定されている（同法26条2第1項）．そこでは，著作者は著作物をその原作品または複製物の譲渡によって公衆に提供する排他的

---

[21] わが国における映画の製作・流通・上映の諸事情については，主に松本［1994］および兼山［1995］に詳しい．

独占権を有していること，また，国内において，①譲渡権者またはその許諾を得た者により適法に公衆に譲渡された場合，②文化庁長官の裁定を受けるなどして公衆に譲渡された場合，③譲渡権者またはその承諾を得た者により公衆以外の家族・友人などの特定少数の者に譲渡された場合，そして④国外（本法の施行地外）において，譲渡権に相当する権利を害することなく，または，譲渡権に相当する権利を有する者もしくはその承諾を得た者により譲渡された場合，にはいずれも譲渡権が消尽することを明文をもって定めている（著作権法26条の2第2項．なお隣接権の中における譲渡権として，95条の2第3項，97条の2第2項）．

両規定からも明らかなように，消尽理論の適用が問題となる局面は，著作物が有体物に化体し[22]商品として流通または取引の対象となる場合である[23]．したがって，無体物としての著作物それ自体が「流通」する場合には複製権（著作権法21条）や公衆送信権（同法23条）等の問題となる場合があるにせよ，本章の対象ではないことを付言しておく．

3.2 追及権（droit de suite）

わが国の著作権法においては，いまだ導入されていないが，ベルヌ条約においても認められ，さまざまな国々においてすでに採用されている権利に「追及権」というものがある．これは，美術の著作物の原作品や作家・作曲家の原稿につきその著作者等が，著作者が最初にこの原作品や原稿を譲渡した後に行われるこれらの売買の利益にあずかる権利である[24]．転売後の売買価格全部ではないものの，その一部の金銭を受け取ることを認めており，対価徴収の可能性

---

[22] 通常，それは原作品か著作複製物の形をとる．
[23] なお，前掲大阪高裁判決が，傍論ではあるが，貸与権（著作権法26条の3）につき貸与権規定の制定経緯，複製権との関係，貸与権に消尽を認めた場合の妥当性を評価して貸与権については消尽原則の適用はないことを明らかにしている（石岡［2001］120頁）．
[24] ベルヌ条約14条の3は「美術の著作物の原作品並びに作家および作曲家の原稿については，その著作者（その死後においては，国内法令が資格を与える人または団体）は，著作者が最初にその原作品および原稿を譲渡した後に行われるその原作品および原稿の売買の利益にあずかる譲渡不能の権利を享有する」と規定し，この保護は「著作者が国民である国の法令がこの保護を認める場合に限り，かつ，この保護が要求される国の法令が認める範囲内でのみ，各同盟国において要求することができる」とする．

を転売後にも認めるという点で消尽しない頒布権と類似した性質を有している.

この権利は,アルジェリア,ベルギー,チリ,フランス,ドイツ,イタリア,ルクセンブルグ,ポルトガル,トルコおよびウルグアイ,またアメリカのカリフォルニア州において認められている (Solow [1998] p. 209). その方式について,ベルヌ条約では,転売利得の「徴収の方法および額は,各同盟国の法令の定めるところによる」とされており,現在,大きく分けて2つの方法がある. 1つは転売の際得られた金銭の総額に基づくフランス方式,いま1つはキャピタルゲインに基づくイタリア方式である. なお,著名かつ典型的な例とされるカリフォルニア州の The California Resale Proceeds Right Law (Cal. Civ. Code Sec. 986, amended 1982) では,絵画,彫刻,デッサンなどの原作品のみが認められ,売り手によって支払われた価格が1,000ドルを超える限りにおいて,これらの転売価格の5％を著作者である芸術家が手にすることができる. これは転売の日から3年以内,もしくは転売を知った日から1年以内のいずれか遅い方までに主張しなければならない. その権利は,譲渡不可能だが,芸術家がより高い率での取極めをする自由は認められている[25]. この権利は,芸術家の死後20年間存続し,その期間内であれば相続人ないしは遺産受取人にも移転可能である.

なお,本権利は,1948年のベルヌ条約ブラッセル会議において導入された規定であり,わが国では美術作品の公売制度その他の実情からみて実施が不適当であるとされ,導入が見送られている[26]. また,この権利がもたらす資源配分上の歪みについては,主として経済学者の関心を呼び,諸外国において多くの論文が公表されている[27].

---

25) ただし,この率に関する交渉が行われることは,取引費用が高くつくため,稀であるようだ (Perloff [1998] p. 645).
26) 半田・紋谷 [2002] 111頁および157頁. 著作者が,本権利を主張するためには,自らの作品の転売状況を知悉している必要がある. 公売制度なきわが国において,その権利に実効性を持たせるには,監視費用等膨大な取引費用を要することになり,その実効性については現在のところ懸念を持たざるえない.
27) 経済学的文脈における問題点の指摘と公表論文のレビューは Perloff [1998] を参照. また Cooter and Ulen [1997] にも議論のエッセンスが若干述べられている.

3.3 著作物の流通と対価徴収可能性

図 6.1 は，著作物およびその複製物の典型的な流通・取引の流れを図示したものである．ここでは，原作品ないし複製物といった有体物（たとえば，製品ないし商品）の形をとって流通するさまざまな著作物を想定し，かつ単純化のため，創作および複製行為が単一の主体によってなされるものとする．以下では，著作物の創作から流通に至るまでの一連の過程で複製が介在する場合，ここで言う著作者には複製者を含めることとし「著作者」ないし「著作者等」と記述する．

図 6.1 著作物・著作複製物の流通・取引と関係当事者

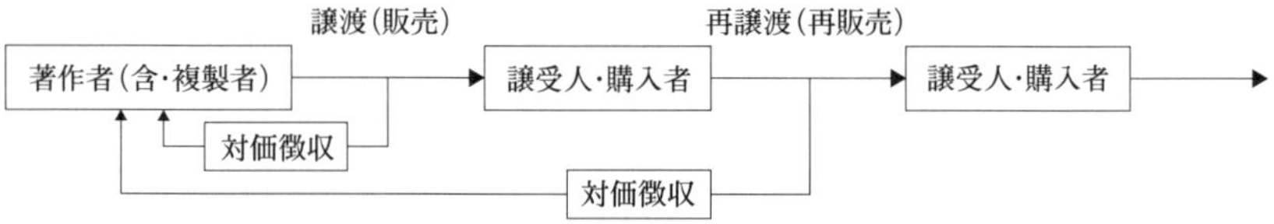

```
                譲渡（販売）              再譲渡（再販売）
著作者(含・複製者) ────────→ 譲受人・購入者 ────────→ 譲受人・購入者 →
        ↑       対価徴収           │
        │                          │
        └──────────────────────────┘
                    対価徴収
```

また，この図 6.1 は消尽理論が適用されない場合を想定し，著作者は最初の譲渡（販売）の段階でまず対価を徴収することができること，およびその物を譲り受けないし購入した者がさらに譲渡・販売（転売ともいう）した場合にも著作者はその対価の一部を徴収するか，少なくとも権利の行使を通じて取引費用を引き上げることができ，転売のたびにこれが繰り返されることを示している．

この関係を，同理論適用の有無と関連づけて示すと表 6.1 のようになる．これまで述べてきたことをふまえると，消尽する頒布権および譲渡権は［適用］の行に，また消尽しない頒布権およびそれと同様の効果を有する追及権は［不適用］の行に，それぞれにおける対価徴収可能性の有無を表現することができる．

表 6.1 消尽理論適用の有無と対価徴収可能性

	第 1 譲渡	第 2 譲渡	…	第 n 譲渡	…
適用	対価徴収：有	対価徴収：無	…	対価徴収：無	…
不適用	対価徴収：有	対価徴収：有	…	対価徴収：有	…

4. モ デ ル

4.1 諸 前 提

　ここでは，著作者である生産者が1人であるケースを考え，著作者による譲受人への譲渡において譲渡（販売）利益の最大化を図るものとする．ただし，この商品（著作物）は使用により減耗せず，需要者から見て譲渡された著作物と再譲渡された著作物の間に品質に関する違いは認められない．したがって，著作者は厳密には独占者ではなく，転売（再販売）市場の影響を受ける．つまり，著作者は自ら著作物を拡布（譲渡・販売）した市場（第1譲渡市場）と転売（再譲渡・再販売）市場の2市場を同時に考慮し行動する．

　ここでは，第1譲渡市場と転売市場の状況を反映した著作者の行動の最適化を吟味する．なお，2つの市場の情報は完全であり，著作者は当該両市場における商品（著作物）の価格を知悉しているものとする．

　表6.1にもあるように，消尽理論が適用されない場合には，理論上，譲受人が転売市場において獲得した収入の一部を著作者は延々受け取ることが可能だが，ここでは単純化のために第3譲渡以降は考えない．

　著作者の総収入 R は，譲渡市場での収入と転売市場からの収入の総和になる．すなわち，$R = R_1 + R_2$ となるので，

$$R = p_1 x_1 + k \cdot p_2 x_2 \tag{1}$$

なお，R_i は第 i 譲渡における収入，p_i, x_i はそれぞれ第 i 譲渡時の価格および販売量（ただし，$p_1' < 0, p_2' < 0, x_1 \geq x_2 \geq 0$），$k$ は譲受人の収入から著作者が受け取る比率（ただし，$0 \leq k < 1$）を表す．

　また，k は，受け取り比率を表すほか，消尽理論適用の有無を示していることにも注意を要する[28]．

　表6.2はでそれぞれの場合における収入を記述したものである．

---

28) なお，この点は既述の権利消尽を認める判例上の2つの根拠の一方，「利得機会の一回性ないし二重利得の否定」に対応している．

表 6.2　消尽理論適用の有無と収入

	R_1	R_2
$k = 0$	$p_1 x_1$	0
$0 < k < 1$	$p_1 x_1$	$k \cdot p_2 x_2$

著作者の総費用 TC は，著作物に関わる商品の特性から，その創作および複製費用を C_0（一定）とおく．なお，このモデルでは販売の側面に着目した分析を行うことを目的とし，ここでは商品生産のための費用や在庫費用などは考慮しないものとする．また，著作者は市場規模に比して十分な生産を行ったものとする．

4.2 転売市場における均衡

一群の需要者 j ($j \in [0, 1]$) は[29]，次に示すいくつかの行動 s_j を選択する．すなわち，(1)第 1 譲渡市場において商品（著作物）を購入し，そのままその商品（著作物）を所有し続ける (**A**)．(2)第 1 譲渡市場において商品（著作物）を購入し，転売市場においてそれを再販売する (**B**)．(3)もっぱら転売市場から商品（著作物）を購入する (**C**)．(4)そもそも商品（著作物）を購入しない (**Z**)．これらの選択した行動により得られる需要者の効用を U とすると，それぞれを次のように表すことができる[30]．

$$U(s_j, \theta_j) \equiv \begin{cases} \theta_j A - p_1 & \text{for} \quad s_j = \mathbf{A} \\ \theta_j B - p_1 + p_2 & \text{for} \quad s_j = \mathbf{B} \\ \theta_j C - (p_2 + \tau) & \text{for} \quad s_j = \mathbf{C} \\ 0 & \text{for} \quad s_j = \mathbf{Z} \end{cases} \quad (2)$$

ここで，θ_j ($\theta_j \in [0, 1]$) は，需要者 j から見たこの商品（著作物）の便益を表すパラメータであり，需要者 j の嗜好のタイプを示す θ は一様に分布する（つまり，その密度関数 $f(\theta)$ は一定）．また，τ は転売市場において商品（著作

---

[29] 著作者により最初に譲渡された著作物を譲り受けもしくは購入した者を需要者と呼ぶ．
[30] 本節における議論は，その多くを Takahashi [2003] および Anderson and Ginsburgh [1994] に拠っている．

物）を取得する際にかかる追加的費用（取引費用）であり，$p_1 \geq p_2 \geq \tau \geq 0$ とする[31]．

　需要者 j の選択可能な行動 s_j について，著作物という商品の特性から，

$$A > B > C > 0 \tag{3}$$

が成り立つ[32]．

　図 6.2 は，需要者 j が選択した行動とそれぞれの効用の水準を示したものである．この図によれば，τ が増加すれば，U_C のみが下方にシフトする．結果，θ_{CZ} が右にシフトし，θ_{BC} が左にシフトする．これは，転売市場で当該商品に

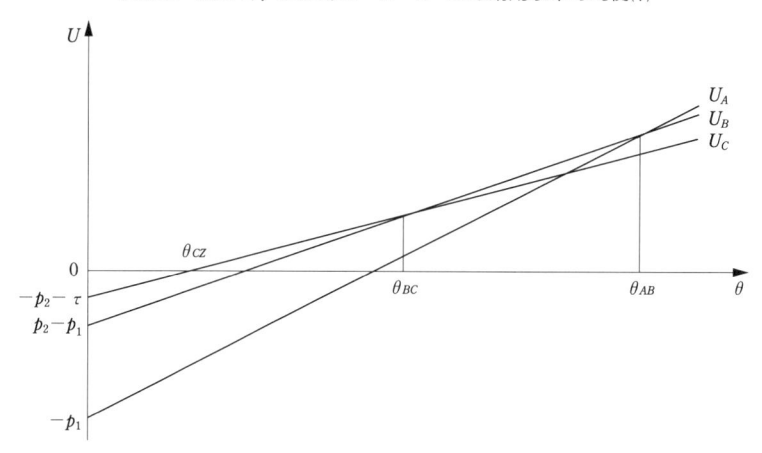

図 6.2　需要者 j の行動 **A・B・C・Z** の効用水準の均衡(1)

---

31)　なお，ここで指摘した変数 τ は，判例上示された権利消尽を認める 2 つの根拠のもう一方，「製品市場における自由かつ円滑な流通」と強い関連性を有している．
32)　なぜなら，商品としての著作物の価値を考えた場合，次に示す 3 つの要素に分けてそれぞれの価値を説明することができるからである．商品（著作物）の価値は，(1)その基本的価値（v），(2)それが新しいことないし陳腐化していないことに由来する価値（l），(3)それを所有し，繰り返し使用する価値（m）の 3 つの要素で成り立っている．それぞれの価値は需要者 j の行動との関係で，$A \equiv v + l + m$，$B \equiv v + l$ および $C \equiv v + m$（ただし $l > m$ かつ $v, l, m > 0$）と定式化することができる．なお，ここでは，耐久消費財一般に見られるような商品の買い換え行動はとりあえず無視することとする．本章において検討の対象となっている商品（著作物）の場合，同じタイトルの商品を繰り返し購入することは通常考えられないからである．

関する取引費用（探索費用や利用権許諾に伴う費用など）が増加すると，この商品の購入を思いとどまる者が増えること，また，転売市場において商品を購入する者が減少し，転売商品が供給過剰となっていることを示している．

また，p_1 が増加すれば，U_A と U_B は下方に同じだけシフトする．結果，θ_{BC} は右にシフトする（θ_{AB} は不動）．つまり，第1譲渡商品の価格が高くなると，転売市場でこの商品を購入しようとする者が増え，第1譲渡市場でこれを購入し再販売しようとする者が減少する（このとき，転売市場における商品の供給が過少となる）．

需要者 j が商品を所有し続けるための留保価格は，$\theta_j(A-B)$ である．転売市場の価格 p_2 がこの留保価格を超えて大きくなるとき，当該商品の購入者は，転売市場でその商品を再販売する．$\mathbf{A}$ を選択することに最も低い価値しか見出さない需要者は $U(\mathbf{A}, \theta_{AB}) = U(\mathbf{B}, \theta_{AB})$，つまり，$\mathbf{A}$ と $\mathbf{B}$ について無差別の点（$\theta_{AB} = p_2/(A-B)$）に位置している．同様に，$\mathbf{B}$ と $\mathbf{C}$ について，それぞれ $\theta_{BC} = (p_1 - 2p_2 - \tau)/(B-C)$ および $\theta_{CZ} = (p_2 + \tau)/C$ が与えられる．

ここで2つのケースを考える．1つは，$\theta_{AB} > 1$ の場合（Case 1），いま1つは，$\theta_{AB} \leq 1$ の場合（Case 2）である．前者においては，U_B は U_A よりも常に大きくなるので，$\mathbf{A}$ を選択する需要者はゼロ．つまり，商品を購入した需要者は常に転売を選択する．他方，後者の場合は，商品を所有し続ける需要者 j が存在する．

以上から，転売市場における需要と供給は次のように表すことが可能である．

$$x_2^D(p_2; p_1, \tau) = \int_{\theta_{CZ}}^{\theta_{BC}} f(\theta)\, d\theta \tag{4}$$

$$x_2^S(p_2; p_1, \tau) = \int_{\theta_{BC}}^{\min[\theta_{AB}, 1]} f(\theta)\, d\theta \tag{5}$$

また，第1譲渡市場の需要は，

$$x_1^D(p_2; p_1, \tau) = \int_{\theta_{BC}}^{1} f(\theta)\, d\theta \tag{6}$$

なお，たとえば図6.3のように，p_2 の値にかかわらず，$\theta_{CZ} > \theta_{AB}$（$\tau \geq 0$，$p_1 \geq 0$）が成り立つような場合につき，$x_2^S$ および x_2^D が，負になることを回避するために，

第6章 消尽理論の法と経済学

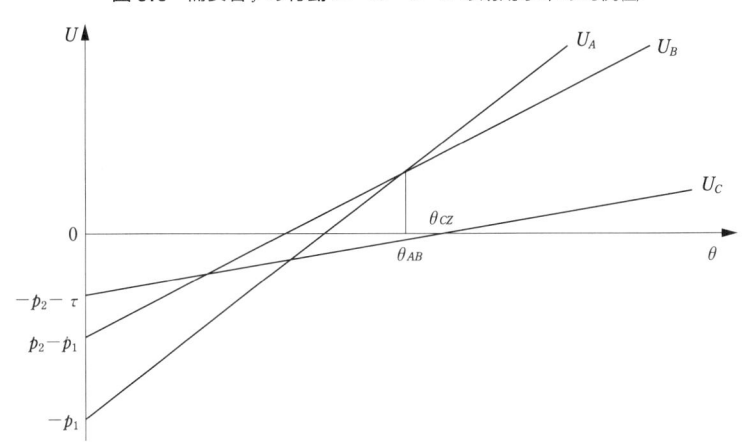

図 6.3　需要者 j の行動 A・B・C・Z の効用水準の均衡(2)

$$B + C - A > 0 \tag{7}$$

とおく．これは，A を選択する需要者の当該商品に対する価値評価が，B ないし C を選択する 2 者の価値評価の合計よりも低いことを意味している[33]．

ところで，転売市場の均衡条件は，

$$x_2^{S*}(p_2^*(p_1, \tau); p_1, \tau) = x_2^{D*}(p_2^*(p_1, \tau); p_1, \tau) \tag{8}$$

である．以下では，転売市場均衡下において p_1 の変化が，p_2 および x_2 にいかなる影響をもたらすかにつき吟味していく．

直感的には，著作者が p_1 を引き上げると，U_B と U_C の交点は右にシフトするから，当初 B と C が無差別であった需要者は，C へとその行動を変更する．この行動は，転売市場において商品の過剰需要をもたらし，需要曲線を右にシフトさせる．しかし，転売市場における商品の数量 x_2 には上限があることから $(x_2 \leq x_1)$，このギャップの調整は p_2 の引き上げによりなされることとなる[34]．

---

33)　なお，上記(7)式に関する証明は章末の付録 1 を参照．
34)　なお，この直感を裏づける説明は付録 2 に示す．

より一般的に述べるならば，転売市場の均衡条件は(4)式，(5)式および(8)式より，

$$\int_{\theta_{BC}(p_2^*)}^{\theta_{AB}(p_2^*)} f(\theta)\,d\theta = \int_{\theta_{CZ}(p_2^*)}^{\theta_{BC}(p_2^*)} f(\theta)\,d\theta \tag{9}$$

と表すことができる．(9)式を p_1 について微分すると，

$$\frac{d\theta_{AB}}{dp_1}f(\theta_{AB}) - \frac{d\theta_{BC}}{dp_1}f(\theta_{BC}) = \frac{d\theta_{BC}}{dp_1}f(\theta_{BC}) - \frac{d\theta_{CZ}}{dp_1}f(\theta_{CZ}) \tag{10}$$

また，$\theta_{AB} = p_2/(A-B)$, $\theta_{BC} = (p_1 - 2p_2 - \tau)/(B-C)$, $\theta_{CZ} = (p_2 - \tau)/C$ より，

$$\frac{f(\theta_{AB})}{A-B}\frac{dp_2}{dp_1} - f(\theta_{BC})\left(\frac{1}{B-C} - \frac{2}{B-C}\frac{dp_2}{dp_1}\right)$$
$$= f(\theta_{BC})\left(\frac{1}{B-C} - \frac{2}{B-C}\frac{dp_2}{dp_1}\right) - \frac{f(\theta_{CZ})}{C}\frac{dp_2}{dp_1} \tag{11}$$

ゆえに，

$$\frac{dp_2^*}{dp_1} = \frac{2f(\theta_{BC})}{B-C}\left(\frac{f(\theta_{AB})}{A-B} + \frac{4f(\theta_{BC})}{B-C} + \frac{f(\theta_{CZ})}{C}\right)^{-1} > 1 \tag{12}$$

また，(11)式の左辺より，

$$\frac{dx_2^*}{dp_1} = -\frac{f(\theta_{BC})}{B-C} + \left(\frac{f(\theta_{AB})}{A-B} + \frac{2f(\theta_{BC})}{B-C}\right)\frac{dp_2}{dp_1} \tag{13}$$

(12)式を(13)式に代入すると，

$$\frac{dx_2^*}{dp_1}$$
$$= \frac{f(\theta_{BC})}{B-C}\left\{2\left(\frac{f(\theta_{AB})}{A-B} + \frac{2f(\theta_{BC})}{B-C}\right)\left(\frac{f(\theta_{AB})}{A-B} + \frac{4f(\theta_{BC})}{B-C} + \frac{f(\theta_{CZ})}{C}\right)^{-1} - 1\right\} \tag{14}$$

(14)式の中括弧内の符号は，

$$f(\theta_{CZ})\left(B + \frac{f(\theta_{AB})}{f(\theta_{CZ})}C - A\right) \tag{15}$$

の如何による．

(7)式より，$f'(\theta) \geq 0$ ならば，(15)式は正．なお，$f'(\theta) < 0$ 下において

第 6 章　消尽理論の法と経済学　　　　　　　　　　　　　　145

(15)式が正となるには，B ないし C が A と比べ，相対的に大きい値をとるときである．

ところで，第 1 譲渡商品の需要は，(6)式より，

$$x_1 = \int_{\theta_{BC}}^{1} f(\theta)\,d\theta \tag{16}$$

この式を微分すると，

$$\begin{aligned}\frac{dx_1^*}{dp_1} &= \frac{d\theta_{BC}}{dp_1} f(\theta_{BC}) \\ &= \frac{f(\theta_{BC})}{B-C}\left\{\frac{4f(\theta_{BC})}{B-C}\left(\frac{f(\theta_{AB})}{A-B}+\frac{4f(\theta_{BC})}{B-C}+\frac{f(\theta_{CZ})}{C}\right)^{-1}-1\right\}\end{aligned} \tag{17}$$

(17)式の中括弧内の符号は，負．

また，(14)式と(17)式の和は，

$$\begin{aligned}&\frac{d(x_1^*+x_2^*)}{dp_1} \\ &= \frac{2f(\theta_{BC})}{B-C}\left\{\left(\frac{f(\theta_{AB})}{A-B}+\frac{4f(\theta_{BC})}{B-C}\right)\left(\frac{f(\theta_{AB})}{A-B}+\frac{4f(\theta_{BC})}{B-C}+\frac{f(\theta_{CZ})}{C}\right)^{-1}-1\right\}\end{aligned} \tag{18}$$

(18)式の中括弧内の符号は，負．

なお，$\theta_{AB}>1$ の場合は，すでに明らかなように，$\mathbf{A}$ を選択する需用者がゼロである場合を考えればよいから，$f(\theta_{AB})=0$ とし，各式に代入することでそれぞれの値が得られる．

以上より，$\theta_{AB}\leq 1$ (Case 1) の場合で，かつ $f'(\theta)\geq 0$ のとき，転売市場における均衡商品量 x_2^* は，第 1 譲渡商品の価格 p_1 の上昇にしたがって増加すること $(dx_2^*/dp_1>0)$，他方，$\theta_{AB}>1$ (Case 2) のとき x_2^* は p_1 の引き上げにより減少すること $(dx_2^*/dp_1<0)$．

また，第 1 譲渡市場における均衡商品量 x_1^* は，上と同様 p_1 の引き上げにより減少すること $(dx_1^*/dp_1<0)$，さらに x_1 と x_2 の合計も p_1 の引き上げにより減少すること $(d(x_1^*+x_2^*)/dp_1<0)$ が示されたことになる．

4.3　第 1 譲渡商品に関する需要曲線の導出

転売市場の均衡条件は(8)式より，$x_2^{S*}(p_2^*(p_1,\tau);p_1,\tau)=x_2^{D*}(p_2^*(p_1,\tau);$

図 6.4 第 1 譲渡市場における商品の需要

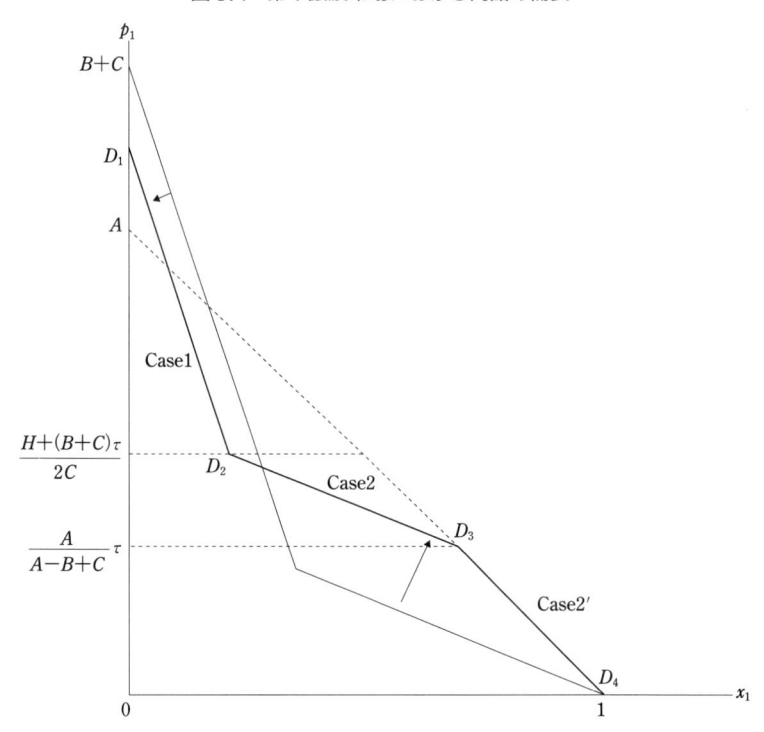

$p_1, \tau)$.

また, $x_1(p_2, p_1, \tau) = 1 - \theta_{BC}$, $x_2^D(p_2, p_1, \tau) = \theta_{BC} - \theta_{CZ}$, $x_2^S(p_2, p_1, \tau) = \min[\theta_{AB}, 1] - \theta_{BC}$ と単純化して表すことができる.

これらより,

$$x_2^*(p_1, \tau) = \begin{cases} \dfrac{(B+C) - (p_1+\tau)}{B+3C} & \text{for} \quad \dfrac{H+(B+C)\tau}{2C} \leq p_1 \\ \dfrac{(A-B+C)p_1 - A\tau}{H} & \text{for} \quad \dfrac{A}{A-B+C} \leq p_1 \leq \dfrac{H+(B+C)\tau}{2C} \\ 0 & \text{for} \quad p_1 \leq \dfrac{A}{A-B+C}\tau \end{cases}$$

(19)

および

$$x_1(p_1,\ \tau) = \begin{cases} \dfrac{(B+C)-(p_1+\tau)}{B+3C} & : \text{Case 1} \\[2mm] \dfrac{H-(A-B+C)p_1+(B+C-A)\tau}{H} & : \text{Case 2} \\[2mm] 1-\left(\dfrac{p_1}{A}\right) & : \text{Case 2}' \end{cases} \quad (20)$$

なお,

$$p_2^* = \begin{cases} \dfrac{2Cp_1-(B+C)\tau+C(B-C)}{B+3C} & : \text{Case 1} \\[2mm] \dfrac{(A-B)(2p_1+(B+C)\tau)}{H} & : \text{Case 2} \end{cases} \quad (21)$$

ただし,

$$H \equiv (B-C)C+4C(A-B)+(A-B)(B-C) > 0 \quad (22)$$

が得られる[35].

$\theta_{AB} > 1$ (Case 1) のもとにおいては, **A** を選択する者は皆無だから, 第1譲渡市場における需要は即, 転売市場における供給を示すことになる. このとき転売市場は均衡しているので, Case 1 における $x_1(p_1,\ \tau)$ と $x_2^*(p_1,\ \tau)$ は同じ形状を示すことになる.

他方, $\theta_{AB} \leq 1$ の下においては, **A** を選択する者は $(1-\theta_{AB})$ だけいるものの, たとえば p_1 の変動が p_2 の上昇をもたらす場合のように, これらの動向が, 当初 **A** を選択していた需要者の行動に当然影響を及ぼすことになるから, 第1譲渡市場における需要は, 転売市場における需要および供給の水準が反映した形状になる.

なお, $p_1 \geq \dfrac{A}{A-B+C}\tau$ は, $x_2^*(p_2^*,\ p_1,\ \tau) \geq 0$ であるために必要とされる条件である. つまり, D_3 で屈折する Case 2′ は, 転売市場が存在しない場合を示している.

以上から, $\tau = 0$ のとき, 第1譲渡商品の需要は, $(B+C)$ を切片とする

---

35) なお, 上記(19)式および(20)式の導出についてはそれぞれ付録3および付録4を参照.

直線で表され，他方，$\tau > 0$ のとき，この商品の需要は $D_1 - D_2 - D_3 - D_4$ を結ぶ直線により表される．

また，転売市場が存在しない場合，第1譲渡商品の需要は，A を切片とする直線で表される．図6.4が示しているのは，τ の増加ないし上昇が転売市場における需要を減少させ，τ の値が高まれば高まるほど，転売市場を排除しうる p_1 の価格の水準が上がるということである．

4.4 著作者の行動の最適化

すでに明らかにしたように，著作者の総収入 R は，第1譲渡市場からの収入と転売市場からの収入の総和（$R_1 + R_2$）である．ただし，転売市場からの収入 R_2 には，消尽理論の適用の有無ないし，著作者が譲渡人の収入から受け取ることができる比率を示す係数 k（$0 \leq k < 1$）がかかることとなる．

ここでは，図6.4中，転売市場が存在し，かつ需要者群が **A**，**B**，**C**，**Z** のいずれかの行動を採用することとなる Case 2 の領域に着目し，ここにおける著作者の行動の最適化と消尽理論適用の帰結を確認しておく．

Case 2 における著作者の総収入を R_{Case2} とすると，

$$R_{Case2}(p_1) = p_1 \cdot \frac{H - (A-B+C)p_1(B+C-A)\tau}{H} \\ + k \cdot \frac{(A-B)(2Cp_1 - (B+C)\tau)}{H} \cdot \frac{(A-B+C)p_1 - A\tau}{H} \tag{23}$$

著作者が得る利潤 Π_{Case2} は，

$$\Pi_{Case2}(p_1) = R_{Case2}(p_1) - C_0 \tag{24}$$

したがって，最適解 p_1^* は1階の条件，

$$\frac{d\Pi}{dp_1} = 2 \cdot \frac{-\{H - 2k(A-B)C\}(A-B+C)}{H^2} p_1 \\ + \frac{H^2 + (B+C-A)H\tau + k(A-B)\{(B^2 - C^2) - A(B+2C)\}\tau}{H^2} = 0 \tag{25}$$

第6章　消尽理論の法と経済学

これを解き，k について整理すると，

$$p_1^* = \frac{H^2 + (B+C-A)H\tau - (A-B)\{H-2C(B-C)\}\tau k}{2(A-B+C)H - 4C(A-B)(A-B+C)k} \tag{26}$$

(26)式からも見て取れるように，p_1 は k の分数関数であり，原点から k 軸方向に $H/(2C(A-B))$（なお，$H/(2C(A-B)) > 1$），p_1 軸方向に $\{H-2C(B-C)\}\tau/(A-B+C)C$ だけ平行移動した双曲線である．ただし，

$$\frac{-4C(A-B)(A-B+C)\{H^2+(B+C-A)H\tau\}+2\tau\{H-2C(B-C)\}(A-B)(A-B+C)H}{\{-4C(A-B)(A-B+C)\}^2} \tag{27}$$

の正負如何によって，k が p_1 の変動にどう影響するかが決まる．(27)式の正負は結局，

$$\{H + 2C(A-2B)\}\tau - 2CH \tag{28}$$

による．(28)式の正負の決定には τ が重要な役割を果たしていることが看取される．τ の値が大きく，この式が正になるのであれば k が 1 に近づけば近づくほど p_1 は減少し，逆に τ の値が小さく，この式が負であれば 1 に近づけば近づくほど p_1 は増加する．著作者の最適価格の実現にあたっては，当該著作物が化体した商品に対する需要者群の価値評価はもちろんのこと，取引費用の多寡が大きく影響しており，その値によっては受け取り比率を高めたとしても，それが必ずしも著作者の利潤の増大をもたらすものではないことがわかる．

5．結論と課題

　本章では，知的財産権法上の一法理である消尽理論について，同理論の意義とその法的状況を明らかにし，主に著作物の流通を念頭におきながら，裁判所により示された消尽理論の根拠づけの妥当性および同理論適用の帰結を経済学的な観点——とりわけ著作者の利潤最適化の観点——から指摘した．
　最後にまとめとして，本章で行った検討はごくわずかであるが，最高裁判決を含めた消尽理論適用をめぐる一連の判決との関連性を整理しておくことにす

る．

　まず，消尽理論適用の第1の論拠として提示された権利の行使による流通のコントロールにより，市場における自由かつ円滑な流通の阻害をもたらすとの指摘である．ここでは，権利の強化を利用権の許諾に伴う取引費用の増大として捉え，また市場における自由・円滑な流通は，それぞれの市場（第1譲渡市場と転売市場）における需要ないし供給の量として把握した．

　第1譲渡市場における需要曲線導出過程において，需要者群の行為の選択，とりわけ行為 **A**（当該商品を所有し続ける）の選択者の存在ないし不存在によって，第1譲渡商品の価格の上昇にともなう転売市場の均衡商品量の変化に興味深い需要動向の違いがあることが示された．また，第1譲渡市場における均衡商品量は，商品の価格引き上げにより減少すること，さらに両市場における需要量ないし供給量の合計も商品の価格引き上げにより減少することも明らかになった．転売市場が存在する場合は転売商品がすでに市場に流通しており，このような市場が存在しない場合に比べて，第1譲渡市場における需要を抑制する効果を持つことは明らかである．とりわけ，需要者のすべてが転売を選択する場合にそれは顕著となる．

　利用権の許諾にあたって要する取引費用は，このような状況をさらに助長する効果を持つことも示されている．取引費用の増加ないし上昇は転売市場における需要を減少させる．このことは，判決においてもしばしば指摘されてきた点である．また，取引費用が高まれば高まるほど，転売市場を排除することができる第1譲渡商品の価格の水準が上がる．つまり，著作者にとってより容易に転売市場の出現を押さえることができるということである．

　次に，著作者の利得機会の確保ないし二重利得の否定については，対価徴収可能性を転売時の受け取り比率として把握し，著作者の利潤最適化との関わりで指摘した．これについては，その効果や影響が必ずしも一定しておらず，著作者の最適価格の実現にあたって，取引費用の多寡が大きく影響しており，その値によっては受け取り比率を高めたとしても，それが著作者の利潤の増大に結びつく場合もあれば，必ずしも結びつかない場合もありうることがわかる．わが国では転々流通しているものに対し権利を及ぼすことを多くの場合認めない方針をとっているが，追及権や「映画の著作物」における頒布権の例を含め，

いかなる条件が整った場合にかかる権利の行使を認めるのか，あるいは認めないのかについて，より詳細な検討が必要であろう．

本章で取り上げた最高裁判決の妥当範囲についても，頒布権が認められている劇場用映画の特質ないしはその流通・取引実態をふまえ，より多様なメディア（媒体）への適用を企図し，議論を深めていく必要がある．また，ここでは紙幅の関係で一部しか行いえなかった著作者の最適化問題はもちろんのこと，社会全体から見た厚生評価も不可欠である．課題として設定し，他日を期すことにしたい．

本章では，消尽理論の意義とその法的状況を詳らかにし，これまでの判例をふまえ，法学者の視点から必要と思われる諸要素を抽出し，稚拙ながら同理論への経済学的アプローチを試みた．これまで，法律学および経済学双方でそれぞれの問題対象領域が重なり合うにもかかわらず，必ずしも十分に意思疎通がなされてきたとは言いがたい状況にあった．とりわけ，それぞれの領域における問題の捉え方やそのポイント，あるいは問題解決を導くための概念の理解ないし整理が必ずしも十分でなかったように思われる．

一法学者としては，本章のような取り組みを通じて，他の学問領域の手法を的確に理解しつつ，われわれが積み重ねてきた知的営為を他分野の研究者に対し地道に伝達していくこと，これこそが，有効な議論の礎となるに違いないと信じている．

付　　録

1．(7)式の証明

この事実は，背理法により証明される[36]．

(4)式および(5)式，$\theta_{AB} = p_2/(A-B)$ および $\theta_{CZ} = (p_2+\tau)/C$ より，

まず，$\theta_{AB} < 1$ のとき，$B+C-A \leq 0$ ならば，$\theta_{AB} = \theta_{CZ} - \gamma((B+C-A), \tau)$ が成り立つ（ただし，$\partial\gamma/\partial(B+C-A) < 0$，$\partial\gamma/\partial\tau > 0$，$\gamma(0,0) = 0$，かつ，$\gamma > 0$（$B+C-A < 0$，$\tau > 0$））．

---

[36] なお，この証明につき Takahashi [2003] 参照．

このとき，

$$x_2^S(p_2; p_1, \tau) = \int_{\theta_{BC}}^{\theta_{CZ}-\gamma((B+C-A),\tau)} f(\theta)\,d\theta > 0 \quad \text{となるためには，}$$
$$\theta_{CZ} - \gamma((B+C-A), \tau) > \theta_{BC} \tag{29}$$

また，

$$x_2^D(p_2; p_1, \tau) = \int_{\theta_{CZ}}^{\theta_{BC}} f(\theta)\,d\theta > 0 \quad \text{となるためには，} \quad \theta_{CZ} < \theta_{BC} \tag{30}$$

となる．しかし，これは(29)式に矛盾する．

次に，$1 < \theta_{AB}$ のとき，

$$x_2^S(p_2; p_1, \tau) = \int_{\theta_{BC}}^{\theta_{CZ}-\gamma((B+C-A),\tau)-(\theta_{AB}-1)} f(\theta)\,d\theta > 0 \quad \text{となるためには，}$$
$$\theta_{CZ} - \gamma((B+C-A), \tau) - (\theta_{AB}-1) > \theta_{BC} \tag{31}$$

となり，これも(29)式に矛盾する．

したがって，転売市場が存在するためには，$\theta_{AB} > \theta_{BC}$ が成立する場合であることはもとより，少なくとも $\theta_{CZ} > \theta_{AB}$ ($p_1, p_2, \tau \geq 0$) のとき，$B+C-A > 0$ が成り立たなければならない．

2. 転売市場における均衡の把握

たとえば，$\theta_{AB} \leq 1$ のとき，p_1 につき(8)式の条件のもとでは，(4)式および(5)式より，以下の条件を満たしている必要がある．

$$S: \frac{dx_2^{S*}}{dp_1} = \frac{f(\theta_{BC})}{B-C} + \left(\frac{f(\theta_{AB})}{A-B} + \frac{2f(\theta_{BC})}{B-C}\right)\frac{dp_2^*}{dp_1} \tag{32}$$

$$D: \frac{dx_2^{D*}}{dp_1} = \frac{f(\theta_{BC})}{B-C} + \left(\frac{f(\theta_{CZ})}{C} + \frac{2f(\theta_{BC})}{B-C}\right)\frac{dp_2^*}{dp_1} \tag{33}$$

図6.5は，均衡点付近における転売商品の需要曲線と供給曲線を，両方の傾き具合が同じものとして書き表したものである（ただし，$B+C-A=0$ かつ $f'(\theta)=0$）．この図が示すように，仮に，p_1 が引き上げられた場合，x_2 は上限があるため，p_2 が上昇する．つまり，均衡点は，E から E' に移動する[37]．

なお，(32)式と(33)式の傾きを比較し，その符号を検証する．両式の傾き具

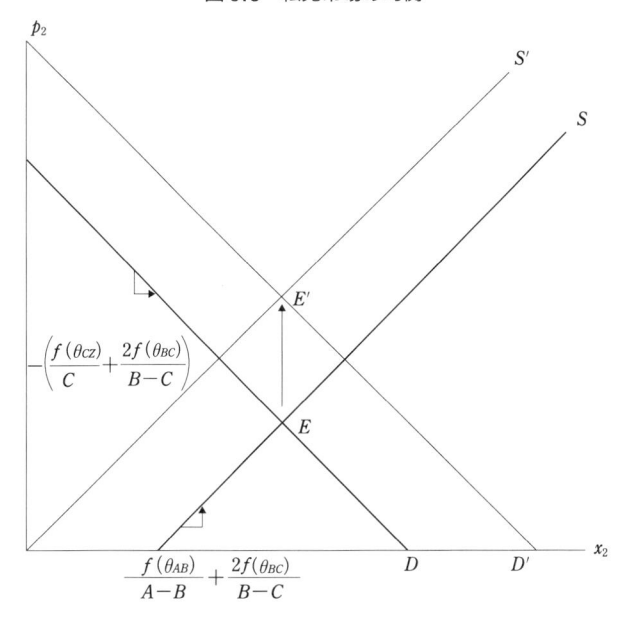

図 6.5 転売市場の均衡

合の差をとると，

$$\left(\frac{f(\theta_{AB})}{A-B} - \frac{f(\theta_{CZ})}{C}\right) \tag{34}$$

また，(3)式および(7)式を考慮しながら，この式を変形し，

$$\left(B + \frac{f(\theta_{AB})}{f(\theta_{CZ})}C - A\right) \tag{35}$$

(34)式ないし(35)式は，$B+C-A>0$ のもとにおいて常に正であることは明らかである．つまり，供給曲線 S の方が需要曲線 D よりも傾きが急であることを示している．

---

37) この図においては，需要曲線・供給曲線とも傾き具合が同じであり，価格引き上げの効果が前者の右方向へのシフトと後者の左方向へのシフトとが共に働いたため，E の直上の点 E' に移動した．

3. (19)式の導出

$$\frac{p_2}{A-B} - \frac{p_1 - 2p_2 - \tau}{B-C} = \frac{p_1 - 2p_2 - \tau}{B-C} - \frac{p_2 + \tau}{C} \tag{36}$$

上式を p_2 について解くと,

$$p_2^* = \frac{(A-B)(2Cp_1 + (B+C)\tau)}{B(B-C) + 4C(A-B) + (A-B)(B-C)} \tag{37}$$

(37)式を(36)式の右辺に代入し,x_2^* を導出.

$$x_2^* = \frac{1}{B-C} \left\{ \frac{-(p_1-\tau)H + (2A-B-C)(2Cp_1 - (B+C)\tau)}{H} \right\} \tag{38}$$

このとき,

$$H \equiv (B-C)C + 4C(A-B) + (A-B)(B-C) > 0 \tag{39}$$

(38)式の中括弧内の分子を展開し,p_1 および τ について整理すると,

$$-[C(B-C) + (A-B)(B+3C) - 2C(2A-B-C)]p_1$$
$$-[C(B-C) + (A-B)(B+3C) - (B+3)(2A-B-C)]\tau \tag{40}$$

すなわち,

$$(B-C)\{(A-B+C)p_1 - A\tau\} \tag{41}$$

(38)式および(41)式より,

$$x_2^* = \frac{(A-B+C)p_1 - A\tau}{H} > 0 \tag{42}$$

したがって,$\theta_{AB} \leq 1$ 下において x_2^* は,

$$\begin{cases} \dfrac{(A-B+C)p_1 - A\tau}{H} & \text{for} \quad p_1 \geq \dfrac{A}{A-B+C}\tau \\ 0 & \text{for} \quad p_1 \leq \dfrac{A}{A-B+C}\tau \end{cases} \tag{43}$$

なお,$\theta_{AB} \leq 1$ 下における p_1 の範囲は,θ_{AB} に(38)式を代入し,

$$p_1 \leq \frac{H + (B+C)\tau}{2C} \tag{44}$$

(43)式および(44)式より，(19)式が得られる．

4. (20)式の導出

$\theta_{AB} > 1$ における均衡条件は，

$$1 - \frac{p_1 - 2p_2 - \tau}{B - C} = \frac{p_1 - 2p_2 - \tau}{B - C} - \frac{p_2 + \tau}{C} \tag{45}$$

$$1 - 2\frac{p_1 - 2p_2 - \tau}{B - C} + \frac{p_2 + \tau}{C} = 0 \tag{46}$$

したがって，

$$p_2^* = \frac{2Cp_1 - (B + C)\tau + C(B - C)}{B + 3C} \tag{47}$$

(45)式の左辺に(47)式を代入すると，

$$x_2^* = \frac{2Cp_1 - (p_1 + \tau)}{B + 3C} \tag{48}$$

第1譲渡市場の商品需要 x_1 は，$\theta_{AB} \leq 1$ 下における p_2^* の値（(37)式）および $\theta_{AB} \geq 1$ 下における p_2^* の値（(47)式）を $x_1 = 1 - \theta_{BC}$ に代入することで導き出すことができる．

まず，$\theta_{AB} \leq 1$ のもと，$p_2^* = (A - B)(2Cp_1 + (B + C)\tau)/H$ のとき，

$$x_1 = H = \frac{(A - B + C)p_1 + (B + C - A)\tau}{H} \tag{49}$$

次に，$\theta_{AB} \geq 1$ のもと，$p_2^* = (2Cp_1 - (B + C)\tau + C(B - C))/(B + 3C)$ のとき，

$$x_1 = \frac{(B + C) - (p_1 + \tau)}{B + 3C} \tag{50}$$

なお，転売市場が存在しないとき，

$$x_1 = 1 - \left(\frac{1}{A}\right)p_1 = 1 - \left(\frac{p_1}{A}\right) \tag{51}$$

以上から，(20)式が得られる．

第7章　音楽著作物流通と集中管理の可能性

樺島　榮一郎

1．はじめに

　本章では，日本の著作権法と著作権等管理事業法，これらに基づく音楽著作物の流通を主な事例として，著作権の許諾についての法と経済学的考察を行う．
　言うまでもなく許諾は，著作権制度の根幹である．著作権制度は，著作者もしくは著作権者[1]の著作物に対する権利専有を保証するものであり，権利が制限されている一部の場合を除いて，利用者は利用の際に権利者の許諾を得る必要がある．このため，具体的な許諾の方法，独占許諾か複数許諾か，といった許諾のあり方は，著作物の利用の程度に大きな影響を与える．また，権利者の多くは，利用を許諾する際に対価を得るビジネススキームを用いることから，許諾のあり方は権利者および利用者の事業形態にも密接に関わる．
　さまざまな著作物の中でも特に許諾のあり方の影響を受けるのが，大衆消費著作物である．大衆消費著作物とは，最終財として多数の消費者に使用される著作物で．具体的には，音楽や放送，ゲーム，映画，書籍，広告などが挙げられる．近年，多用されている「コンテンツ」とは，この大衆消費著作物にほかならない．多数の著作物を多数の消費者に送り届けるという特徴を持つ大衆消費著作物は，必然的に多数の許諾を伴うものであり，許諾の方法が事業の成立・不成立や事業スキームに大きな影響を及ぼす．
　上記の大衆消費著作物の中で特に音楽を事例として選択するのは，第1に大

---

[1]　ここで言う「著作者」とは固有の権利者，「著作権者」とは財産権部分の譲渡を受けた者を指す．以後，この両者を含む意味で「著作者」もしくは「権利者」の語を使用し，特に財産権部分の譲渡を受けた者のみを指す場合は「著作権者」「権利権者」などと記述する．

規模な著作権の集中管理と権利者による個別管理の並存が見られ，許諾のあり方を考えるうえで有益であるためである．古くから音楽はその多くが演奏などの無体財の形で利用されてきており，利用状況が把握しにくい．このため音楽著作物の利用料徴収（許諾にほかならない）には，徴収を専門に行う代理人を置く大規模で積極的な取り立ての仕組みが不可欠であり，これが国家に認められ独占的な集中管理団体として発展してきた．その一方で，著作隣接権などでは権利者による個別管理も存在している．

第2に，音楽著作物の分野では80年代終わり頃から次々と新しい利用方法が出現し，使用料徴収制度もそれに対応してきた歴史がある点である．このため許諾のあり方などのルールが，どのように形成されてきたかを具体的に知ることができる．新しい利用方法が音楽で先行したのは，音楽著作物は，画像や動画を使った著作物に比べるとデータサイズが小さいため，デジタル化や通信技術を用いた新たな流通が成立しやすいためである．

第3に，上記2つの要因により音楽著作物は，インターネットでの流通を考えるうえで先駆的な例となりうる．インターネットでの著作物配信とは無体財での利用にほかならず，インターネットでの利用が増加すれば，利用状況を監視し徴収を積極的に行う主体の必要性も高まるであろう．また，データサイズから，個人間でのPtoPによる著作物交換などの問題や，インターネットを使った配信事業の可能性やビジネススキームの模索等，インターネットでの著作物流通に関連した議論は，まず音楽著作物の分野で起こっている．このことから，音楽著作物の事例を分析，考察することは他の著作物のインターネットを使った流通にも示唆を与えるものとなりうる．

また，本章では，より良い著作権制度とは，「より長期間にわたって，より多様な著作物が，より安い取引費用で，より多くの利益を著作者にもたらしつつ，より多くの消費者によって利用されるものである」と定義しよう．より長期間にわたって，とは，需要関数や技術の変化に柔軟に対応し，つねに利用を阻害する要因が少ない状態を維持することを意味する．多様な著作物に関しては，それが必ずしも著作者の利益の増加に関連しない可能性もあるが，文化的意義という面で入れておく．より安い取引費用は，今まであまり指摘されてこなかったが，権利者の利益および利用する消費者の増加という点で重要である．

著作者の利益については，ここで挙げている他の条件との兼ね合いから，必ずしも特定の時点の利益最大化を条件とせず，長期的に見て現状より利益が増加することを条件とする．より多くの消費者によっての利用，とは，音楽のような大衆消費著作物は消費者間で効用にさほど極端な差はないという仮定と，文化的意義から掲げておく．効用がごく少数の消費者にのみ特別高いとすれば，かつてのパトロン制のように，ごく少数の人が独占的に著作物を買い上げ，独占的に利用するという状態でも他の条件が成り立つということが考えられるが，そのような仮定を排除するものである．

　本章の構成は以下のとおりである．まず第2節で，考察の前提となる音楽著作物流通の概要を示す．第3節では各権利者による個別の著作権管理と著作権等管理事業者による集中管理方式を比較し，集中管理方式が実質的に報酬請求権となり，技術変化に柔軟であることを指摘する．第4節では，レコード製作者の著作隣接権に集中管理方式が成立する可能性を考察する．第5節では，従来の著作権使用料の徴収方法と比較しつつ，管理事業者が直接，消費者から使用料を徴収する可能性を論ずる．

2．音楽著作物流通の概要

　音楽著作物の主な利用形態は，レコード[2]販売，貸しレコード，コンサート等の実演，放送における二次利用，カラオケ，携帯電話の着信メロディ（以下，着メロ）などである．2002年の市場規模を見るとレコードは6,053億円[3]，カラオケが8,646億円（全国カラオケ事業者協会［2003］），着メロが約852億円（デジタルコンテンツ協会編［2003］）などとなっている．

　音楽著作物に関連する著作権は，作詞家・作曲家の著作権，実演家の著作隣接権，レコード製作者の著作隣接権の3つである．著作隣接権は，人格権部分

---

[2] 本章では「レコード」という言葉を，著作権法のレコードの定義（2条1項5号）に従い，「蓄音機用音盤，録音テープその他の物に音を固定したもの」の意味で用いる．
[3] 日本レコード協会加盟24社のレコード総生産額（DVD，LD等のビデオレコードを含む）5,789億円（日本レコード協会［2003］）にインディーズ（独立系レコード会社）の販売額264億円（日本経済新聞［2003］）を加えた金額である．

の範囲や扱い，実演家の一部支分権の許諾 One Chance 主義[4]などが，著作権と異なるが，許諾という機能から見ると大きく異なるものではない．レコード製作者の著作隣接権（著作権法96条～97条の3）は，「原盤権」[5]と通称される場合が多いので，これ以後，原盤権と記述する場合もある．

　この3つの権利と，許諾および対価の関係を整理すると，図7.1のようになる．Bの部分での利用は基本的に，著作者，原盤権保持者，実演家の3者の許諾を得る必要があるのに対して，A-Bの部分では著作者のみの許諾で利用可能であることに注意を要する．

　作詞もしくは作曲を行った著作者は，著作権を譲渡し，その対価として印税（使用料）を受け取る契約を音楽出版社[6]と結ぶ．音楽出版社は，社団法人日本音楽著作権協会（以下，JASRAC）等の著作権等管理事業者と管理委託契約を結ぶ．管理委託契約とは著作権等管理事業法で定義されている信託契約と委任契約の総称で，いずれの契約の形式でも著作権等管理事業者に許諾の権限を付与する．またこの契約では，支分権単位で契約することが可能となっており，得意分野に特化した著作権使用料徴収事業者の参入が可能となっている．たとえば，2000年9月に著作権管理事業に参入した(株)イーライセンスは，録音権とインタラクティブ配信に特化した著作権管理事業を展開している．このような契約により，著作権管理事業者から著作権者に分配されるのは，①著作権管理事業者が使用者から直接徴収する著作物使用料，②教科用図書その他の補償金，③著作権法に基づく管理団体（社団法人私的録音補償金管理協会）から分配される私的録音録画補償金，④外国著作権管理団体等から収納する著作物使用料[7]，である．この額から，管理事業者の管理手数料を差し引いたものが，権利権者である音楽出版社に分配される．音楽出版社は，著作者との著作権譲渡

---

4) 最初の利用を許諾する権利のみが与えられていて，以後の二次利用については許諾を必要としないことを指す．
5) レコード製作者の著作隣接権に，二次使用料請求権，貸与報酬請求権，私的録音録画補償金請求権などの報酬請求権を含めたものの総称を指す場合もある．
6) 音楽出版社とは，音楽著作権の管理やプロモーションを行う会社の通称で，16世紀のヨーロッパで楽譜を出版したり，貸し出したりしていた会社が起源であるため，欧米で同様の会社の通称として使われている「ミュージック・パブリッシャー」の訳語である．
7) 外国の著作権団体と相互管理契約を締結している事業者のみ．

第3部 著作物の流通とインセンティブ

図7.1 音楽著作権の許諾の概要

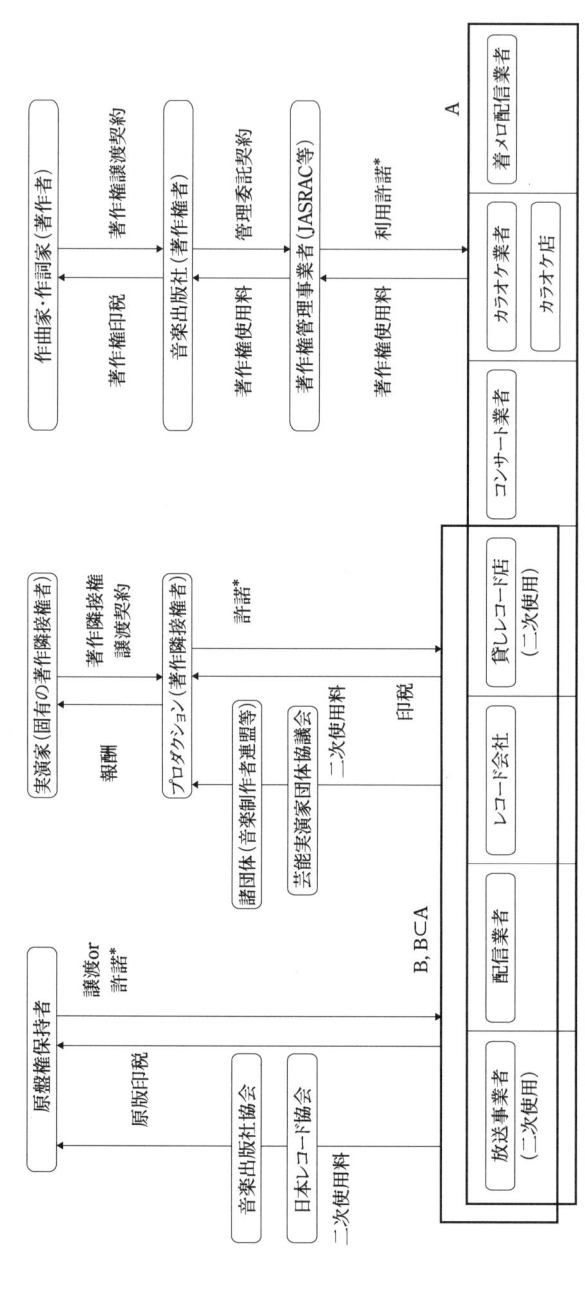

* 発売から1年以内の貸レコードを除き、二次使用では許諾不要。図に含まれない二次使用の例外は脚注11)を見よ。

契約に基づき，著作者に印税を支払う．

　音楽出版社と著作者の著作権譲渡契約は，作品ごとに結ばれる．契約期間10年，自動延長10年というものが一般的であり，長期間であるほど，音楽出版社が有利となる．著作者への分配率は，作詞もしくは作曲のみの場合，25～33％程度となる場合が多い．

　著作権管理業務と並んで，音楽出版社の重要な業務とされているのが楽曲のプロモーションである．多くの音楽出版社は，レコード会社やプロダクション[8]，テレビ局，広告代理店，CF制作会社などの子会社であり，プロモーションもこれらの親会社との関連で行うことが多い．プロモーションとの関連で，複数の音楽出版社と著作者の間で共同出版契約と呼ばれる著作権譲渡契約が結ばれる場合もある．これは，その曲をドラマの主題歌やCMで使用するなど，放送事業者等がタイアップ[9]等でプロモート活動に貢献した際に，その利益を還元するため，系列の音楽出版社と，著作者が主に利用する音楽出版社等の，複数の音楽出版社で共同出版契約を結び，その契約の結果代表となった音楽出版社と著作者が契約を結ぶものである．タイアップの有効性は年々高まっており，近年ではヒットチャート上位のほとんどをタイアップの楽曲が占めるようになっていて，共同出版契約も増加する傾向にある．

　実演家の著作隣接権の管理は，プロダクションが行う．実演家とプロダクションの間で結ばれる契約に権利管理も含めるのが一般的である．実演家とプロダクションの間の契約書として一般的に使用される社団法人日本音楽事業者協会（プロダクションの業界団体）の専属芸術家統一契約書によれば，実演家が契約期間中に行った実演の録音，録画，放送等はプロダクションに独占許諾され，プロダクションが第三者に対する利用を許諾することになっている．また，この契約に基づく収入は，すべてプロダクションに属し，プロダクションから実演家に報酬として支払われる．契約期間は，数年単位で，自動延長の規定が設

---

[8]　本章では，実演家のマネージメントやプロモーションを主に行う会社という意味でこの語を用いる．

[9]　英語のTie up，「連携する」の意味から．他業種の会社と連携して，その会社の商品や設備を利用して宣伝にかかる費用を抑えつつ，宣伝を行う方法．音楽の場合であれば，テレビドラマの主題歌や挿入歌として使ってもらう手法や，CMに使う手法が代表的である．

けられる場合が多い．

　この契約に基づきプロダクションが行う主要な著作隣接権の行使は，レコード会社との専属実演家契約である．レコードを製作もしくは原盤譲渡，供給を受ける際に，レコード会社は，その実演家の著作隣接権を管理するプロダクションと専属実演家契約を結ぶ．この契約は，契約期間中にその実演家が専属演奏家として，そのレコード会社のためにのみ，レコードおよびビデオのための実演を行うことを確認し，レコードおよびビデオの複製，頒布を目的とした実演に関わるすべての著作隣接権の使用をレコード会社に許諾するものである．この対価としてレコード会社は，プロダクションに歌唱印税を支払う．多くの場合，契約の期間は2～3年程度で1年ごとの自動延長がつけられる．このほかにプロダクションが行う著作隣接権の行使には，芸能実演家団体協議会および音楽制作者連盟等の業界団体を通じた，商業用レコード二次使用料と貸しレコード使用料の受け取りがある．

　レコード製作者の著作隣接権である原盤権に関するビジネスモデルは，原盤権の固有の権利者と，許諾もしくは譲渡の違いにより3種類に分けられる．

　第1は，レコード会社が，専属契約している実演家に実演させ自ら原盤を作成して固有の権利者となり，この原盤を複製してレコードを製作し発売する場合である．この場合は，原盤権の所有者と使用者が同一なので，契約を交わす必要はない．この場合，プロダクションに支払われるのは，実演家の実演料と歌唱印税である．

　第2は，プロダクションや音楽出版社が原盤権を所持し，レコード会社に印税を対価に譲渡する形式である．このような形式を原盤譲渡と呼ぶ．プロダクションや音楽出版社は，スタジオを借りミュージシャンやエンジニアを雇い機材を整え，マスターテープを制作し原盤権の固有の権利者となる．その後，プロダクションや音楽出版社は，レコード会社と原盤譲渡契約を結び，このマスターテープとそれに付随する原盤権を譲渡，その対価として定価の10～15％の原盤印税を獲得する．また，そのレコードを貸しレコードや放送で使用した場合の印税を獲得する．原盤を製作し譲渡することによって，プロダクションならばアーティスト印税に加えて原盤印税を，音楽出版社ならば著作権印税に加えて原盤印税を獲得することができ，第1の，レコード会社が原盤を製作する

場合よりも収入が増える可能性がある．

　第3は，プロダクションや音楽出版社が製作した原盤権を譲渡せず所有しつづけ，レコード会社に印税を対価に原盤の複製を許諾する形式である．これを原盤供給と呼び，原盤権者はレコード会社と原盤供給契約を結ぶ．この形式には，原盤譲渡方式より，原盤権者にとって有利な点がいくつかある．まず，原盤供給契約が終わった後は，レコード会社はその原盤の複製許諾がなくなり，レコードの発売を続けることができない．また，原盤権者に原盤を返却する条項を契約に盛り込むことで，原盤権者は原盤供給契約の終了後，レコード会社を変更することができる．譲渡の場合であれば，レコード会社が原盤権を保持するので，契約終了後もレコードを製造販売することが可能である．次に，原盤供給であれば使用目的を限定することができる．原盤譲渡であれば原盤権が譲渡されているので，契約によってレコード会社は，ビデオや映画での使用，インターネット配信を行う等のことが可能になる．それに対して，原盤供給では，原盤の使用範囲を限定する条項を契約に盛り込むことが可能である．これにより，プロダクション等の原盤権者は，戦略的に事業者を選択して許諾する余地を残すことができる．

　3つの原盤権の処理方式の選択については，レコード会社，プロダクション，音楽出版社の力関係による．現在，レコード会社内で原盤を製作するのは3割程度，7割は外部製作であると言われている．

　また，原盤権の所有には，数社で共有する共同原盤という形式がある．共同原盤とは，原盤権保有率や原盤印税の受け取りの方法等を定めた共同原盤契約を当事者で結び，原盤権を共同保有することを言う．この際，共同保有者は原盤制作自体を必ずしも共同で行う必要はなく，事後，原盤製作にかかったコストを分担した割合によって原盤保有率を設定することも可能である．共同原盤とするのは，リスクを分散することと，タイアップを行う見返りとして収益を分配すること，の2つの理由からである．

　原盤製作は特にリスクの高い事業である．現在，アルバムの原盤を製作するのに1,000〜2,000万円，シングル1枚で300〜500万円かかると言われているが，この原盤製作費を回収できるのは発売されるレコードの1割程度と言われている（安藤［2002a］）．そうしたなかでタイアップは，売れる確率を飛躍的に高め

る強力な宣伝手段である．歴史的に見れば，タイアップの価値の上昇が，放送事業者等，音楽業界以外の事業者の原盤権保有を広げる原動力となってきた．原盤権者は多少原盤印税を減らすことになっても，テレビ局や広告代理店，CM制作会社とのタイアップを成立させたいし，タイアップを行う企業の側も自らの参加で増加した利益の回収を望む．このような要因と，実演家の立場を代弁するプロダクション，著作権者である音楽出版社，レコード会社，タイアップの場合にはテレビや広告代理店などの力関係により，共同原盤が選択されるのである．

原盤権者は，レコードの販売のみならずネットワーク配信においても，原盤印税の分配を受ける．また，貸しレコードと放送における二次使用料を日本レコード協会と音楽出版社協会を通じて受け取る．

3．技術革新と集中管理の利点

上記のように，音楽に関連する著作権，著作隣接権の契約や許諾と対価の徴収には，さまざまな事業者，団体が関わっているが，これらを，許諾のあり方に着目して見れば，2つの形式に分類できる．第1は，著作権等管理事業法で登録されている管理事業者が許諾を行うもので，集中管理と呼ばれる．第2の形式は，プロダクションや原盤権者などの権利者が自ら許諾を行うもので，集中管理に対して個別管理と呼ぶことができよう．

経済的な財の取引という観点から見て特に重要な，集中管理と個別管理の相違点は，集中管理が，著作権等管理事業法に基づき許諾拒否の制限と使用料規定を超える額の使用料請求の禁止が課せられているのに対して，個別管理にはそのような制限がないことである．

管理事業者の許諾拒否は，著作権等管理事業法の16条，すなわち「著作権等管理事業者は，正当な理由がなければ，取り扱っている著作物等の利用の許諾を拒んではならない」によって制限されている．正当な理由とは「委託者が，環境破壊や飲酒・喫煙の助長につながるような方法による利用を拒絶するように依頼していたなど，特定の態様の利用行為に対して委託者の拒絶の意志が明らかにされていた場合」や「利用者が過去または今後の使用料を支払おうとし

ない場合，利用者が著作者人格権を侵害する方法による利用を行おうとする場合，著作者の名誉または声望を害する方法（著作権法113条5項）による利用を行おうとする場合等，通常の委託者であれば許諾を望まないと認められる場合」，「天災，地変，自己の過失がない事故など，偶発的な障害事由により許諾業務が行えない場合」（著作権法令研究会［2001］）が想定されており，主に人格権的な理由によるもののみに限定されていると言えよう．「利用者が自らと競合する管理事業者の系列会社に当たるために拒絶する場合」（著作権法令研究会編［2001］）などの経済的な理由は，正当な理由と認められない．許諾拒否の制限が規定される理由として，委託者が最大回数の許諾による最大限の使用料[10]徴収を期待していること，「著作物等は代替性が低い場合が多いことから」（著作権法令研究会編［2001］）許諾拒否が利用者に大きな影響を与えること，が挙げられている．

　使用料規定を超える額の使用料請求の禁止は，著作権等管理事業法13条4項に定められている．この規定は，管理事業者が恣意的に使用料を請求することを防止し，著作物等の利用を円滑にするものであり，「この規定に反して利用者に対し使用料規定に定める額よりも大きい額を請求した場合には，該当超過額分の請求は法的に無効であると解され」る（著作権法令研究会編［2001］）．

　この許諾拒否の制限と使用料規定に基づく使用料請求により，管理事業者に管理委託された著作物は，拒否を伴う完全な許諾権というよりも，報酬請求権に近い形で運営されるといえよう．このため集中管理では，利用者は許諾をほぼ確実に得ることができ，請求される使用料の確定ができるため[11]，事業を始める際の権利処理の費用を確定しリスクを排除することができる．これは利用者にとって大きな利点である．

---

10) これは，許諾1単位に対する使用料が一定であることを前提としている．つまり，この，許諾最大化すなわち使用料最大化という理由は，使用料規定を越える額の使用料請求の禁止を前提にしている．

11) 例外は，①映画への録音（外国作品に限る），②ビデオグラム等（カラオケ用のビデオグラムを除く）への録音（外国作品に限る），③ゲームソフトへの録音，④コマーシャル放送用録音，⑤出版（外国作品に限る）である．この場合も著作権の管理は管理事業者が行っているが，利用者は著作権者と許諾および使用料の交渉を行う必要があり，許諾を得られれば管理事業者に使用料を支払う形となる（安藤［2002a］）．

権利処理に関するリスクは，著作権に関連する事業を行う際の主要なリスクの1つとなっている．実際，このリスクのために成立しない事業も存在しており[12]，利用者が事業計画の段階であきらめるものも多いと思われる．これに対して，関連する権利が著作権のみで管理事業者からのみ許諾を得る場合（図7.1のA-Bの部分）は，そのようなリスクが発生しないため，事業の立案が容易で，事業が興しやすい．事実，90年代以降に成立した通信カラオケや着メロといった新しい音楽著作物の利用は，今まで蓄積してきた多くの著作権に影響力を持つレコード会社などの既存の音楽産業事業者ではなく，外部からの新規参入者が発案し，事業化したものである．

これは，社会全体の厚生という面から考えて報酬請求権が有利であるという池田の主張に合致する．池田は「権利者が財産権のような包括的な差し止め権をもつしくみを財産ルール（property rule）と，事前の差し止め権はなく事後的な賠償責任だけを負うしくみを（不法行為）責任ルール（liability rule）」というCalabresi and Memaled［1972］の区分に準拠し，「財産ルールのもとでは権利者がコピーを禁止することによる機会費用を内部化しないので，絶対的な権利保護を求めるのに対し，責任ルールのもとでは情報の利用者が損害と便益を比較して利用するかどうかを決めることができる」（池田［2003］）ので責任ルールの方が効率的であるとする．

また，このような集中管理の，明示されたルールとしての許諾のあり方を前提として，音楽の集中管理（今までの事例ではJASRAC）では，利用者の新しい形態の著作物利用を黙認しつつ，事業の発展に伴い形成されてくる業界団体と使用料等のルールの交渉を行い，ルールが合意された後に事業開始時まで遡及して請求する，という著作権管理の運用が行われてきた点が指摘できる[13]．これは，管理事業者の使用料協議の相手である利用者代表，つまり業界団体が，ある程度その事業が成熟しないと成立しないという，極めて現実的な事情を反映したものであると考えられる．しかし，当初の猶予と遡及請求という運用は，

---
12) 民放3社が共同で行った，トレソーラと呼ばれるテレビ番組のインターネット配信実験の例（板垣［2002］）を見よ．
13) この慣習は，2001年の著作権等管理事業法施行以前の，著作権ニ関スル仲介業務ニ関スル法律（いわゆる仲介業務法）下で，文化庁の指導もあって定着したものであった（川瀬［2001］）．

新しい形態の著作物利用事業の萌芽期における差止請求訴訟や，事業に見合わない非合理的な使用料の請求などの，権利処理のリスクを大幅に低減した．この結果，課金等のビジネススキームの確立や，収益の予想可能性といった基本的な事業基盤が安定するまでの，一種のインキュベート的な猶予として働いたと思われる．もちろん，利用者には，のちに遡及請求されるリスクが存在するが，これは引当金を積み立てることも可能であるし，事業の実績を前提としての交渉も可能である．このような当初の猶予と遡及請求によって事業が成長した例としては，通信カラオケと，着メロがある．

　通信カラオケとは，電話回線やISDN回線，ブロードバンド回線を使ってMIDI[14]ファイルを中央サーバより送信し，カラオケ店にある端末でそれを演奏する形式のカラオケである．この形式のカラオケは，1992年にゲームソフトメーカーのタイトーが販売を始めたものであるが，新曲が即日もしくは1，2日で歌えるようになること，従来のLDなどによるパッケージカラオケに比べ対応曲数が2〜3万曲と圧倒的に多いこと，設置面積が小さい，パッケージを購入する必要がないため機器の価格が安い，等の利点から，わずか数年で設置カラオケ機器の8割を占めるという，爆発的普及が起こった．

　業務用通信カラオケの使用料体系は，有線送信権と複製権を根拠に[15]，MIDIに関する団体である社団法人音楽電子事業協会（AMEI）とJASRACとの1993年から1997年の，4年にわたる交渉の末に合意されたものである．まず，1996年に，1992年9月30日から1995年9月30日までの3年間の使用料について暫定合意に達した．この3年間の著作権使用料74億円は，1996年末にJASRACに支払われ，JASRACは1997年3月に権利者に分配した（安藤 [1998]）．その後も交渉は続けられ，1997年9月に，サーバにアップしてある曲数に応じて設定される基本使用料と，実際に使用された曲ごとに支払う利用単位使用料の合算という，現在の著作権使用料についての合意が成立した．

---

14) Musical Instruments Digital Interfaceの略語．デジタル電子楽器の演奏情報をやり取りするための世界共通のインターフェイスおよびプロトコル規格．実際の音データではなく，音色や音程などの情報をやり取りし音源を鳴らす仕組みであるため，データ量が少なくてすむ．
15) 有線送信権は1998年より公衆送信権に統合された．また，その後の交渉の中で，JASRACは公衆送信権と複製権を複合的に扱うこととした．最終合意はこの考え方に基づいたものであるとされている．

着メロは，携帯電話の着信音として鳴らす音楽のことである．1996年5月に着メロを内蔵した携帯電話機種が，9月にはユーザがメロディを入力可能な機種が発売されると，それ以降に発売される機種に次々と搭載され標準的な機能になっていった．1999年2月にNTTドコモのパケットデータ通信サービス，iモードのサービスが始まると，99年9月にiモードを使って着メロデータを配信する事業者が現れ，以後，急速に着メロ配信事業は拡大を遂げた．

着メロ配信は，携帯電話キャリアのネットワークを利用した音楽著作物の配信であるが，インターネットでの配信など，ネットワークを用いた公衆送信およびそれにともなう複製により著作物を利用する場合をJASRACはインタラクティブ配信という利用区分で扱っている．インタラクティブ配信の音楽著作権使用料に関するルール作りは，1997年に，日本インターネット協会（IAJ），日本地域プロバイダー協会，日本レコード協会（RIAJ）などの9団体で構成されたネットワーク音楽著作権連絡協議会（NMRC）が，JASRACにルール作りを働きかけることで始まった．その後の交渉を経て，1998年11月に，事業開始から1999年3月31日までの暫定合意[16]が成立し，遡及支払いが行われた．着信メロディ配信の事業開始は1999年6月であるから，そのときすでに暫定合意が使用料規定として存在していた．しかし，暫定合意に従い支払いを行った着信メロディ配信事業者は一部にすぎず，ほとんどの事業者は，当初の1曲100円の想定が実際には1曲30円程度に下がったこと，ダウンロードしたファイルを携帯電話から他の機器への転送，複製ができないことを理由にNMRCを通じての着メロ使用料の交渉を続け，その間の使用料支払いを留保した．交渉の結果，着信メロディを専用のデータ形式で配信することを前提に1曲5円という簡潔な使用料規定が，2000年4月の第二次暫定合意に盛り込まれた．この合意を受けて，着信メロディ配信事業者は，それぞれ，2000年度および2001年度に，事業開始以来の使用料を遡及支払いしている．本格合意は，第二次暫定合意をほぼ踏襲する形で2000年8月に成立した．

結局，使用料ルールが明確で，許諾が法律により保証され報酬請求権的に運

---

[16] 暫定合意に関する詳細はNMRC [1998]，第二次暫定合意はNMRC [1998]，最終合意はJASRAC [2002] を参照のこと．

用されていること，使用料ルールの交渉において事後の遡及支払いというインキュベーション的措置がとられていることにより，音楽著作物の集中管理は，新規事業者が事業を始めることを容易にしている．その結果，個別管理に対して，技術革新や競争促進の面で優れていると結論づけることができよう．

上記のような集中管理の利点は，利用者のみを利するものではなく，権利者にとっても有益である．利用者が技術や市場の変化に応じて迅速に新しい事業を始めることができるため，変化が起こっても総利用料が安定する可能性が高いと考えられる[17]．実際に，2000年度から2003年度のJASRACの使用料徴収額の推移を見ると，最大のシェアを占めるCD等のオーディオディスクの使用料が減少する一方で，着信メロディ配信を中心に複合[18]（通信カラオケとインタラクティブ配信）の使用料が伸び，総額は横ばいとなっている．現在のところ，総使用料規模の拡大にまで至っていないが，消費者側の予算制約が変化する等のことがあれば，それに対応した素早い市場の拡大を可能にするはずである．

表7.1 JASRACの使用料徴収額およびシェアの推移

	2000年度 (千円)	シェア (%)	2001年度 (千円)	シェア (%)	2002年度 (千円)	シェア (%)
オーディオディスク使用料収入	37,749,724	28.58	34,058,766	24.71	30,873,744	22.40
複合使用料収入	7,545,542	5.71	9,315,957	6.76	13,250,111	9.61
うち着信メロディ使用料	(1,227,000)	(0.93)	(3,808,000)	(2.76)	(7,323,820)	(5.31)
ディスク複合使用料合計	45,295,266	34	43,374,723	31	44,123,855	32

出所：JASRAC各年収支計算書，JASRAC広報部への聞き取り調査により筆者作成．

また，一般に集中管理の利点としてよく指摘されるものに，利用者および権利者の取引費用（この場合は使用料徴収にともなうコスト）の節減がある．取引費用とは市場での財の取引にともなうコストであり，その概念を提出したのはコース（Coase）であるが，後年コース自身も引用しているダールマン（Dahlman）の簡潔な定義によれば「検索と情報のコスト，交渉と意思決定のコスト，

---

17) 一種のモジュール化であると考えることもできよう．
18) 複製権と公衆送信権が複合的に関連する利用形態のため，「複合」という名称となっている．

監視と強制のコスト」(Dahlman [1979]) である．利用者はそれぞれの音楽著作物の権利者を調べる必要がなく，JASRAC 等の少数の管理事業者にあたるだけでよいので，検索と情報のコストを大幅に節約できる．また，基本的に許諾が得られ使用料規定も明らかであることから，交渉と意思決定のコストも低くできる．特に権利者にとって有益なのは，監視と強制の部分である．音楽は演奏として利用される場合，利用者も多く，さまざまな場所や時間に利用され，有体物と結びつくこともなく，利用の証拠を把握することは難しい．このような状況から，権利者が直接，利用者に対して利用料の徴収を行うとすると莫大なコストがかかるため，徴収専門の事業者に委託した方がコストの大幅な低減となる．

4．レコード製作者の著作隣接権で集中管理は成立するか

　レコード製作者の著作隣接権では集中管理は用いられず，権利者が個別に権利を管理している．このため，インターネットや IT 技術の発展にともない，音楽業界以外の事業者が，音楽配信など原盤複製物に関連する事業への新規参入を意図しても，集中管理である著作権の場合とは異なり，必ずしも原盤権の所有者から許諾を得られるわけではない[19]．新しい技術や仕組みを市場に出すかどうかは，原盤権を実質的に多く持つレコード会社を中心とした，既存の音楽業界に選択権がある．以下で見るように，2003年までの日本においては，DRM，配信等の新技術，ハードウェアや，ポータル等のインターネットビジネスとの複合や料金徴収体系などといった新しいビジネススキーム等をよりどころに，新規事業者が参入できる可能性はほとんどなかった．

　実際に日本において，メジャーレコード会社の楽曲を配信する目的で新規に参入した事業者は，筆者の知る限り，独立系のミュージック・シーオー・ジェーピー (MCJ) とソフトバンク系のイーズ・ミュージック，Arcstar MUSIC

---

19)　これに加えて，実演家にも送信可能化権があるので実演家からも許諾を得る必要がある．しかし，近年，送信可能化権についてもレコード会社に譲渡するとするレコード会社と実演家の専属契約が増えており (安藤 [2002a])，実演家の送信可能化権についても原盤権所有者から許諾を得る場合が多いと思われる．

& VIDEO を運用する NTTCom の 3 社のみである．このうち，MCJ は，レコード会社の資本こそ入っていないが，大手音楽出版社が一部出資し，設立者も70年代に音楽出版社を設立した音楽業界人であり[20]，音楽業界との強いつながりを持っている．現在，MCJ は，大手音楽出版社等と契約を結び，レコード会社との原盤契約が切れた楽曲を200円程度で提供し，その他インディーズ楽曲やアニメソングなどの音楽配信を行っている．イーズ・ミュージックは1999年12月に設立され1曲100円という料金で注目を集めたが，収益が見込めないとの理由で，実際に事業を始めることなく2001年10月に清算が発表された．Arcstar MUSIC & VIDEO は，2000年11月に事業を開始，レコード会社等にコンテンツオーサリングやDRM，課金・決済システム，カスタマサポートなど，音楽配信に不可欠なバックグラウンドサービスを提供する一方で，サービスを受ける会社のポータルサイトとしても機能する．実際の楽曲の購入は，各レコード会社のサイトで行う形となっており，価格はレコード会社により350円もしくは200円となっている．

　メジャーレコード会社自身が行う楽曲配信は，1999年12月にソニー・ミュージックエンタテインメントが始めたbitmusicが最初である．その後2000年4月に，ソニー・コミュニケーションとレコード会社12社の出資で，課金やDRMの代行を行い，参加レコード会社を横断的に検索可能なポータルを運営するレーベルゲートが設立された．価格は参加各社により独自に決定されるが，当初は1曲350～300円，現在は350～200円である．一方，東芝も，2001年2月，同じような配信業務支援およびポータル，ドゥーブ・ドットコムを，東芝EMI，ワーナーミュージック・ジャパン，ユニバーサル・ミュージックの参加で開始したが，事業計画を達成できなかったとして2003年8月にサービスを停止している．

　消費者は，このような現状に満足しているとは言いがたい．各社とも，音楽配信の売り上げ等を公表していないが，一部事業者の決算などから推測できるように，CD販売に比べるべくもない小さな売り上げであろう．CDシングル

20）　JASRAC と使用料交渉を行ったネットワーク音楽著作権連絡協議会（NMRC）の代表世話人も務めた．

1曲と同じ1曲350円，一部で200円の価格で，パッケージがないことやファイルが消失するリスクを考えると高いと感じられること，専用の再生ソフトのインストールが必要で，認証の要求やコピー回数が制限されるなど，DRMが強すぎて使い勝手が悪いことが要因であると思われる．音楽配信の事業スキームを確立するためには，さらに多くの試行錯誤がなされる必要があろう．

この点，新規事業者が確実に許諾を得られる集中管理が普及すれば，試行錯誤のペースは一気に上がるであろうことは，集中管理のみの許諾で事業が行える通信カラオケや着信メロディなどの（図7.1のA-Bの部分）例から見ても予想できることである．特に音楽配信は，IT技術の進歩の影響を直接受ける分野であるので，さまざまな技術やスキームに自由にチャンスが与えられることが望ましい．しかし著作権と異なり，レコード製作者の著作隣接権に関して，個別管理が行われてきたことにも合理性がある．原盤権の集中管理が可能かどうかは，この点を考慮しなければならないだろう．

レコード製作者が，著作隣接権の管理で個別管理を選択する第1の理由は，広告の外部性にある．大衆消費著作物である音楽は，そのほとんどが娯楽として消費（使用）されるため，消費者は一般に検索に大きなコストをかけることはない．このため音楽の流通は，消費者の生活圏まで著作物を届ける流通網とともに，消費者に著作物の存在を知らせる広告が重要になる．さらに，音楽では楽曲や実演家のイメージを形成するために，綿密に計画された広告が行われる．ところが，広告には外部性が発生する．広告の効果は，広告主の販売する著作物に限定することができない．このため，広告なしで販売を行い，その効果を享受する場合や，販売事業者の独自広告や販売方法が原盤権者の広告の効果（イメージ）に影響を与える場合等が起こりうる．しかし集中管理を行う場合に，広告費の負担を含んだ使用料規定が認められるかと言えば，著作物・著作隣接物利用の対価としての使用料という原則を考えると，困難であろう．また，イメージの相違等が人格権に関連していると認められ，集中管理における許諾拒否の正当な理由に含まれるかどうか，もしくは，広告戦略にのっとった広告を行う事業者のみに許諾するといった許諾の条件設定が法的に認められるかどうかも，また微妙である．

第2の理由は，これは特にネットワークを利用した配信の場合だが，外部配

信事業者のコピープロテクトの質にともなう外部性である．外部配信事業者の配信で違法コピーが行われ，それがネット上に流布するようだと，自社の音楽配信のみならず既存のCD等の流通ルートの売り上げが減る恐れがある．このため，DRMの質が低い事業者を拒否できない集中管理はリスクとなる．

　また，第3の理由としては，上記2つのリスクを補うほどの利点がないことである．著作権に比べると利用者が少ないため，集中管理を行っても取引費用の低減が期待できない．

　ところで，上記2つの外部性の評価は，権利者によって異なる．日本の大手レコード会社で販売を行う原盤権者は，新規参入の配信事業者への許諾を行っておらず，例外なく，これらの外部性が極めて重大なものであると（直感的に）認識していると言えよう．2002年にKDDIが，2003年にVodafoneが開始した，原盤音源を携帯電話にダウンロードして着信音に設定できるサービス「着うた」[21]も，大手レコード会社の共同出資会社が行う配信であり，着メロのように外部配信事業者が許諾を得て自由に配信を行うモデルとは異なる．

　これに対してアメリカの権利者は，徐々にではあるが，音楽業界以外から新規参入した複数の配信事業者に許諾を与えるようになっている．Napsterの爆発的な普及をうけて，大手レコード会社が音楽配信事業を始めた2001年には，日本と同じく権利者が大手レコード会社の合弁会社の音楽配信事業のみに許諾を行うのではないかとの疑念をもたれ，これら合弁会社2社が司法省の独占禁止法違反捜査対象となった（Department of Justice [2003]）こともあった．しかし，事業が伸び悩んだことから，有力な外部事業者に許諾を行うようになり，あまつさえ，合弁会社の1つは，ソフトウェア会社のRoxioに売却されてしまった．このような状況で，2003年4月にApple Computer社が始めた音楽配信事業，iTunes Music Storeは5大レーベルすべてから許諾を受け，99セントの低価格と，PCとポータブル再生機を統合した再生環境を形成することにより，かつてない量の販売を行い，音楽配信の新たなビジネスモデルを確立した[22]．このような結果から見れば，アメリカの原盤権者は，広告の外部性や

---

21) 「着うた」の事業化は，着メロの爆発的な市場拡大に触発されたものである．原盤権を利用しない着メロでは，原盤権者に使用料が支払われることがないため，レコード会社などの原盤権者はその恩恵を受けることができなかった．

DRMの信頼性の影響を日本の原盤権者やレコード会社ほどに，大きく評価していないと言えよう[23]．

しかし，評価の多少はあっても，権利者にとって広告の外部性やDRMの外部性の影響を上回る利点がないことには変わりなく，原盤権に関しては，権利者は個別管理を選択する．ただし，このような権利者の評価に，新規参入による競争や，それにともない技術進歩の速度を速めるなどの，集中管理によって確実に得られる社会的な効用は含まれていないことには注意を要する．そして個別管理であっても，より集中管理に近い許諾である，複数許諾を行った方が，競争や技術進歩を確保でき望ましい．信頼できる外部事業者に対して許諾を行えば，重大な外部性の影響はでないということは，今までのところ，アメリカにおいて実証されていると言えるだろう．

一方で，上記の外部性が完全になくなった楽曲，つまり実演家が活動を停止していて，レコードでの販売も終了している原盤については，集中管理を行う意義がある．これは，単に外部性が存在しないからという理由だけでなく，最低製造数の投資をともなうレコードでは発売できない，マイナーな楽曲の利用を促進し，レファレンスを形成するという文化的な意義が指摘できる．

5．ファイル交換と集中管理

レコード製作者に著作隣接権が認められているのは，原盤制作に相対的に多額のコストがかかるためであるが，原盤制作を投資と捉えれば，レコード会社等，音楽事業関係者の収益ではなく，原盤権者への収益（使用料）の規模によって新しい音楽を制作する量が決まると言えよう．つまり，使用料をいかに確保すべきか，というところに帰着する．原盤権の使用料徴収方法には，既存の流通上のボトルネックに依存する方式に加えて，集中管理を前提とした消費者から直接徴収する方式も考えられる．ファイル交換の引き起こした問題は，消

---

22) ただし，Appleは，音楽配信単体ではわずかな赤字で，ポータブル再生機の販売で利益をあげている．また，長期的にも，音楽配信が多額の利益を生み出すとは考えていない（ZDNet [2003]）．
23) 外部への許諾は，外部性による損失の評価だけではなく，ファイル交換による機会損失など，他の要素と外部性損失との比較の結果，行われている可能性がある．

費者が著作物の利用者になったことに原因がある．消費者を利用者と認め，使用料徴収のスキームを作れるかどうかで，ファイル交換は合法にも，非合法にもなりうる．現時点では，既存の流通事業者を介して使用料を消費者より徴収するというビジネススキームが当然とされ，消費者を利用者として認め，消費者から使用料を徴収するというスキームは，考慮の機会を与えられていない．

　流通のボトルネックに依存する使用料徴収は，有体財による著作物の流通の中で必然として形成されてきたものである．パッケージによる音楽著作物の流通の場合は，有体財を購入しなければ著作物を使用できないという，消費者が逃れられないボトルネックが必然的に存在する．このため，物流のコストにほとんど加算することなく，監視と強制が達成され，使用料を含んだ料金を消費者から確実に徴収することができる．したがって，権利者はパッケージの流通を行うレコード会社等，ボトルネックを支配する事業者に使用料徴収をしてもらうことが，監視と強制のコストを最小にする方法である．通信カラオケや，携帯電話を使った着メロ配信も，サーバやキャリアの存在によるボトルネック方式であり，集中管理により新規参入が可能であることによって，変化する技術や市場の中でボトルネックをより素早く発見できた事例であると理解できる．しかし，インターネットを使った配信では全く状況が異なる．流通の過程に必然的なボトルネックが存在しないため，事業者がコストをかけて意図的にボトルネックを形成する必要がある．この意図的なボトルネックがDRMにほかならない．

　これに対して集中管理による消費者からの使用料徴収とは，ボトルネックの形成を行わず，消費者を権利の利用者と認め，ファイル交換等，消費者間の複製による流通を認めたうえで，複製権や送信可能化権に対応する使用料を，管理事業者が直接消費者から徴収する方法である．徴収は，各消費者の利用状況の詳細な把握ではコストがかかるため，一定料金による包括契約方式，利用サンプルに基づいた使用料分配となろう．

　ボトルネック方式下で集中管理の障害となっていた外部性は，ファイル交換を前提とすると，全く異なった状況となる．第1に，独占的な流通事業者が広告を行い，外部性を内部化するという手法は，流通と使用料徴収を分割することで成立しえなくなる．広告は独占的流通事業者が行うのではなく，原盤権者

が先の収益を見越して，広告会社に広告料を支払って依頼する形となろう．現在も行われている共同原盤の形式で，タイアップなどの有力な広告が可能な事業者を原盤権者とし，原盤権者自ら広告を行う形式もこの中に含まれる．第2に，DRM が破られる可能性に関しては，ファイル交換のもとでは，DRM は必要とされないので，全く存在しなくなる．

このスキームは現在のところ存在していないので，その実現性が問われるが，その実現可能性をうかがわせる，いくつかの傍証がすでに存在する．

第1に，JASRAC が実際に個人を対象に著作権使用料の徴収を行っている例がある．これは，インタラクティブ配信の非商用配信という規定で，個人がホームページ上で，JASRAC 管理の楽曲の MIDI 等を制作して，演奏や，ダウンロードさせる場合を想定し，年額10,000円の使用料を徴収している．JASRAC では，クレジットカード支払いや郵便局，コンビニエンスストアでの支払いに対応するなど，個人の支払いを容易にする手段を用意している．また，次善の策として，プロバイダ利用料金や PC の価格に上乗せすることによる徴収も考えられる．第2に，ファイル交換を利用していた個人の逮捕や，訴訟が起こっていることである．これは，現行の技術，法律のもとで，ファイル交換を行っている個人の監視，すなわち利用状況の記録や身元特定ができ，法による強制が行えることを示している．第3に，著作権等管理事業法は，このスキームの実現を保証している．ファイル交換以前は，直接権利に関連する行為を行う利用者と，権利の制限のもとで許諾を必要としない消費者に分かれていて，利用者のみが集中管理団体と交渉し，使用料の支払いを行ってきた．しかし，インターネット上の通信，特にファイル交換では，消費者であっても権利に関わる行為を行うことになり，利用者として著作権に関わることになる．もし，消費者の団体が，原盤権の有力な管理事業者に交渉を申し入れたら，管理事業法に基づき，管理事業者は協議に応じ使用料規定を作り，許諾を行う必要がでてくる．このような事実から，現状の法，技術でも，集中管理による消費者からの使用料徴収の実現性は十分にあると考えられる．

原盤権の集中管理に基づく，消費者からの使用料徴収の利点は決して小さくない．最大の利点は，ファイル交換を合法化しその可能性を生かす点である．旧 Napster やそれ以後の各種ファイル交換ソフトの爆発的な普及は，レコー

ド会社等が行う配信事業の伸び悩みと対象的である（表7.2参照）．ファイル交換が普及した要因として，価格がゼロで，原盤複製物の「需要の価格弾力性がきわめて高いこと」（池田［2003］）があるのは明らかであるが，それに加えて，パッケージ流通やDRMを使った音楽配信よりも，はるかに容易に多様な音楽を検索し，入手し，聞くことが可能で，消費者にとって使い勝手が良かったことも重要な要因である，と考えられる．消費者の負担する取引費用が極めて少なく，この点で，消費者にとって，レコード会社等の流通事業者が行う流通よりもファイル交換を使った流通の方が優れていたと言えよう．集中管理方式ではこの利点をそのまま生かして，使用料の確保を可能にする．

第2の利点は，流通の技術と使用料の徴収が完全に切り離されている点である．このスキームのもとでは，権利の許諾に制限されることなく自由な流通技術の開発が可能になる．第3に，ローマー（Romer［2002］）や池田が検討している税金を使った買い取り，報奨制度より公平である．税金を使った場合は，音楽を聴かない人にも負担を強いることになるのに対して，集中管理による徴収では実際に音楽を使用する人から徴収を行う．

原盤権者にとって，流通事業者のボトルネックによる使用料徴収方式と，集中管理による使用料徴収方式のどちらを選択するかは，どちらの利益が多いかによる．集中管理でも，消費者との交渉により通常の販売方式（ボトルネック方式）と同額の使用料が徴収できるような使用料規定が設定できると仮定すると，利益は徴収にかかるコストの多少によることになる．インターネット上のみに限れば，このコストは以下のように整理できよう．

ボトルネック方式：DRMのコスト＋流通に関連する組織を維持するコスト
集中管理方式：（未徴収率×使用料単位）＋ファイル交換の監視，請求のためのコスト＋管理団体を維持するコスト

集中管理方式における監視や請求も結局，コンピュータとネットワークを前提としたDRMであるが，ボトルネック方式が使用させない事前のDRMであるのに対して，集中管理方式のDRMは請求と請求に応じない場合の強制をともなう事後のDRMと言えよう．パッケージ流通においては，著作物を消費者に送り届ける物流が必須であり，物流にボトルネックが必然的に存在するため，

ボトルネックを構築するコストはゼロで,明らかにボトルネック方式が安かった.しかし,インターネット配信では,どちらが安いかは一概に言えない.技術の発展によりボトルネック方式ではDRMコスト,集中管理方式でも未徴収率や監視,請求のコストなどが影響を受ける.したがって,どちらが選択されるかは今後の技術動向による.

6. おわりに

本章では,著作権等管理事業法のもとでの著作権の集中管理によって実現される,権利の実質的な報酬請求権化,インキュベート的猶予,ファイル交換を合法化する可能性等を指摘してきたが,集中管理には克服すべき問題も多い.以下で簡潔に整理しておく.

第1は,集中管理方式が業界団体の存在を基礎にしていることである.使用料の決定に関しては業界団体と管理事業者が交渉を行い,使用料の徴収や分配も業界団体を通じて行われる場合が多い.ここで不公正な取引が行われないように,注意が必要となる.特に,使用料の徴収,分配を行う業界団体への自由な加入,脱退が保証されることは重要である.このような団体を通じた使用料のやりとりは取引費用削減のためのものであると考えられるが,IT等,技術の進展によっては,それが最善とはならない場合も予想される.また,業界団体の機能が高まりすぎると業界内部の論理が強まり,新しい形態の事業を興しにくくなることも考えられよう.業界団体を通じた使用料の徴収,分配は,次善の措置であり,常に権利者に直接支払う仕組みが考慮されるべきであろう.

第2に,使用料規定や管理事業者の管理手数料の問題である.長期間の交渉によって決定されるため,使用料や手数料の変更が困難になる.このため,かつて規定された演奏権徴収の赤字を,新しく決定された通信カラオケの手数料で補う(安藤[1998])といったことが起きる.このような状況は,資源配分をゆがめるだけではなく,管理事業者間の競争においてクリームスキミングが起こる原因ともなる.実際の小売の動向を反映するためにも,制度としての安定性に配慮しつつ,一定の期間ごとに使用料や手数料の変更を行うことも考えられよう.また,使用料等の交渉においては,既存の使用料規定をベースに交渉

が行われているが，社会的厚生や弾力性等の分析を踏まえた科学的根拠に基づく使用料の決定が望ましい．

第3に，著作権等管理事業法の施行により導入された管理事業者間の競争の問題である．管理事業者が複数存在すると，利用者は競争の恩恵を受けると同時に，取引費用の増大も負担する．楽曲の検索や使用料規定交渉，支払いなど，仲介業務法下ではJASRAC 1団体のみですんだことが，複数の事業者に対して行わなければならなくなる．検索については，文化庁が統一の検索システムを構築中であるが，取引費用の増大を税金で賄ったという側面も否定できない．また，著作権管理事業は，利用者や権利者の登録や請求，分配システム，インターネット上の監視システム，演奏権等の請求では全国的な支店網，などの固定費用部分が相対的に大きく，管理する著作物を増やした場合，もしくは利用者，権利者を増やした場合の限界費用は相対的に小さいと考えられ，自然独占的な費用構造であると思われる．このため，実際に複数の管理事業者によって競争が成立するか，その競争に経済的合理性があるかは，微妙である．コンテスタビリティ理論から考えても，サンクコストが存在すると思われるので，市場がコンテスタブル（潜在競争可能）とは言えない．管理事業法の成立過程では，自然独占性を認識しつつ[24]，著作者の選択の自由を確保するために複数の管理事業者の存在を妨げないという認識（著作権審議会権利の集中管理小委員会専門部会 [2000]）がなされている．実際の競争を意図するなら，利用者の負担を減じる共通のインターフェイスの構築の義務化，権利者が管理事業者の情報を得るための格付け等の第三者評価，徴収実績数や徴収率，管理費用等の情報開示の義務づけ，等の措置が必要であるように思われる．

このような問題にかかわらず，著作権集中管理の可能性は少なくない．音楽以外の著作物でも，著作物を有体物と結びつけることによって形成されるボトルネックが，技術の進歩，インターネットの普及にともない，成立しない領域が出現しつつある．そういった領域の拡大にともない，監視，強制を代理で行

---

[24] 「ドイツ，フランス等における歴史的経緯に照らしても，集中管理団体は単一化やそれに準ずる方向へ推移してきた事実があり，今後規制緩和を行った場合でもなお，分野によっては独占的な状態が維持されることも十分予想され」（著作権審議会権利の集中管理小委員会専門部会 [1999]）るという認識が示されている．

う集中管理の範囲と意義は高まろう．これからの著作権に関連する問題を考えるうえで，集中管理に関する研究は，重要である．

表7.2　音楽配信の動向

年	月	事　　柄
1993		このころ JEMSA（AMEI の前身）が JASRAC と通信カラオケの交渉を始める
1996	1	
	2	
	3	
	4	
	5	
	6	
	7	AMEI と JASRAC，通信カラオケの著作権使用料規程，暫定合意（〜1995年9月30日までの使用料）
	8	
	9	伊藤忠商事，ホリプロ，インプレスなどの出資でミュージック・シーオー・ジェーピー（以下 MCJ）設立 日本国内初の着信メロディ入力可能な携帯電話機種発売
	10	
	11	
	12	
1997	1	
	2	
	3	
	4	MCJ がライブなどの独自楽曲の有料配信開始．DRM は NTT の TwinVQ．月会費1,500円
	5	MCJ が DRM に Liquid Audio 社製の Liquid Audio も加える
	6	
	7	
	8	9つの業界団体からなるネットワーク音楽著作権連絡協議会（NMRC）が発足
	9	NMRC が JASRAC へネットワーク音楽著作権問題の定期的な協議を申し入れ AMEI と JASRAC，通信カラオケの著作権使用料規程，本格合意
	10	
	11	
	12	
1998	1	
	2	
	3	
	4	MCJ が楽曲確保困難のため配信支援サービス事業を開始
	5	
	6	
	7	双葉社発行『ケータイ着メロドレミ BOOK』（着メロ入力本）がベストセラー
	8	

	9	
	10	
	11	JASRAC と NMRC，ネットワーク上での有料の音楽利用に関する著作権使用料暫定合意（1999年3月31日まで）
	12	
1999	1	米：ボストンの Northeastern University の学生シャウン・ファニング（Shawn Fanning）氏が Napster を開発
	2	NTT ドコモが i モードサービスを開始
	3	JASRAC と NMRC が暫定合意を2000年3月31日まで延長
	4	
	5	
	6	ギガネットワークスが着信メロディ用スコアのテスト配信を開始
	7	
	8	
	9	ギガネットワークスが着信メロディ用スコア配信の有料化 MCJ が MP3 を使った有料音楽配信を開始
	10	
	11	米：この月の Napster のダウンロード100万件に達する
	12	ギガネットワークスが着信メロディデータの配信サービスを開始 ソフトバンクが1曲100円の有料音楽配信を目的にイーズ・ミュージックを設立 米：一部原告が北カリフォルニア地裁に Napster の差止請求 ソニー・ミュージックエンタテイメントが邦楽新譜 CD シングルの有料音楽配信「bit-music」を開始．1曲350円．DRM は MS 社 WMT と IBM 社 EMMS
2000	1	
	2	
	3	MCJ が中堅レコード会社アルファミュージックと楽曲の独占配信契約
	4	JASRAC と NMRC が著作権使用料第二次暫定合意（9月30日まで）．試聴および携帯着信メロディ規程加わる ソニー・コミュニケーションズが子会社として，配信業務支援およびポータルのレーベルゲート設立 MCJ が大手音楽出版社シンコーミュージックと楽曲の独占配信契約
	5	
	6	
	7	MCJ が大手音楽出版社の渡辺音楽出版と配信契約 米：この月の Napster のダウンロード2,000万件に達する
	8	JASRAC と NMRC がネットワーク上での有料の音楽利用に関する著作権使用料本格合意 米：北カリフォルニア地裁が Napster サービスの暫定差止命令
	9	
	10	
	11	
	12	NTTcom が配信業務支援およびポータルの Arcstar MUSIC & VIDEO を開始
2001	1	
	2	東芝が100%子会社ドゥーブ・ドットコムを設立し，配信業務支援およびポータル運営事業を開始
	3	米：Napster サービスの一部差止確定

	4	
	5	
	6	
	7	
	8	ドゥーブ・ドットコム，MCJ，レーベルゲートがIBM社EMMS方式のプレイヤーソフトを共同採用
		米：司法省がメジャーレコード合弁会社Pressplay, MusicNetを独禁法違反で捜査開始
	9	
	10	著作権等管理事業法施行
		ソフトバンクがイーズ・ミュージックの清算を決定
	11	
	12	
2002	1	
	2	
	3	
	4	
	5	
	6	
	7	
	8	レーベルゲートがDRMにソニーのレーベルゲートMQ方式での配信を開始，順次IBM社EMMS, MS社WMTから切り替え
	9	
	10	
	11	KDDIがCD音源を携帯電話にダウンロードして着信音に設定できるサービス「着うた」を開始
	12	
2003	1	
	2	
	3	
	4	米：Apple Computerがメジャーレコード会社の楽曲を含む音楽配信事業「iTunes Music Store」を開始
	5	米：SonyとUniversalの合弁会社Pressplayを，ソフトウェア会社Roxioが買収
	6	
	7	
	8	ドゥーブ・ドットコムが有料音楽配信サイトサービスを終了
	9	
	10	
	11	Vodafoneが着うたサービスを開始
	12	米：司法省がメジャーレコード合弁会社Pressplay, MusicNetの独禁法違反捜査終了

出所：各社報道発表資料，報道などから筆者作成．

第8章　インセンティブ論の経営学：
音楽著作物生産の協働体系

服部　基宏

1．はじめに

　本章の目的は，昨今のメディア環境における音楽著作物の生産[1]に関する諸問題を，経営学におけるインセンティブという概念を軸にして検討することにある．

　メディア環境のデジタル化・ネットワーク化により，パッケージメディアの制約を越えた音楽著作物の生産形態が登場し，簡単に低コストで著作物の複製や発信が可能となった．これにより，レコード会社を中心とした伝統的な楽曲の生産形態が揺らぎはじめている．レコード会社の収益モデルは，CDやレコードなどのパッケージメディアに音源を固定し，その音源に関わる著作権を保護する法制度と，音源の複製や流通に関わる技術や資産などのリソースをレコード会社が支配的に有することを前提に成立していた．しかし，ナップスター（Napster）に代表されるような，インターネット上でのオンライン・スワッピングを可能とする技術の登場や，そこに蔓延するいわゆる海賊版や違法コピーなどにより，そのような前提条件が成り立たなくなってきた．

　楽曲のような著作物はそもそも公共財的な特性を持っており，インターネットのようなデジタル化・ネットワーク化したメディアでは，著作物の複製や流通に関わる限界費用がほとんどゼロになってしまう．そこで，市場競争のもとでは価格がゼロになるまで，値下げ競争が継続することを指摘する論者も多い

---
[1]　一般的に音楽業界の慣習では，著作物に関わる事業企画や資金調達などの活動を「製作」，実際に著作物の創造に関わる活動を「制作」と言うが，本章における「生産」はこれら双方を含むものとしている．

(Dyson [1997], Shapiro and Varian [1998])．例を挙げると，百科事典市場で強力なブランドと独自の訪問販売ルートによる圧倒的な地位を築いてきた『ブリタニカ百科事典』は，当初は年間2,000ドルの定期購読料でオンラインサービスを提供していたが，マイクロソフトによる CD-ROM 版の百科事典『エンカルタ』やインターネットを使った同様の辞典を販売する競合他社からの激烈な競争価格によって，数年間で約20分の1の価格に下落することになったという事例がある．

　このような状況に反応して，レコード会社やアーティスト達は自らの収益を確保するために，公衆送信権や送信可能化権のような新しいメディアに合わせた権利の構築に積極的に働きかけることや，アメリカにおけるナップスターへの訴訟のように違法コピーに対する法的措置をとるなど努力をしている．たとえば，全米レコード協会（RIAA）や，メタリカ（Metallica）そしてドクター・ドレ（Dr. Dre）らは，無料でオンライン・スワッピングを提供しているナップスターに対して著作権侵害のかどで訴訟を起こした．また，多数のアーティストが参加する楽曲の海賊行為の撲滅を目指す新組織「Artists Against Piracy（AAP）」が設立され，オンライン上の海賊行為のキャンペーンを行っている．さらに，いくつかのレコード会社がインターネットを利用した音楽配信を開始するなど新しい収益モデル構築の模索もなされている．しかし，依然として世界各国におけるレコード会社の業績はここ数年後退しており，レコード会社やアーティスト達の危機感はさらに強まっている．このような危機感の背景には，レコードなどのパッケージメディアを中心とした楽曲からの収益が確保できなければ，著作物の生産活動に関わる人達への経済的なインセンティブが提供できなくなり，その結果として音楽産業が衰退するという問題意識がある．

　その一方で，メディア環境の変化によって音楽著作物の生産者の活動機会が増えているという積極的な一面もある．アーティスト達はレコード会社に依存しないで，独自で楽曲を発表する手段を獲得した．これまでアーティストが音楽を消費者に向けて発信する主な手段は，実演するか，楽曲をパッケージ化して流通させるしかなかったが，インターネットを利用すればレコード会社によるパッケージ流通に頼らなくても自分達の楽曲をノンパッケージのまま流通

させることが可能である．これまでレコード会社と契約を結べなかったアーティスト達も，インターネット上でのオンライン・スワッピングを使うことにより低コストで簡単に世界中に向けて楽曲を発信する機会を得ることができる．また，すでにレコード会社と契約しているアラニス・モリセット（Alanis Morissette）やリンプ・ビズギット（Limpbizkit）のようなメジャー・アーティスト達も，インターネット配信やオンライン・スワッピングを用いて消費者に向けて無償で楽曲を提供している．アラニス・モリセットは，オンラインサービスに友好的な態度を示しており，インターネットを利用したリスナーとのコミュニティを作っていく姿勢を明らかにしている．彼女のような著作物の生産者には，自分の作品を広く聞いてもらえることやファンとの直接的なコミュニケーションがとれることなど，経済的価値とは異なるインセンティブも働いていると考えられる．音楽などの著作物の生産に関わる人々のインセンティブは極めて多様であり，自費で自らの作品を公開し経済的な収益を目的としないようなアーティストの活動はさほど稀なものではない．

このように，昨今のメディア環境は，レコード会社を中心とする既存の収益モデルの維持を困難にさせている反面で，音楽著作物の生産に関わる人達に対して多様なインセンティブを提供できる可能性を増やすという状況をもたらした．これらに共通する問題を考えると，新しいメディア環境下においてどのようにすれば多様で潤沢な音楽著作物の生産が今後も可能だろうか，という基本的な問いが導かれる．そして，このような問いを検討するうえでインセンティブという概念が有効な視点を提供する．

経営学においてインセンティブという概念は，一般的に「ある組織がそのメンバーによる組織目標への貢献を引き出すために提供する報酬」という意味で使われる．ここでいう組織とは企業だけではなく，学校，宗教団体，ボランティア組織や政治結社のようなものも含めて多様である．組織の構造についても，官僚組織のような高度に専門化されたものだけではなく，仲間内のサークル活動のような緩やかな組織を含む．

経営学におけるインセンティブの研究では，組織のメンバーにどのようなインセンティブを提供すればメンバー達の活動の意欲が上がり，生産性が向上できるのかが共通した関心事項である．インセンティブの内容は賃金のような経

済的報酬だけでなく，地位や役職，評判や名声，人間関係，さらには自己実現に至るまで実に多様とされている．このように多様であいまいな概念は分析や操作が困難であるという難点を持つが，経営学におけるインセンティブの研究の1つの特徴は，インセンティブの源となる人間観をあえて一元的なものと仮定せず，多面的な側面から活動の意味や人間の欲求を探求することによって，現場のリアリティにより接近しようとすることである．

このような視点においては，経済的インセンティブのみを過度に追求するような一元的な人間像や組織像の問い直しが要求され，多様な欲求を持った音楽の生産者達のリアリティに目を向けることが迫られる．言い換えると，人々が持つ多様な欲求に適合したインセンティブの設計と，それによる組織化を模索することが論点になるのである．

節をあらためて，インセンティブに関するいくつかの研究をふりかえりながら，新しいメディア環境における音楽著作物の生産に関する諸問題を検討していこう．

2．バーナードのインセンティブ理論

自らが企業の経営者でもあり，ウェーバー（Weber）やパーソンズ（Parsons）などの社会理論をふまえて組織の研究を行ったバーナード（Barnard）は，一般的にわれわれが組織と認識しているような「教会，政党，友愛団体，政府，軍隊，企業，学校，そして家庭」などの概念を抽象化して協働体系と呼んだ（Barnard [1938]）．そして，協働体系を「少なくとも1つの明確な目的のために2人以上の人々が協働することによって，特殊な体系的関係にある，物的，生物的，個人的，社会的構成要素の複合体である」と定義した．すなわち協働体系とは，何らかの目的のために組織化している人，物，金，情報，そしてエネルギーなどの要素の集合体であり，それらの相互作用の集まりである．ここで注意すべきことは，たとえば企業を協働体系としてみた場合は，その人的要素は企業の社員だけではないことである．企業とわれわれが呼ぶときには，一般的にその企業の社員の集まりを想像するであろう．しかし，バーナードの協働体系の概念によればそうではない．この企業の目的がある財を販売して利

益をあげることだとすれば，その協働体系を構成する人的要素は，当該企業の社員だけではなく，顧客，投資家，そして供給業者など，その目的を達成するためのメンバーすべてがその体系の参加者になるのである．バーナードの経営学の1つの特徴は，企業などの特定の組織を分析する際に，企業という固定された枠組みにとどまらず，その目的を達成するための構成要素すべてを協働のシステムとみなして扱うことである．

　協働体系のすべてに存在し，その中心的な構成要素が公式組織である．バーナードは，これを「2人以上の人々の意識的に調整された諸活動や諸力の一体系」と定義する．公式組織という概念においては，人そのものよりも人が提供する諸活動や諸力に着目していることが重要である．具体的に音楽著作物の生産を考えてみると，公式組織においては，楽曲の生産の目的のために集まっている人そのものを対象に組織を検討するのではく，その人達が提供する作詞，作曲活動，あるいは演奏活動などの諸活動に注目するのである．たとえば，ある組織にどれだけ優秀なアーティストが大勢いても，単に彼ら彼女らが参加しているというだけでは楽曲は生産できない．その組織がその人達の音楽生産の諸活動を引き出すことができなければ，音楽の生産という組織の目的は達成できないのである．そのように考えると，諸活動や諸力は公式組織の最も重要な要素であり，公式組織の中心的機能はそこに参加する人々の諸活動や諸力を引き出すようなメカニズムであることがわかるであろう．

　バーナードは公式組織の成立条件として，メンバーの諸活動や諸力を方向づける共通目的，メンバーの諸活動や諸力を調整するためのコミュニケーション，そしてメンバーが諸活動や諸力を提供しようという貢献意欲の3要素があると主張している．さらに公式組織が存続するためには，共通目的の達成のための有効性と能率が条件になるという．有効性とは公式組織の目的達成の程度を指し，能率とはメンバーに対し公式組織によってメンバーが十分な貢献を行うだけのインセンティブが提供されているかどうかの程度のことを言う．バーナードにおける組織と経営者の役割は，メンバーの諸活動や諸力を目的達成のために調整すること，すなわち，先に挙げた公式組織の3つの成立条件と2つの存続条件を調整し維持することによって協働体系を実現させることであった．ゆえに，バーナードは公式組織の本質的な要素は「人々が快くそれぞれの努力を

協働体系へ貢献しようとする意欲である」と述べ，特にインセンティブの重要性を唱えたのだ．

　「協働の力は，たとえ人数が多くても未組織の人々の力と比べれば驚くほど大きいけれども，結局のところ，個人の協働しようとする意欲と協働体系に努力を貢献しようとする意欲とに依存している．組織のエネルギーを形づくる個人的努力の貢献は，誘因によって人々が提供するものである．自己保存や自己満足というような利己的動機は支配的な力をもっているから，一般に組織は，これらの動機を満足させうるときにのみ，もしそれができなければ，こんどはこれらの動機を変更しうるときにのみ，存続しうるのである．個人はつねに組織における基本的な戦略的要因である．個人の来歴または義務にかかわりなく，個人は協働するように誘因されなければならない．そうでなければ，協働はありえないのである」（山本・田杉・飯野訳［1968］）

　このような理論的前提からバーナードが定式化したのが「インセンティブ―貢献」理論である．公式組織の諸活動や諸力を行うメンバー達は，公式組織から与えられるインセンティブと自分達が公式組織に提供する貢献とを比較し，インセンティブが貢献よりも大きいと感じられたときに公式組織に貢献をする．だが，インセンティブが貢献よりも小さいと感じられた場合にはメンバーは公式組織を立ち去る．すなわち，

インセンティブ ＞ 貢献

という図式がメンバーの頭の中で成立しているときにのみ，公式組織のメンバーは貢献を行う．このように組織と関わりを持つ人々が参加する公式組織においてはメンバーに対する適切なインセンティブの設計が欠かせないのである．
　インセンティブは欲求や動機づけという概念とセットで考えるとわかりやすい．欲求とは睡眠や食欲など人間の行動の源泉であり，動機づけとは活動に対する意欲を指す．人間はさまざまな欲求を充足させるために行動するが，組織がそれらの欲求に適合したインセンティブを提供することにより，組織のメン

バーの貢献の意欲が高まる．これを動機づけられている状態という．

　ここでバーナードのインセンティブの概念の特徴を理解するために，マズロー（Maslow）による人間の欲求に関する研究を検討しておこう．マズローは，人間の欲求は5つに分けることができると主張する．これらの欲求は低次元のものから高次元のものへ階層をなしており，ある低次元の欲求が満たされるとその欲求は飽和し，欲求は次の高次の段階の欲求へと上っていくとした．また，欲求は人間の成長のプロセスに関わりがあり，良い社会とは最高次の自己実現の欲求を満たすことにより，人間にとって最高の目的の出現を可能にするものであると主張する（Maslow［1954］）．マズローの欲求の階層をまとめると図8.1のようになる．マズローの「欲求段解説」は，特に欲求の階層性に関する実証性の弱さが指摘されているが，人間には多様な欲求が存在することを確認するうえでは有効である．

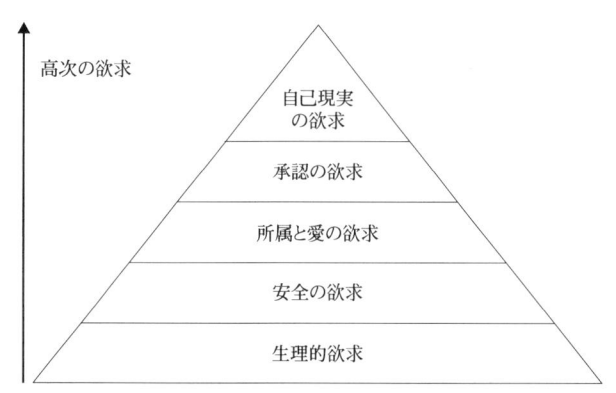

図8.1　マズローの欲求段階説

高次の欲求

自己現実の欲求
承認の欲求
所属と愛の欲求
安全の欲求
生理的欲求

出所：Maslow［1954］より筆者が作成．

① 生理的欲求：睡眠や食欲，性的欲求
② 安全の欲求：安全，安定，依存，保護，恐怖・不安・混乱からの自由，構造・秩序・法・制限を求める欲求
③ 所属と愛の欲求：集団性や親密さ，接触，愛情や友情の欲求，疎外感・孤独感・違和感・孤立感などを克服したいという欲求

④承認の欲求：自己に対する評価，他者からの承認，評判や名声，自己尊厳，熟練と能力，達成感への欲求
⑤自己実現の欲求：自分が適していることをし，なりえるものにならなければならない，本性に忠実でなければならないといった欲求

このような欲求の多様性を理解したうえで，もう一度バーナードのインセンティブの研究をふりかえろう．バーナードはインセンティブの内容をまず客観的側面と主観的側面の2つに分類した．客観的側面のインセンティブは物財や貨幣のような客観的に存在しているインセンティブであり，作業時間や作業環境のようなものも含まれる．一方，組織がこのような客観的側面のインセンティブを提供できない場合は，その人の持つ心的状態，態度，あるいは動機を変えることにより，利用可能な客観的インセンティブを効果的にすることを主観的側面のインセンティブとした．客観的側面のインセンティブは特殊的インセンティブと一般的インセンティブに分類できる．それらを列記と以下のようになる．

特殊的インセンティブ
①物質的なインセンティブ：貨幣，物
②個人的で非物質的な機会：優越，威信，個人勢力および支配的地位獲得の機会
③好ましい物的条件：作業条件
④理想の恩恵：働くものの誇り，適性感，家族または他の者のための利他主義的奉仕，愛国主義などにおける組織への忠誠，美的ならびに宗教的感情

一般的インセンティブ
①社会結合上の魅力：社会的調和（人種間の敵意，階級間の対立，国民間の敵対は協働を妨げる要因となる）
②状況の習慣的なやり方と態度への適合：組織に見られる一般的なならわし（不慣れな方法や場違いな状態では協働することが困難である）

③広い参加の機会：組織の活動に広く参加しているという感情を満たす機会，自分のことを有用で有効とみなす組織との結合
④心的交流の状態：仲間意識や相互扶助の機会

　さらに，バーナードは，組織形態が異なるとインセンティブを効果的に提供する方法が異なると主張している．客観的なインセンティブを効果的に提供することをインセンティブの方法，主観的なインセンティブを効果的に提供することを説得の方法と言う．企業などの商業組織においてはインセンティブの方法の側面が有効であり，宗教組織や政治組織においては説得の方法の側面が有効である．

　ここまで見てきたような理論を前提として，本論の主題である音楽著作物の生産の諸問題を読み解くと，以下のような視座を得ることができるであろう．
　第1に，音楽の生産という現象を協働体系や公式組織という視点から捉えることの有効性である．これにより，企業組織を中心とした音楽生産だけでなく，音楽の生産を目的とするあらゆる組織的行為が分析の対象となる．この考え方に従えば，冒頭で触れたアラニス・モリセットの音楽活動は，1つの側面では，レコード会社などの企業を含むCD販売による営利目的の音楽生産を目的とする協働体系に参加しているが，別の側面では，アーティストがファンとのコミュニティに対して無償で音楽を生産し提供するような非営利の音楽生産を目的とする協働体系に参加していると理解できる．ここで注意すべき点は，そのような協働体系における参加者は，アーティストや企業だけでなく，消費者など生産をめぐるすべての人である．また，それらの参加者は，同時に異なる協働体系に属することもあり，ある協働体系に固定されているものではないということである．
　そして第2に，バーナードの理論から明らかなように，そのような参加者の貢献を引き出すためには適切なインセンティブの設計が重要である．そのインセンティブは人間の欲求に合わせて多様であり，音楽著作物の生産を確保するためには，経済的インセンティブのみならず賞賛や理想といったような多様なインセンティブを提供することが必要である．バーナードは協働体系のタイプによって効果的なインセンティブが異なることを指摘している．先ほどのアラ

ニス・モリセットの例をとれば，営利目的の音楽の生産を目的とする協働体系においては，経済的なインセンティブが有効であるし，非営利の音楽の生産を目的とする協働体系においては，ファンとの交流や賞賛，理想の恩恵や美的感覚，あるいは組織内の調和などのインセンティブが有効であると仮定できるであろう．

このように，バーナードの理論は，音楽著作物の生産を取り巻くアーティストやレコード会社の活動の多様なインセンティブを理解するうえで示唆に富むものである．バーナードは物質的欲求と非物質的欲求の2つが両立する人間像を仮定した．金銭的な報酬のようなインセンティブと人間関係や創造や仕事の喜びなどのインセンティブの間で揺れ動きながらも，主体的に環境を認知し，自分が満足できる組織を選択し，また意思決定や行為をしていくリアルな人間像を仮定したのである．そして，それらに対応するための実践的な経営理論を論じたのである．

しかし，ここで注意しなければならない点は，これまで目的達成の手段としての組織やインセンティブの理論に着目してきたが，音楽という文化の生産を考える場合には，その目的は単なる生産効率の追求ではなく，いかに多様な音楽が生産されるかが重要であるという点だ．ここでは文化が潤沢に生産されることは是としているが，それは単に生産効率を追求しているのではない．さまざまな文化を受け入れる土壌を確保し，それらが潤沢に生産されることが肝要なのである．生産効率における協働体系間の優劣を問うのではなく，それぞれの協働体系おいていかに有効なインセンティブを提供するかということが重要なのである．

このような観点からは，音楽の生産においてどのような協働体系が存在し，それらの協働体系ではどのようなインセンティブを提供することが有効かという問題設定が導かれる．これを検討するうえで，クレーン（Crane）の文化の生産における報酬の研究は有効な枠組みを提供する．

3．クレーンによる文化生産の報酬システム

社会学者のクレーンは，アート，科学，そして宗教の3つの場で行われてい

る文化の生産に関する報酬システムの研究を行った（Crane [1976]）。クレーンは，これらの場におけるクリエーターの生産に対する評価の基準となる規範と報酬の分配に着目し，報酬システムの4類型を抽出した。独立型，半自律型，サブカルチャー型，そして異型文化型である。そして，それぞれの4つの報酬システムがクリエーター達の文化の生産活動を動機づけていると主張する。

この類別においては，誰が生産物を評価する規範を設定し，また誰が報酬の分配を行うかが重要な要素となっている。規範には認知的規範と技術的規範がある。認知的規範とは適切なテーマや問題の設定に関するものであり，技術的規範とは方法やテクニックに関するものであるとする。クレーンの報酬という概念は，バーナードのインセンティブの概念と極めて類似しており，その内容は人気や評判などの象徴的報酬と金銭などの物質的象徴の2類型に大別している。また，それぞれのシステムでは，生産者同士のつながり方や，文化の生産や流通のリソースを誰がコントロールしているかに違いがあると述べている。

クレーンの研究の特徴は，文化の生産のための協働体系に報酬システムという概念から接近していることである。まず報酬システムのメンバーは，文化の生産に関係するアーティスト，消費者，そして経営者や官僚などが含まれる。そして，それらのメンバーの誰がどのような基準で生産物を評価して，どのような報酬を与えることにより，アーティストの貢献意欲を高めているかが企業などを越えた枠組みで記述される。ここで，クレーンの4つの報酬システムのタイプを見てみよう。

独立型報酬システムは，クリエータが自ら認知的規範と技術的規範を設定し，報酬を分配する報酬システムである。クリエータによって分配される報酬は象徴的報酬と物質的象徴の両方である。ここでは，クリエータ達は救世，知識，真実，美，またそれらを追求するための方法そのものを探求しており，非常に密着したコミュニティを形成している。また，文化生産におけるリソース（研究所や学部など）やそれを流通させる手段（アカデミック・ジャーナルなど）も自らが有している。これらのシステムの維持には国家などによる経済的，制度的な支援が重要である。その事例としては，基礎科学や神学，また18世紀のフランスのロイヤルアカデミーが管理していたアート界や，ソビエトのスターリン時代のアート界などが挙げられる。

半自律型報酬システムでは，文化の生産者が自ら認知的規範と技術的規範を設定する．象徴的報酬については文化の生産者によって評価，分配され，物質的報酬は消費者，経営者また官僚によって評価，分配されるシステムである．クリエータは独立型報酬システムと同様に，非常に密着したコミュニティを形成しているが，文化生産におけるリソースや流通される手段はどちらか一方しか有していない．たとえば，前衛芸術では，生産者が自ら規範を設定し，批評家が象徴的報酬を分配し，そして消費者が物質的報酬を分配する．事例としては，オペラ，建築，芸術写真，また非営利の劇場などが挙げられる．

　サブカルチャー型報酬システムでは，文化の生産者と消費者の区分があいまいである．生産者と消費者が一体となって形成するサブカルチャー・コミュニティの中で生産者が規範を設定するが，象徴的報酬と物理的報酬は消費者が分配する．報酬については圧倒的に象徴的報酬が重要である．この類型は，さらに3つに分類できる．民族的なサブカルチャー，ある価値観に基づいて組織化したサブカルチャー，そして，ある世代特有のサブカルチャーである．事例としては，アメリカニュー・オーリンズで見られるマルディ・グラ（Mardi Gras）のような特定地域における集団，独自の制度や価値観を持つ宗教団体や民族集団，ミック・ジャガー（Mick Jagger）やデヴィド・ボウイ（David Bowie）などの特定のアーティストの熱狂的なファン集団のように独自の美意識や行動規範を持つ集団，また音楽のフォーク文化を持ったコミュニティなどが挙げられる．これらの集団では，文化の生産者の態度や価値観を共有した消費者のコミュニティが生産者を取り巻いている．

　異型文化型報酬システムでは，映画，テレビ，そして音楽業界に見られるような一般消費者を顧客とする娯楽産業が事例になる．報酬システムの規範は経営者や官僚が決定する．そして，消費者が人気や評判などの象徴的報酬を分配し，経営者や官僚規範が物質的報酬を分配する．ここでは象徴的報酬に対して物質的報酬，なかでも金銭的な経済的報酬が支配的であり，生産手段や流通手段はほとんどの場合営利企業がコントロールしている．ここで生産される文化は寄生的といってもよく，規範の設定主体である経営者や官僚がある文化が大衆に興味があると思えば，他の報酬システムで生産された文化の借用が行われる．このような形で，新しい文化のスタイルは他の報酬システムで生産され，

異型文化型報酬システムに引き継がれることがしばしばある．このシステムではクリエータ自身は比較的重要ではなく力を持っていないため，簡単に置き換えが可能である．また，クリエータ同士の関係は薄い．

　以上が報酬システムの4類型であるが，クレーンはこれらの報酬システムを固定的なものと捉えていない．ある報酬システムは他の報酬システムに変わりうる，また，その参加者も流動的である．ある報酬システムにおいて分配可能なリソースの量や質が変化すれば，その報酬システムの規範が変わりうることを主張している．現代においては，半自律型報酬システムやサブカルチャー型報酬システムが異型文化型報酬システムに変化していくことが，その逆のケースよりも多いとする．その背景としては，企業や政治組織などによるリソース配分の力がボランタリーなコミュニティの力よりも大きくなっており，報酬システムの規範が変化しているからであると述べている．

　このようなクレーンの分析からは，文化の生産にはさまざまな協働体系が存在することと，それぞれの協働体系に適したインセンティブの類型があることが理解できる．ここで，クレーンの類型とバーナードのインセンティブの知見を理論的前提として実際の音楽の生産の現場を見てみると，表8.1のように整理できるだろう．なお，ここで挙げた事例は各類型において特徴的なものを抽出しているが，実際には1つの事例においてもさまざまなシステムが流動的かつ複合的に混在している場合もある．また，1人のアーティストが複数のシステムに参加していることもある．

　独立型報酬システムは，たとえば，日本における伝統音楽の雅楽界などに見られる協働体系が挙げられるであろう．インセンティブの評価の基準を設定するのは，千年以上の伝統による価値や様式を踏襲しているアーティスト集団そのものであり，その中で，地位などの象徴的報酬そして経済的な報酬が配分されている．経済的支援は国家や自治体などの団体からの助成金や補助金が主なものであるが，その活動内容は自律性が保たれている．そして，インセンティブの内容は，理想，美意識，伝統の追求などの象徴的なものが重要になるだろう．実演のための手段や発表の場などの生産や流通のリソースは両方ともアーティスト自身がコントロールしている．現代においてはこのようなシステムが見られることは稀である．

表 8.1　音楽生産をめぐる報酬システム（協働体系）類型とインセンティブ

		独立型報酬システム	半独立型報酬システム	サブカルチャー型報酬システム	異型文化型報酬システム
協働体系の事例		雅楽などの古典芸能界	オペラ界，クラッシック界	フォークやトランスなど独自の文化を持ったコミュニティ	レコード業界
規範の設定者		アーティスト	アーティスト	アーティスト	経営者，官僚
報酬の分配者	象徴的報酬	アーティスト	アーティスト，評論家	サブカルチャーのメンバー，消費者	消費者
	物質的報酬	アーティスト	消費者，経営者，官僚	アーティスト	経営者，官僚
インセンティブの内容	象徴的報酬	理想，美意識	理想，美意識，威信，地位	理想，美意識，威信，仲間意識，相互扶助	威信，地位，人気，評判
	物質的報酬	貨幣，物	貨幣，物	貨幣，物	貨幣，物
生産や流通のためのリソースのコントロール主体		生産，流通ともにアーティスト	アーティストが生産か流通のどちらかをコントロール	生産はアーティスト，流通はアーティスト以外	生産，流通ともに企業などの営利団体

出所：Crane [1976], Barnard [1938] を参考に筆者が作成．

　半独立型報酬システムの事例は，クラッシック界に見られる協働体系が挙げられる．この音楽の生産においては芸術大学などの機関で訓練を積むことが前提となり，規範を設定するのはそのような価値やスタイルを踏襲したアーティスト自身である．象徴的報酬はアーティストのコミュニティが，名声や賞を与えることで分配される．また，評論家達も作曲家，指揮者，あるいはオーケストラなどを評価することや，音楽の見方や味わい方などを消費者に紹介することで，象徴的報酬を分配している．評論家は自らがアーティストであるものや，芸術大学で専門的な訓練を受けたものも多い．金銭などの物質的インセンティブは，消費者，企業，国家，また宗教団体などからの実演や楽曲に対する支払いや，助成金や寄付などで支援されている．象徴的インセンティブの内容は理想や美意識の追求と，権威などが混在している．楽曲の製作活動や実演手段な

どの生産のためのリソースはアーティストによってコントロールされ，発表の場やレコードなど流通のためのリソースは，他団体によってコントロールされている．

　サブカルチャー型報酬システムにおいては，フォークやトランスなど独自の文化を持ったコミュニティが代表的な事例である．1960年代のアメリカのサンフランシスコで登場したグレイトフル・デッド（Grateful Dead）の熱狂的なファン達は，ライヴ・ツアーを取り巻いてアーティストとともに転々と移動し，密接なコミュニティが形成されている．そこではファンがコンサートで録音した楽曲の自由なコピーや交換が許容されている．このようなコミュニティは，アメリカの1960年代のフォークやトランス文化を持つアーティストを中心とするコミュニティにしばしば見られ，金銭や物質的な援助を行うファン達も多い．また，アーティストが持つライフスタイルや価値観の共有が見られる．冒頭であげたアラニス・モリセットなどの志向も，それに近いであろう．

　ここでの規範はアーティストが設定し，理想，威信や相互扶助などの象徴的インセンティブの配分は消費者コミュニティが重要な立場を持つ．また，金銭や物質的インセンティブの配分についても消費者コミュニティが行う．楽曲の製作活動や実演手段などの生産のためのリソースはアーティストによってコントロールされ，発表の場やレコードなど流通のためのリソースは消費者を含めた他団体がコントロールされていることが多い．この協働体系は，インターネットのようなアーティストと多くの消費者が簡単にコミュニケーションでき，楽曲の生産や流通手段のリソースを企業に依存しないでもよくなったメディア環境においては，特に増加する可能性のあるものと考えられる．

　異型文化型報酬システムは，レコード会社を中心とした音楽産業が事例となる．ここでは，規範は企業が設定し，人気やランキングなどの象徴的インセンティブは消費者が配分する．アーティストへの金銭的なインセンティブは消費者の人気や企業への貢献度に基づいて企業が配分する．楽曲の製作活動や実演手段などの生産のためのリソースと，発表の場やレコードなど流通のためのリソースはレコード会社などの企業がコントロールしている．この協働体系の特徴は，市場メカニズムと著作権制度，またレコードやCDなどのメディア技術に依拠して金銭的な収益をあげていることである．先で見たように，デジタル

化・ネットワーク化されたメディア環境においては，この維持が困難になってきている．

以上のように，音楽著作物の生産の場として多様な協働体系が存在することと，それらに適合した異なる報酬システムがあることが確認できる．このような考察は，新しいメディア環境において多様で潤沢な音楽著作物の生産をどのように確保するかという基本的な課題を検討するうえで，有効な知見を提供するものである．そして今後，より深く検討していくべき課題は，メディア環境の変化にともない，それぞれの協働体系の報酬システムやインセンティブがどのような影響を受け，どのように対応すべきかを考えることである．

次に，昨今のメディア環境での音楽の生産における金銭的なインセンティブに着目し，レコード業界の音楽著作物の収益化の問題などを議論した，情報財の収益モデルの研究を紹介する．

4．情報財の収益モデル

情報財の収益モデルをデジタル化・ネットワーク化されたメディア環境との関連で論じた先行研究は多くはないが，この領域の代表的なものとしてシャピロ＝ヴァリアンや国領の研究がある（Shapiro and Varian [1997]，国領 [2000]）．彼らのモデルの特徴は，まずは収益モデルの基盤として市場メカニズムを基本的な前提としていることである．したがって，その基本的な問題設定は新しいメディア環境で，いかに収益を稀少性に帰着させるかということになっている．その結果，情報財を消費者セグメントにあわせて内容をバージョン化することや，あるいは著作物のコピーや流通が低コストで簡単に行われることを前提に，情報財を無償で提供してパブリシティ効果を狙い，収益はそれ以外の稀少財（グッズやサービス）であげるというモデルを検討している．

これらの研究は，市場制度にこだわった著作物の収益モデルを議論するための重要な知見を示している．しかし，前節で見てきたように，実際の音楽の生産においては，消費者のコミュニティからの援助，文化支援団体や政治的助成などに見られるような，市場メカニズムに依拠しない収益のあげ方も少なくない．そこで，服部と国領は，そのようなモデルも補う形で，音楽業界の詳細な

図 8.2 情報財の収益モデル類型

- 市場メカニズムを用いた収益モデル
  - <u>無償著作物モデル</u>
    - ・物財帰着型（補完財の売り上げ）
    - ・サービス帰着型（補完財の売り上げ）
    - ・認知限界帰着型（検索や推薦など）
  - <u>有償著作物モデル</u>
    - ・複製や使用料請求（CDなどの売り上げ）
- 社会的メカニズムを用いた収益モデル
  - <u>互酬モデル</u>
    - ・社会的関係により収益をあげる（寄附）
  - <u>再配分モデル</u>
    - ・国家や自治体から収益をあげる（助成金）

出所：服部・国領［2002］に筆者が加筆．

サーベイを行うことにより，4つの収益モデルを確認した（服部・国領［2002］）．それをまとめると図 8.2 のようになる．

このモデルでは，まず著作物の生産者が収益をあげる場を，市場メカニズムと社会的メカニズムを用いたものに分けている．市場メカニズムを用いた収益モデルは稀少財に帰着させた収益モデルであり，無償著作物モデルと有償著作物モデルに分けることができる．社会的メカニズムを用いた収益モデルは，社会的関係による援助や社会制度による助成金などに基づいたものであり，互酬モデルと再配分モデルがある．

無償著作物モデルとは，著作物を無償で流通させて消費者の認知や関与を得ることにより，それに関連する稀少財の販売で収益をあげるものである．その中には，グッズなどの物財の販売につなげるもの（物財帰着型），実演やファンクラブなどのサービスの販売につなげるもの（サービス帰着型），そして，広告，検索や推薦などの消費者の認知の限界を利用したもの（認知限界帰着型）が挙げられる．これらの収益モデルは，著作物の複製や流通が簡単にできるインターネットなどのメディアに適合するものと考えられる．たとえば，インターネット・プロバイダーの多くは無償で著作物を流通させることによってプロバイ

ダー・サービスの消費者ロイヤリティを向上させようとしている．また，ナップスターが目指した収益モデルは，無償で楽曲を消費者に交換してもらい，それに関連するグッズや交換の場から収益をあげるというものであった．

有償著作物モデルとは，レコード会社によるパッケージメディアの販売に代表されるような，いわゆる「ペイ・パー・コピー」モデルである．このモデルの実現基盤はコピーが希少財であることである．したがって，消費者サイドで著作物のコピーや流通が簡単に行われないことが条件となり，現行の著作権制度や著作権保護技術の有効性が重要になってくる．

互酬モデルとは，生産者と消費者の社会的な関係を基盤とした収益モデルである．たとえば，アーティストに対するファンやパトロンからの寄付や援助などがその事例である．再配分モデルは，社会的制度に基づいていったん中央によって集められた税金が再配分されるようなモデルである．代表的な例は，国家や自治体などによる助成金である．

これらの収益モデルはそれぞれが独立して成立する場合もあるが，ほとんどの場合は異なる収益モデルを複合的に用いて収益をあげている．たとえば，フェアチューンズ・ドット・コム（fairtunes.com）やアマゾン・ドット・コム（amazon.com）は，多様な収益モデルを組み合わせることにより，新しいメディア環境に適合した収益モデルを模索している．

フェアチューンズ・ドット・コムは2000年に創業したベンチャー企業である．同社はフェアチューンズ・ドット・コムというウェブ・サイトを立ち上げて，ナップスターなどのオンライン・スワッピングを使って楽曲を無償で入手している音楽ファンに対し，レコード会社を通さずに直接的にアーティストに金銭的な支援ができる場を提供している．ユーザは気に入ったアーティストに対してフェアチューンズ・ドット・コムを通してクレジットカードを使って寄付をすることができる．このサービスは無料で行われており，ユーザが寄付したお金はクレジット会社の手数料以外はすべてアーティストに支払われる．同社の収益モデルは広告やグッズ販売による無償著作物モデルである．また，フェアチューンズ・ドット・コム自体も消費者からの寄付対象として，アーティストのリストにリストアップされており，その活動を支持するユーザからの寄付金による収益も検討している．

アメリカオンライン販売最大手のアマゾン・ドット・コムは2001年に自社サイトを通じた音楽の無料配信サービスを始めた．イーグルス（EAGLES），ユー・ツー（U2），ニルバーナ（Nirvana）などの有名アーティストを含む数百人のアーティストの楽曲数千カタログを無料で提供し，同社のCD販売部門の活性化を狙った．このサービスでは楽曲の無料配信とあわせて仮想のチップ箱を設置しており，音楽ファンはクレジットカードで寄付を行うことができる．集まった寄付金はアーティストが70％，アマゾン・ドット・コムが30％の比率で分配される．このサービスでは，ユーザはアマゾン・ドット・コムのページから音楽ファイルを無料でパソコンにダウンロードして再生できるが，一定の期間を過ぎるとその音楽ファイルが再生できないようになっている．楽曲の自由な流通を実現しながらも楽曲の著作権の保護に配慮している．

インターネットを利用して積極的に互酬モデルを展開するアーティストも出現してきた．トゥー・マッチ・ジョイ（Too Much Joy）の元メンバー，ティム・クワーク（Tim Quirk）は13年間にわたりレコード会社から音楽を流通させてきたが，ウェブ・サイトで自分の楽曲を利用制限のないMP3ファイルにして提供し，消費者達が自由にダウンロードをできるようにした．視聴者は無料で楽曲を入手できるが，ペイ・パル（PayPal）を使って直接アーティストに寄付をすることもできる．ティム・クワークは「ウェブ・サイトの仕事は，お金のことは気にしないつもりで始めたが，1日もたたないうちに利益が出るという結果になった」と語る．また，彼は楽曲を無料にしたことで，「ほかの誰かを楽しませる音楽ではなく，自分達が楽しめる音楽を書くことができた」と述べており，著作権制度から解き放たれることにより音楽の喜びを再確認したとコメントしている（CNET［2001］）．

これらの例は，昨今のメディア環境では，多様な収益モデルを確立できる可能性があることと同時に，アーティストに対してさまざまなインセンティブを提供していることを示唆している．

そのような収益モデルの維持には，当然のことながらそれを支える消費者が必要となってくる．次に，収益モデルと消費者の関係を見てみよう．

服部・国領は，日本の音楽消費者に対するアンケート調査を2001年に実施した（服部・国領［2002］）．有効回答数は合計1,324票である．ここでは，まず音

表 8.2 因子のネーミングと主要な意識項目

因子	因子	主要な意識項目
第一因子	同調因子	流行の曲への関心・購入頻度が高い，マスメディアから薦められると聞いてみたくなる，ヒット曲には価値があると思う
第二因子	関係因子	ファンクラブ，寄付や支援への関心，好きなアーティストのCDやグッズは高額でも入手したい
第三因子	探索因子	新人や無名なアーティストへの関心，マスメディアで流れない曲を聴きたくなる，欲しい曲を見つけるためには努力を惜しまない
第四因子	保守因子	公共団体の音楽事業・国家の音楽芸術発展への理解，税金で古典や伝統音楽を保護することへの支持

出所：服部・国領 [2002]．

楽に関する主要な意識を調査するために因子分析を行い，表8.2のような音楽消費に関連する同調，関係，探索，そして保守の4つの因子が得られた．

続いて，消費者クラスターを得るためにクラスター分析を行い，各被験者の4因子への反応の違い（因子得点）をもとに，音楽に関する消費意識に関して同じ志向を持つグループに分けた．その結果，同調，社会，主流，そして自立派という消費者クラスターが得ることができた．

同調派クラスターは，保守，関係，探索因子に対する反応は平均的であるが，

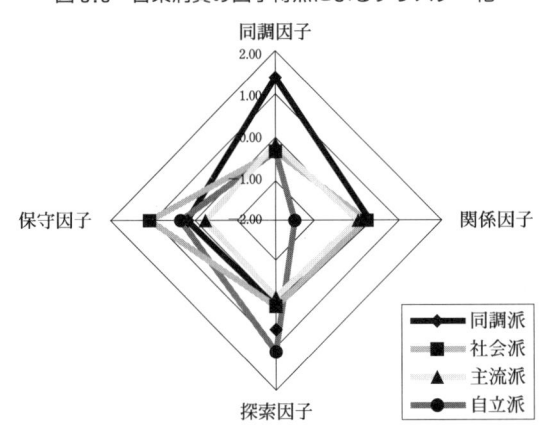

図 8.3 音楽消費の因子得点によるクラスター化

出所：服部・国領 [2002]．

同調因子に対する反応が4つのクラスター中で際立って高い．このクラスターは，流行に後追い的に同調していくフォロワーのような消費者群と考えられる．

社会派クラスターは，他のクラスターと比較すると，保守因子が際立って高く，関係因子も最高得点を示している．アーティストとの関係作りや，伝統的な文化に対する関与が強い消費者群と考えられる．

主流派クラスターは，すべての因子についてほぼ平均値であることが特徴である．音楽における一般的消費者を代表するものとして，主流派クラスターと名づけた．

自立派クラスターは，探索因子に対し際立って高く反応した．また，保守因子に対しても高い反応を示すが，同調因子と関係因子については平均以下であった．探索因子と保守因子の高さを解釈して，自立派クラスターと名前をつけた．流行やマスメディアに左右されず，自分で好きな楽曲を開拓する努力をいとわないイノベーター的な消費者群と考えられる．

ここで得られた消費者クラスターの特徴をさらに見るために，消費者属性，メディア環境，そして収益モデルへのニーズを調査した．メディア環境については，デジタル化・ネットワーク化された度合いを見るために，インターネットのブロードバンド化とインターネットの利用時間をその基準とした．その結果をまとめたのが表8.3である．

その内容を見てみると，それぞれの収益モデルに対してその母体となる消費者クラスターが存在していることが確認できる．特に，無償著作物モデルや互酬モデルを支持する度合いの強い自立派クラスターは，ブロードバンド化率やインターネットの利用時間が他のクラスターと比較すると相対的に高い．したがって，今後のブロードバンドの普及とともに，これらの収益モデルの重要性が高まるという仮説が成り立ちそうだ．このクラスターは人数の割合は少ないものの，イノベーター的な集団であることと音楽の消費金額が最も大きいことから，音楽著作物の消費動向に強い影響力を持つと考えられる．

有償著作物モデルを支持する主流派クラスターの存在も確認された．これらの消費者のブロードバンド化の割合は極端に少ないわけではなく，デジタル化・ネットワーク化が進展しても，既存のレコード会社を中心とした有償著作物モデルなどの収益モデルを支持していくことが暗示される結果となった．

図8.3　音楽消費者のクラスターとその特徴

	同調派 (165人)	社会派 (150人)	主流派 (936人)	自立派 (73人)
男女比	男58%, 女42%	男45%, 女55%	男47%, 女53%	男42%, 女58%
年齢[1]	30代が多い (29%)	30代が多い (31%)	30代が多い (29%)	10・20代が多い (10代38%, 20代34%)
ブロードバンドの比率	36%	29%	33%	44%
インターネット利用時間 (1日に2時間以上)	55%	48%	51%	62%
CD等音楽ソフト出費 (過去1年)	なしが多い (39%)	5千円未満が多い (33%)	5千円未満が多い (35%)	2万5千円以上 が多い(27%)
相対的にニーズの 高い収益モデル	特になし	有償著作物モデル、再配分モデル、互酬モデル	有償著作物モデル、再配分モデル	無償著作物モデル、互酬モデル

注1：年齢が母集団を代表していないため参考値.
出所：服部・国領 [2002].

5. おわりに

　本章では，昨今のメディア環境における音楽著作物の生産の確保に関する課題について，主に経営学におけるインセンティブ理論を参照しながら検討した．

　まず，バーナードやクレーンの研究をふまえながら，音楽著作物の生産の事例を検討した．そして，音楽著作物の生産には，そのジャンルによって異なる協働体系が存在し，それらに適合したインセンティブの類型があることが確認された．すなわち，さまざまな音楽著作物の生産を可能にするためには，多様な協働体系とインセンティブの確保が必要であることが示唆された．

　次に，情報財の収益モデルの研究からは，新しいメディア環境における金銭的インセンティブの確保の問題に対し，市場メカニズムのみならず社会的メカニズムを利用した4類型の収益モデルがあることが明らかになった．また，それらの収益モデルの支払い手となる4つの消費者クラスターが存在することを確認した．

今後の課題としては，アーティスト達の金銭以外のインセンティブに関する調査を深めることにより，音楽著作物生産のための協働体系のメカニズムをさらに明らかにすること，また，昨今のメディア環境の変化がインセンティブの確保や協働体系にどのような影響を与えるかを明らかにすることが挙げられる．それにより，新しいメディア時代における潤沢な音楽著作物の生産を議論するための，より有効な枠組みが得られるであろう．

第9章 学術分野における著作権管理システム：特異なビジネスモデル

名和　小太郎

1．はじめに

本章の狙いは学術情報に関する著作権管理システムを紹介し，あわせてその課題を示すことにある．その理由は次のような点にある．
①電子化の歴史が最も古い．したがって多くの経験を集積している．
②市場における位置が公的領域と私的領域の双方に関わっている．したがって，特異なビジネスモデルを持っている．
③研究者の著作権制度に対する意識と行動は，実はフリー・ソフトウェア運動における関係者のそれのプロトタイプになっている．
④上記①～③の特性を持っているので，著作権ビジネスにおける現在の課題に大きい示唆を持つものであると言える．にもかかわらず，世人にはほとんど知られていない．

学術情報の著作権管理システム（以下，権利システム）は学術情報の流通システム（以下，流通システム）のサブ・システムとなる．したがって本章においては，まず後者について述べ，そのあとで前者について示すという段取りにしたい．また本章においては研究者を自然科学系にしぼるのは，ここが学術情報の流通について最も洗練したシステムを持っているからである．

付け加えれば，学術情報には教典型と速報型とがある（中山茂［1974］）．前者は先人のテキストを本文とし，本人の寄与分（付加価値分）を注記するものである．後者は自分の寄与分を本文とし，先人のテキストを自明のものとして注記するものである．科学革命の前においては前者しかなく，その後においては後者が主体になった．自然科学系の情報は現在，速報型がほとんどである．

ただし，教典型は人文科学系，社会科学系にまだ残っている．

現在，学術情報には，速報型として，学会誌，紀要，レター誌，シノプシス誌，コンテンツ誌，索引誌，抄録誌，レビュー誌，プレプリント，技術報告，会議資料などがあり，教典型として，モノグラフ，主題書誌，事典，規格集，データ集，統計集などがある（板橋［1998］）．ここでは，このうち速報型を対象にしたい．

2．利害関係者

2.1 研究者

研究者は流通システムの全プロセスにわたる主体である．特に情報の生産と消費のプロセスにおいて中心的な役割を果たす．研究者の著作権に関連する活動（例，複製）は，著作権制度上一定の特権を与えられている．その特権とは，日本法では「私的使用」として，アメリカでは「公正使用」として著作物を無許諾のまま複製できることを指す．

研究者は，かつては大学や公的の試験研究機関などの公的分野に属していた．公的分野に属する研究者がもつ価値観や行動の型は，情報の共有を求める理念に基づいている（4.1項）．しかし，20世紀に入るとここに次第に企業内の研究者が参加するようになった．

これに対して企業内研究者の持つ価値観や行動の型は異なる．こちらは情報の囲い込みを図り，そのために知的財産権を尊重する価値観と行動の型を持っている．つまり，学術研究の領域では互いに相いれない2つの理念が競合している．ただし，現時点では前者が中心にあり，後者が周辺にある．

2.2 学　　会

学会は研究者によって専門領域ごとに組織されている．ここにメンバーとして参加するためには一定の資格が求められる．学会の役割は学術情報の流通システムを維持することであり，このために音声情報の交換システムとしての研究報告会，およびテキスト情報の交換システムとしての学会誌を設けている．上記の流通システムの中には学術情報の品質管理のために設けられた査読シス

テム（ピア・レビュー）も含まれる．この査読システムが研究領域ごとに学会の独占的な権威を保証している（4.3項の(1)）．

　自然科学分野の学会は，多くの場合，研究者からその著作権の譲渡を受けている．ただし，譲渡の型についてはさまざまである．学会は論文の著作権を保有することによって，その複製や送信について対価を徴収することができる．

2.3　商業出版者

　一部の商業的な出版者は，流通システム分野に事業機会を求めて参入している（3.4項）．ここにはデータベース事業者も入る．また大学の出版部門もここに位置づけられる．巨額の投資を必要とする電子化については，商業出版者は優位な位置を占めている．この商業出版者の活動を支えるものは，学術情報の知的財産権である．また商業出版者の活動は国際的である．これに対して学会は国ごとに組織されるものが多い．

2.4　図　書　館

　学術情報を扱う図書館（大学図書館等）は，学術情報の流通システムにおいて流通と消費の接点に存在している．多くの場合，大学や公的な研究施設などに属し，したがって非営利的な存在である．また，その購買力の大きさから流通システムに大きい影響力を持っている．加えて，この型の図書館は非研究者である一般の読者に対しては閉鎖的である．

　図書館はその保管資料の扱いについて，著作権上，一定の特権を与えられている．その特権とは，①来館者に対する複写サービス，②図書館内部のメディア変換，および③図書館間における資料の相互貸与に関するものに分けられる（名和［2002b］）．ただし，その具体的な形は国別にかなり異なる．

　アメリカにおいては，図書館における学術情報の複写が公正使用に相当するか否かについて訴訟が繰り返された．その結論は，この特権は私企業の保有する研究用図書館には適用できないというものであった（名和［1994］）．

2.5　データベース事業者

　データベース事業は，私的分野において営利事業として実施されているもの

が多い．ただし学術情報について言えば，現在でも公的分野においてサービスされているものが少なくない．公的部門でサービスされるデータベースは，国際的に見ると，著作権によってコントロールされるものよりも，そのサービス機関の設置法に基づいているものの方が多い．たとえばランドサットの衛星写真のデータベースなどがある．

データベース事業の経験は学術出版の電子化について大きく寄与している．またデータベース事業には生産分野と流通分野におけるものがあるが，後者のうちドキュメント・デリバリ・サービス（Document Delivery Service：略称，DDS）は図書館における複写サービスと競合している．話題が細かくなるが，日本においては，研究者に対する大学図書館の複写サービスは無償，非研究者に対する公共図書館等におけるそれは無償，非大学研究者に対する民間のDDSのそれは有償である．ここに現行著作権法の綻びがある．

2.6 著作権管理団体

学術情報に関しては複写サービスへの要求が高い．このために冊子体の論文に対する複製については，著作権管理団体が設立されている．この型の団体は，本来フォトコピーに関する著作権管理のために設立されたものであるが，現在ではその業務を電子情報の著作権管理にまで拡張しつつある．

著作権管理団体は，学会誌掲載の論文に関して，その著作権の行使を委託されていることが前提となる．その手続きは，①まず研究者が学会に権利を譲渡し，②学会がそれを集中管理し，③そのうえで学会が管理団体（例，学術著作権協会）に権利を委託する，という型になっている．このような手続きは，日本においては自然科学系の学会では慣行になっているが，人文科学系，社会科学系ではその実施の割合が低い．特に法学系ではこの比率が極めて小さい（名和［1999a］）．つまり日本の法学者は学術雑誌の流通について特異な意識を持っている．

最近，日本では著作権等管理事業法の施行により，この事業を複数の団体が実施するようになった．したがってユーザから見ると，自分の欲する論文の著作権処理をどの団体が受託しているのかが不明である．この点，ユーザからはゲートウェイ・サービスが望まれている（6.3項）．ついでながら，ごく最近ま

では，著作権管理事業は仲介業務法によって，規制のもとでの独占という型のユニバーサル・サービスを実施していた．

3. 学術雑誌の歴史

3.1 学術雑誌の出現

速報型学術情報の流通モデルは『フィロソフィカル・トランザクションズ』(*Philosophical Transactions*：1665年創刊) と『ジュルナル・デ・サヴァン』(*Journal des Çcavantes*：1666年創刊) によって作られた．前者は英国王立協会 (Royal Society of London) によって，また後者はフランス科学アカデミー (Academie Royale des Sciences) によって刊行された．双方とも，その特徴は，第1に定期的に刊行されること，第2に複数の著者の論文を含み，第3に論文に加えて，速報，書評，学会消息などを含むことにあった．

これらの特徴によって，次のようなビジネスモデルが設けられた．それは，第1に研究者集団によるクラブ財として流通するものであること，第2に査読によってその掲載論文の品質管理を実施するものであること——この2点であった（名和 [2002c]）．上記の雑誌としての特徴およびビジネスモデルの形は，現在に至るまで保存されている．

19世紀になり，学術研究の制度化とともに，専門領域に分化した学会が作られ，ここが速報型の雑誌を刊行するようになった．化学分野で見ると，1828年には最初の一般化学の雑誌，1887年には最初の物理化学の雑誌，1902年には最初の電気化学の雑誌というように，時代とともに専門領域が分化した．

3.2 技術雑誌の出現

19世紀は技術革新の時代でもあった．このために業界誌が刊行された．『ニュー・イングランド・ジャーナル・オブ・メディスン』(*New England Journal of Medicine = NEJM*：1812年)，『レイルウェイ・エイジ』(*Railway Age*：1856年)，『アメリカン・マシニスト』(*American Machinist*：1877年) などがその例である．*NEJM* は今日では評価の高い学術雑誌になっている．

また技術革新に遅れないために，企業向けの特許情報誌として技術雑誌が刊

行された.『サイエンティフィック・アメリカン』(Scientific American：1845年) はその例であり，当時は代表的な特許事務所から刊行されていた．

業界誌も技術雑誌も商業的な雑誌として刊行された．このように学術雑誌に隣接して技術雑誌が発行されるという状況は，今日においても同様である．

3.3 データベース化

20世紀に入るとともに，学術分野においては研究の制度化によって，また産業分野においては技術革新の進展によって，学術雑誌も技術雑誌もその生産量は急激に増大している．これに対応するために，20世紀初頭には抄録誌が刊行されるようになり，20世紀の70年代にはデータベースが構築されるようになった．

第二次大戦の後，学術雑誌も技術雑誌も，その刊行について国が支援するようになった．そのモデルはアメリカが作った．アメリカ政府はスプートニク・ショックに対応するために，学術研究と技術開発に積極的な投資を行い，その1つとして科学技術情報の流通システムについて国主導の開発を進めた．その成果が，学術雑誌については米国化学会 (American Chemical Society：ACS) の『ケミカル・アブストラクト』(Chemical Abstracts：CA) のデータベース化，技術文献については国立医学図書館 (National Library of Medicine：NLM) や国立航空宇宙局 (National Aeronautical and Space Agency：NASA) におけるデータベースの構築である．どれも1970年代初頭に稼働した．

一言，付け加えると，政府が支援して作ったデータベースには，そのまま政府が公共財としてサービスしているもの (例，国立技術情報サービス局 (National Technical Information Service：NTIS) のサービスするNTIS (技術情報)) と，企業に移転して営利的なサービスにしたもの (例，NASAからスピンオフしたDIALOG (技術情報主体)) とがある．一方，全く政府の援助を受けないで開発されたデータベース (例，LEXIS (法律情報)) もある．これらが市場で競争していたことになる．このような状況は今でも続いている．日本においても同様である (名和 [1999b])．

3.4 商業出版者による市場の寡占化

　学術情報の増大は，学会がそのコントロールを実行することを困難にした．ここに事業機会を見つけて，商業出版者が参入したのは1967年であるという（窪田 [2001]）．この年にエルゼヴィア（Elsevier）は『ビオキミカ・エト・ビオピジカ・アクタ』（*Biochimica et Biophysica Acta*）の編集権を手中に収めた．これが最初であり，この後，産業分野への研究成果のスピルオーバーが期待される分野（情報工学，生命工学など）において，商業出版者が相次いで参入した．このような分野においては，企業内研究者が有償の購読者として，しかも国際的な市場で期待されたからである．

　したがって，学術出版の分野においては，非営利的なサービスと営利的なサービスとが競合するようになった．その１つの結果として，学会の刊行する雑誌の価格と商業出版者のそれとの間に大きい格差が生じた．この矛盾を公然と追求した物理学者のバーシャル（H. H. Barchall）は学術出版社のゴードン・アンド・ブリーチ（Gordon & Breach）から不公正競争の理由で訴えられた．この訴えをアメリカとドイツの法廷は却下したが，フランスの法廷は認めた（O'Neil [1993]）．これは1990年代初頭の事件であった．

　学会と商業出版者との争いはデータベース事業においても生じた．その例に，CA をサービスする学会の ACS が DIALOG をサービスする事業者のダイヤログから反トラスト法違反で訴えられた事件がある．後者はプロバイダとして前者からコンテンツの提供を受けていたが，その提供を妨害されたという理由であった（O'Leary [1991]）．この紛争は和解になったが，これは学術情報においてコンテンツの代替が不可能であることと結びついている（4.3項の(2)）．念のために言えば，娯楽系や報道系のコンテンツについては，ある程度の代替性はありうる．これも1990年代初頭の事件であった．

　データベース・サービス事業にはマタイ効果――持てるものは豊かになり，持たざるものは奪われる――がある（名和 [1983]）．データベース事業と学術出版の分野においては，1980年代後半以降，企業間の吸収合併が繰り返されるようになった．たとえば，BRS（Bibliographic Retrieval Service）はウェスト（West Publishing）に，そのウェストはマクミラン（Macmilan Publishers）に，そのマクミランはマクスウェル（Maxwell）に，そのマクスウェルはトムソン

(Thomson)に吸収されている．特に活発な活動を続けたのはエルゼヴィアである．

この結果，学術出版の市場は寡占状況になり，雑誌の価格は急激に上昇している．たとえば『ジャーナル・オブ・スーパークリティカル・フラード』(*Journal of Supercritical Fluids*)の年間購読価格は，エルゼヴィアに買収された途端に275ドルから657ドルに改訂されている．日本の国立国会図書館の購入している海外の科学技術関係の雑誌は，1990年代に，その平均単価が3万4,176円から13万3,882円に高騰している．このために多くの図書館は雑誌の購入点数を削減せざるをえなくなった．これを「シリアル・クライシス」という．「シリアル」とは「逐次刊行物」を指し，これは「雑誌」の上位概念である．

このような寡占状況のなかで，規制当局は，マクミランのウェストの所有について制限を加え，エルゼヴィアのクルーア（Kluwer Academic Publishers）との合併を否認した．

3.5 電子雑誌の出現

電子雑誌は，投稿から出版に至る全プロセスを電子化するものである．これについては学会中心に1980年代に数多くの実験が試行されたが，いずれも失敗している．その理由は，第1に研究者が評判の高い既存の雑誌への投稿にこだわったために，電子雑誌を受けいれなかったことにあり（Miller [2000]），第2に出版者がその販売条件を冊子体の雑誌にあわせたために，電子雑誌のメリットを発揮できなかったことにある．

商業的出版社の方はどうであったか．エルゼヴィアを中心にADONIS（Advanced Document Over Networked Information System）というコンソーシアムが結成されたのは1981年であった．ただし，技術が未成術であったためと，コンソーシアムの運営が円滑でなかったこともあり，これが実用化になったのは1990年代になってからであった．このプロジェクトはEC委員会や英国図書館文献供給センター（British Library Document Supply Centre：BLDSC）によって支援された．なお，ADONISは研究者ではなく図書館を顧客にするというビジネスモデルを採用した．このモデルは著作物の取引において，第1に，好不況に関係のない図書館から安定的な購読料を回収できるという点で，第2

に，エンド・ユーザのコピー行為に対する煩雑なコントロールを図書館に移転できるという点で，有効なビジネスモデルとなった（6.2項）．

学術論文の電子化は次のように屈折した経緯をたどって発展した．①書誌事項のみオフライン（磁気テープ）にて供給──→②書誌事項のみオンラインにて供給──→③本文をオフライン（CD-ROM）にて供給──→④本文をオンラインにて供給．

オフラインのサービスは通信路の太さとコストによる制約，書誌事項のみの電子化は入力コストと記録媒体のコストによる制約によるものであった．もう1つ，オンライン・サービスの料金は従量制，CD-ROMのそれは定額制ということも，それぞれの普及に影響した．

1990年代後半になるとインターネットが普及した．同時にインターネット上では情報を自由に相互引用できるWWW（World Wide Web）が整備された．加えてデジタル情報の記録媒体のコストが大幅に低下し，電子図書館の実現可能性も大きくなった．これらの技術成果は組み合わされて，インターネットを基礎として学術情報の流通にとって理想的なプラットフォームを作ることになる（6.3項）．

4．学術雑誌の特性

学術情報の特性について，2つの視点がある．それは研究情報としての特性と経済財としての特性とである．

4.1 研究情報としての特性

社会学者のマートン（R.K. Merton）は，学術情報の特性として，①累積性，②共有性，③公開性，および④先取性を挙げている．

まず，累積性とは「本質的な協力と選択的な累積によって科学的な達成がなされる」という認識を指している．次に共有性とは「（科学的な知識が）発見者や彼の相続人によって排他的に所有されることでもなく，それらの法則や理論の使用や譲渡にあたって，彼らに特別な権利を与えるような慣行ができるものでもない」という認識を示している．さらに公開性とは「完全なそして公開の

コミュニケーションが制度となる．秘匿はこの規範に真っ向から反する」という認識である (Merton [1942])．

①〜③の特性はすべて，知識の表現について排他的な権利を与える著作権制度に，真っ向から衝突するものである．著作権制度には「表現」と「意味」との二分法があり，これによってその「表現」のみを保護し，その「意味」は保護しないことになっている．この視点で見れば，科学的情報について共有を求めるのは「意味」であり，著作権のコントロールの外にあるかにみえる．しかしその情報を記録する雑誌は「表現」の定義に含まれ，したがって著作物として著作権のコントロールを受けることになる．現にベルヌ条約 (Berne Convention：BC) は「(保護を受ける著作物は) 文芸，学術および美術に属する」と定義している．

著作権の理念は，著作者に知識の著作物的特性に排他的な権利を与えて知識の生産にインセンティブを与えることにあった．しからば，知識の公有を原則としその排他的な権利を否定する科学者にとって，何が知識生産のインセンティブになるのか．それが次の先取性という特性になる．

先取性とは「科学者は知識に対する彼の寄与を他の科学者に知ってもらいたいという圧力を受ける」という認識であり (Merton [1957])，したがって「〈自分〉の知的〈所有権〉に対して科学者の求めるものは，彼が知識の共通の資産にもたらした増分の意味に見合った評判と尊敬である」という理解でもある (Merton [1942])．

4.2 非経済的な報奨

上記の評判や尊敬を計量化するための道具に SCI (Science Citation Index) がある．これは公表されたすべての論文について，互いの引用〜被引用の関係を記録したデータベースであり，このデータベースを検索すれば，どんな論文についても被引用回数を確認することができる．この被引用回数が，その論文に対する評判や尊敬の指標となった (山崎 [1996])．これが研究者に対する報償，つまりインセンティブとなる．すなわち，研究者に対する報奨は非経済的なものである．

学術論文の価値は被引用の回数によって決まる．研究者にとれば，これは第

1に, 自己の論文ができるだけ多くの同僚の手に渡ることであり, 第2に, その論文に自己の名前が表示されていることが必要となる. これを著作権制度に則して見れば, 前者は自由な複製を認めることを含意しており, これは経済的な権利を放棄することにつながる. 一方, 後者は氏名表示権の尊重, つまり著作者人格権の保護を求める主張となる.

社会学者ラヴェッツ (J.R. Ravetz) は引用には2つの機能があると示している. その第1は「自分の論文に使った材料の原典を示し, その材料全体を繰り返して論じる必要はない」という機能であり, その第2は「自分の〈所得〉を自分が使った財産の所有者に配分し, 彼の著作が有益であったと示す」機能である (Ravetz [1971]).

4.3 経済財としての特性

(1) クラブ財

学会の発行する雑誌には「著者すなわち読者」という関係がある (Kahin [1996]). つまり, ここでは情報の生産者と消費者がレシプロカルな関係を保っていることになる. この型の情報は, クラブ内においては公共財的に扱われ, クラブ外においては私有財的に扱われる. したがって, その情報はクラブ内において, 非市場的な方法で生産と消費との調整が図られることになる. この調整を実現するものが査読システムである. それは「科学的業績に関する単なる〈印刷物〉を〈出版物〉へと変換する権威の仕組み」である (Merton [1971]). 学会はこの制度を通じて投稿原稿の知的財産権に大きな支配力を持つようになった.

(2) 非代替性

学術論文はその中に必ず, 何がしかの先取性を持っている. ここに注目すれば, どの論文も他の論文には記述されていない内容を含んでいる. 学術論文は他の論文によって代替できない要素つまり「サムシング・ニュー」を持つことになる. このサムシング・ニューは先行者の業績を引用するという慣行の中で反射的に保証されている. したがって, 学会にせよ出版者にせよ, いったん公

刊された論文については，仮にそれへのアクセス回数が少なくとも，また全くアクセスがなくとも，それを常に引用できるように維持していなければならない．ここに市場原理とは乖離した特性がある．

もう一点，個々の論文に対する非代替性があるために，低価格の非営利システムと高価格の営利システムとが共存できることになる．

(3) 過剰生産

学術研究の制度化とこれに伴う研究者の増大は，学術論文の増大を導いている．社会学者ド・ソラ・プライスによれば「世界中でこれまで5万種の科学雑誌が創刊され，その中約3万種が今も出版されている．これらの雑誌は，世界全体で600万の科学論文を生み出した．そして年に少なくとも約50万の速度で増加している」(de Solla Price [1963])．

この傾向を加速しているのが，先取権を求める研究者の行動である．だが「読むべきものの数は指数関数的に増加するが，読むことに費やしうる時間は同じである」(物理学者バナール (J.D. Bernal) の言葉：Lancaster [1979])．したがって「数百人程度の大きさの同学グループになら落伍せずについていける．しかし，おそらく1万人にはついていけないだろう」(Price [1963])．このために論文の過少消費が生じている．1980年代前半に発表された論文を調べると，その55%はその後の5年間に全く引用されていない (山崎 [1996])．

(4) 短寿命化

論文数が増えれば，実質的に，あるいは見かけ上，研究の進度が激しくなり，このために論文の短寿命化という現象が生じる．見かけ上というのは，後続論文による遮蔽，常識化による無視などが生じるためである (窪田 [1996])．論文の被引用の頻度が50%になる期間を見ると，電気電子技術者協会 (Institute of Electrical and Electronics Engineers：IEEE) の雑誌で5.3年，電子情報通信学会のそれで3.9年という値になる (宮代 [1997])．ついでに言えば，著作権法は著者の死後50年まで，その権利を保護している．

5. 冊子体から電子型へ

5.1 冊子体の流通システム

まず，雑誌が紙媒体の冊子体である場合を考えてみよう．その流通モデルは次のような形をとる．

モデル1：著者（研究者）→ 学会 → 読者（研究者）
モデル2：著者（研究者）→ 学会 → 読者（非学会員を含む研究者）
モデル3：著者（研究者）→ 商業出版社 → 読者（非学会員を含む研究者）
モデル4：著者（研究者）→ 商業出版社 → 図書館

モデル1がプロトタイプである．もし，その研究成果に産業的な価値があれば，モデル2になる．非学会員とは隣接領域の研究者あるいは企業内研究者を指す．どちらも，投稿はしないが購読はする読者である．モデル2になると，出版の規模は大きくなり，学会の能力を超えるようになる．ここに事業機会を求めて商業出版社が参入する．これがモデル3になる．一般に学会は国別に設立されているが，商業出版社は国境を越えた存在であり，したがって雑誌を国際化（つまり英語化）することで，規模の経済を確保することができる．

一般に，研究者は雑誌のバックナンバーを手元に保管するという習慣を持たない．手元にあるのは，せいぜい1～2年分である．なぜならば，第1に，自分と同じ関心領域にいる研究者とは電子メールなど別の連絡手段を持っているからである．第2に，理工学分野の論文の陳腐化は激しいからである（4.3項の(4)）．また研究者は雑誌価格の高騰によって個人購読を断念せざるをえなくなる．したがって，論文の保管は図書館という社会システムへと移される．これがモデル4になる．

5.2 電子雑誌の流通システム

冊子型の雑誌は，デジタル技術とネットワーク技術によって電子雑誌へと変化しつつある．電子雑誌には，①論文をCD-ROMに記録して配布する型と，②論文をデータベース化し，これをインターネットを介してサービスする型

——の2つがあるが，ここでは後者を電子雑誌と呼ぶ．学術領域の電子雑誌については，すでにデジタル権利管理（Digital Rights Management：DRM）を装備したシステムが実現している．この視点で電子型モデルに関する課題を挙げてみよう．

(1) データベースの独占的な保有

電子雑誌については，通常そのデータベースは1システムに集中された型で運用される．この1つからオンデマンドで繰り返してサービスができるからである．このデータベースは現実には学会または商業出版者が保有している．付け加えれば，このとき著作者である研究者は，その著作権を出版者に移転していることが多い．この権利の行使について，出版者は自身で行うか，または著作権管理団体（たとえばコピライト・クリアリング・センター（アメリカ），あるいは学術著作権協会（日本））に委託することになる．

データベースが1つに集中されていることは，ユーザにいくつかの不便さをもたらす．ユーザは，個人の研究者であれ，図書館であれ，自分の管理下でそのデータベースを保有するわけではない．したがって，サービスの契約を停止すれば，その途端に，過去の契約期間に出版した論文を含めて，すべての論文にアクセスできなくなる．これに反して冊子体の場合には，契約を中止しても契約期間に購入した雑誌はユーザの手元に残っていた．このリスクを回避するために，多くの図書館は電子版を導入しても冊子体もあわせて購読している．

次に，データベースの保有者にとってみれば，そのデータベースは1つしかないので，その独占のメリットをしゃぶりつくすことができる．これは市場の寡占化とともに（3.4項），さらに過激になるだろう．

(2) サービスの継続性

民間企業が公的な学術情報のデータベースを保有している事実を，どのように評価すべきか．民間企業であれば倒産の危機もありうる．このときにそのデータベースはどのように扱われるのか．もう一点，仮に倒産がないとしても，民間企業は，陳腐化の激しい科学技術分野の論文を——保護期間のすぎた論文を含めて——半永久的に保存するためのコストを負担できるだろうか．

巨大なデジタル・アーカイヴズを保有するエルゼヴィアは，オランダ国立図書館とのあいだで，後者にバックアップ用の公式アーカイヴズを置き，後者はこれについて商業的な利用はしないという契約を結んでいる．ただしこれでもオランダ政府の方針が永続するという保障はない．（付け加えれば，中世の写本が残っているのは，これが散逸していたため，つまり分散配置されていたためである．）

(3) 契約の多様化

学術分野においては，多様な性格を持つ関係者の間で論文の流通が行われている．この環境の中で契約の型も多様化せざるをえない．出版社～購読者の間には，複数タイトル（1,000タイトル以上の場合もある）に対する年間包括契約と，個々の論文ごとの取引に対する個別契約とがある．

包括契約について見ると，冊子体の時代には，購読者は同一大学であっても図書館，学部図書室，個人研究者群と多数にわたった．これがデータベース・サービスになると，1大学1契約のサイト・ライセンスになる．この契約の型はまだまだ試行錯誤的に決められている段階である．ただし寡占力を持つ出版者は，電子化の後においても，大学単位でみた場合，その売上高を維持している．

一方，個別契約の場合には，単なる購読者はもはや学会に加入している必要はなくなる．このために電子化は会員数を減らすリスクを学会にもたらしている．

6. 新しい学術雑誌流通システム

電子雑誌の普及は，3つの新しい流通のモデルを作った．それは，①自由流通型，②集積型，および③相互乗り入れ型である．上記の型は，それぞれがユーザによって受容されつつある，と見ることができる．

6.1 自由流通型

この型は共有，公開，先取を求める研究者の意識を反映したモデルである．

これは電子雑誌の運営が，少額のコストで実施できるようになったために実現した．実は1980年代以降，学術情報の流通システムをモデルとして，フリー・ソフトウェアの活動が次第に定着してきたが，そのフリー・ソフトウェア運動の成果が学術分野に逆流したものが，この型となった．

この型のシステムとしては，ロスアラモス国立研究所（Los Alamos National Laboratory）のギンスパーク（P. Ginspurg）が1991年に開発した『e-プリント・アーカイヴズ』（e-Print Archives）というサービスが最初である（Ginspurg [1994]）．これは高エネルギー物理学の研究者を対象にした，プレプリント・サービスのデジタル図書館であり，研究者はインターネットを介してここにアクセスできる仕掛けになっていた．このシステムのコストは，1論文当たり年間15ドル，開発費を除けば5ドルであった．

このシステムへの論文の月間寄託数は2000年で3,000件に達していると言われ，隣接の分野へも拡大している．これが成功したのは，物理学の分野にプレプリント文化が普及していたためであったという．

この雑誌の特徴は，学会誌がその存立の基礎としている査読のシステムを廃止していることである．だが，査読なしにこのサービスが機能しているとすれば，それはこのサービスのユーザがたぶん特定少数の研究集団であることにあるだろう．後に医学分野でギンスパーク方式の導入をせよという議論が生じたことがある．これに対する医学雑誌編集者の意見は，そのほとんどが査読制度の有効性を説くものであった（Smith [1996]）．

一方『e-プリント・アーカイヴズ』の成功は新しい流れを作った．アメリカ生化学・分子生物学会（American Society for Biochemistry and Molecular Biology）は『JBCオンライン』（*Journal of the Biological Chemistry On-line*）の刊行を始めた．これは冊子体を持たない電子雑誌であり，著者に1ページ当たり6.5ドルの投稿料を課し，評価期間9週間という査読ルールを設けている．この雑誌は無料公開，投稿資格不問というサービスを実現している．この型の電子雑誌を，'a web-based and author-funded journal' と呼んでいる．

ところで，この『e-プリント・アーカイヴズ』型のモデルにおいては，論文の著作権はどのように扱われているのか．たとえばアメリカ物理学会（American Physical Society）は，その資料の複製と公衆への伝達について「抹消でき

る排他的な権利」を設けて，投稿者はこれを学会に移転することを求めている（Luczi [1998]）．ここに言う抹消とは，2年間後には強制的にサーバから抹消できることを意味している．知識の陳腐化が激しい分野においてはこれで十分であろう．ただし，商業出版者の中には研究者がその論文を『e-プリント・アーカイヴズ』型の電子雑誌に載せることを禁止している場合もある．

『e-プリント・アーカイヴズ』の成功を見て，学会や出版社は自分達のデータベースに『e-プリント・アーカイヴズ』へのリンクを付けるようになった．つまり，ここではボランティア的なシステムが，既存の社会的な組織と共存するようになった．

6.2　集 積 型

この型は，一方に出版者があり他方に予約購読者がいるという，伝統的な型である．本来の学会がこれであった．学会はもともと「印刷物を出版物へと変換する権威の仕組み」(4.3項の(1))であり，したがってその中に購読者あるいは学会員を囲い込む機能を持っていた．だが，この機能は一方では専門分野の分化，他方では研究者の増大とともに，次第に崩れてきた．現実の研究者は2つ以上の学会——同一領域にある自国とアメリカの学会，あるいは互いに隣接分野にある2つの学会——に同時に関心を持つ，あるいは加入する，という状況になった．ここに商業的な学術出版者が参入し，これを営利化した．

この環境は，学会または出版者から見ると，研究者あるいは購読者（以下，購読者）の囲い込みが難しくなったことを意味する．つまり，購読者から見れば，必要とする論文が違う雑誌に掲載されることになる．冊子体の場合にはこれは当然とみなされたが，WWWという相互引用の道具になれた購読者にとっては，これは窮屈なものとなった．したがって単一の学会がその学会員のみに，あるいは単一の出版社がその購読者のみにサービスするネットワーク・サービスは，多くの場合に実験的な試行にとどまり，これが営業的な運用に移行することはなかった．

この欠点を除くために，2つの方法が工夫された．その第1は単一の出版者が多くの雑誌を保有することであった．その第2はゲートウェイ・サービスによって，ユーザが同時に異なる学会や出版者に対してアクセス可能にすること

である（6.3項）．

　第1の方法は1990年代に，出版者が吸収合併を繰り返すことによって実現した（3.4項）．この方法により巨大出版社は1,000タイトルを超える雑誌を保有し，これによって図書館（ユーザの代表者）と包括契約をするようになった．これは，第1にエンド・ユーザの個別管理を除きかつ論文ごとの個別管理を省き，これによってみずからの管理コストの節減を図ることで，第2に雑誌の品揃えをパッケージ化して，ユーザである図書館の限界費用意識を麻痺させることにより，その予算を目一杯掬いあげるという巧妙なビジネスモデルを組み立てた．これで出版者の図書館に対する囲い込みは完全となった．

　ただし，図書館側にも協力してこれに対抗する動きがある．さらに出版部門へも逆進出しようというプロジェクト（例，SPARC（Scholarly Publishing and Academic Resources Coalition））もある（Case［1998］）．

6.3　相互乗入れ型

　前項に示したように，単一雑誌による購読者の囲い込みは失敗した．この失敗に対する第2の方策は複数の雑誌への同時アクセスをゲートウェイ・アクセスによって保証することであった．この例に国立衛生研究所（National Institute of Health：NIH）の設けたPubMedがある．これは医学分野にとどまったものであるが，この発想を全領域に拡張したものに2000年に稼働を始めた「クロスレフ」（CrossRef）がある（時実［2000］）．これは代表的な学会，大学出版会，商業出版者などが連携して設けたデータベース共同利用のコンソーシアムであり，著作権管理システムをそのサブシステムとして含んでいる．

　このシステムにおいては，個々の論文（著作物）はそれぞれの事業者が保有し，それらの権利管理情報（Right Management Information：RMI）のみをセンターがデータベースとして保管している．したがって，論文は分散管理，RMIは集中管理の形になっている．RMIは同一の形式を持ち，かつ一意的な値を付与されていなければならない．なお，クロスレフでは「DOI」（Digital Object Identifier）というRMIを使っている．そのDOIとは，電子環境下におけるテキスト型著作物に対するRMIとして提案されたものであり，

「DOI」＝「DOI管理機関の付与する出版者コード」
　　　　＋「出版者の付与する著作物コード」

の形を持っており，時間的に不安定なURL（Uniform Resource Locator）を含まない．

　このシステムを利用するユーザは，まず，特定の事業者の持つデータベースを選び，その中から自己の欲する論文Aを検索する．ついで，彼はその論文Aの文献表を参照し，ここにさらに自己の欲する論文Bがあれば，その論文Bの検索をさらに実行できる．このようにして，ユーザは論文A，論文B，論文C，……とハイパーリンク型の検索を繰り返し続けることができる．

　クロスレフにおいては，これらの論文A，論文B，論文C，……は，同じ事業者が管理するデータベース上にあっても，違う事業者が管理データベース上にあっても，ユーザはその検索を続けて実行できるようになっている．これはすべての論文が，センターの保有するDOIデータベースによって相互参照できるようになっているためである．この過程で，ユーザが契約を持たない事業者にアクセスしたときには，その時点で契約ができる仕掛けになっている．このようにしてDOIはDRMと連動している．したがって，個々の論文の著作権管理は，それぞれの事業者がそれぞれの方針に従って実施することになる．

　相互乗入れ型について見れば，上記のように商業出版者のみならず，学会も参加している．ここでは営利システムと非営利システムとが共存している．伝統的な著作権は私的部門と公的部門，あるいは営利的な部門と非営利的な部門のそれぞれに対して，部門別に細かいルールを設けていた．そのルールはインターネット上でほぼそのまま保存され，しかもそれぞれが機能するようになった．柔軟なDRMが実用になりつつあるためである．

7．まとめ

　21世紀に入り，学術情報の商用化の強化にともない，これに反する運動も活発化している．たとえば，アメリカでは政府が無償の医療情報システム「PubMedCentral」を設置し，そのサービスを始めた．いっぽう，欧州では主

要研究機関が参加して「自然科学，人文科学の知識へのオープンアクセスに関するベルリン宣言」を発表している．また，非営利組織の「Public Library of Science」は，インターネット上で無償公開の「Plos Biology」を「クリエイティヴ・コモンズ」の方式を採用して創刊した．

このような環境の中で，学術情報の流通は，これを電子雑誌について見る限り，極めて特異なモデルとなっている．その特異な点は，低価格のまたは無料のシステムと，有償の営利システムとがここで共存していることである．また，著作権フリーのシステムと，著作権の保護を求めるシステムとが共存していることである．

この分野には表9.1のようにさまざまの関係者が参加している．また，それぞれの関係者の行動について，その経済的な特性を表9.2に示す．

表9.1　学術論文の関係者表

	論文の生産	論文の流通	論文の消費
公的領域の参加者	A1 大学研究者等	B1 学会	C1 大学研究者等・図書館
私的領域の参加者	A2 企業研究者	B2 商業出版者	C2 企業研究者

表9.2　プロセスの営利性

	論文の生産	論文の流通	論文の消費
公的領域の参加者	A1 非営利的	B1 非営利的	C1 非営利的
私的領域の参加者	A2 秘匿権利化	B2 商用化	C2 市場化

表9.1および表9.2を見よう．公的分野の参加者は，そのコストを公的な援助によって支えられており，その経済的な収支を配慮する必要はない．まず，生産プロセスについて見ると，A1の大学等の研究者の成果は公表され公共財化されるが，A2の企業研究者の成果は原則として企業内に秘匿され，流通プロセスには流入してこない．次に流通プロセスについて見ると，B1の学会は非営利的に運用され，B2の商業出版者は営利的に運用され，その経済的な立場を異にするシステムが混じり合っている．消費のプロセスについては，C1の大学等の研究者とC2の企業研究者との市場は截然と分かれている．前者は

表9.3　著作権への方針

	論文の生産	論文の流通	論文の消費
公的領域の参加者	A1 放棄	B1 非営利的集中	C1 制限
私的領域の参加者	A2 取得	B2 営利的集中	C2 行使

図書館の権利制限の特権を享受できるが，後者にはそれがない．

特にB2の出版者について見ると，生産プロセスについては，A1の公的部門の論文を低コストで入手でき，消費プロセスについては，C1の公的部門（特に図書館）の安定的な予算を取り込むことができるうえに，さらにC2の私的部門に対する売り上げも見込める．商業出版者はここに事業機会を見つけたことになる．

表9.2の生産〜流通〜消費の全流通プロセスを，法的に支援するものが著作権制度である．これを表9.3に示す．B1の非営利的集中とは単一タイトルごとの集中を，またB2の営利的集中とは複数タイトルをまとめての集中を，それぞれ指している．複数タイトルの集中は権利保有者の市場支配力を強化する．表9.3を見れば，制度のパターンは，生産，流通，消費の各プロセスで2通りあり，したがって，そのすべての組み合わせは$2 \times 2 \times 2 = 8$通りになる．これを非電子的な環境のもとで処理するのは煩雑であるが，もし，その全プロセスが電子化されており，ここにDRMを装備できれば，これは容易なことになる．現実に，これを実行しつつあるのが，クロスレフであると言ってよいだろう．

以上の視点で見れば，DRMの学術情報流通システムにおける適用例は，さまざまな型の流通方式の混在する一般の電子的著作物取引の場においても，同様に有効であることを示唆している．

終 章　柔らかな著作権制度に向けて*

　　　　　　　　　　　　　　　　　　　　　　　　　　林　紘一郎

1．はじめに

　私は2001年の正月に「著作権法は禁酒法と同じ運命をたどるか？」と題する，いささかプロボカティブな論稿を発表した（林 [2001b]）。当時はまさに，音楽をインターネットで配信する行為をめぐって，著作権法という既存の制度を盾に「違法コピー」の蔓延を心配する意見と，仲間うちでの情報財のやりとりは「私的使用」で自由なはずだという意見とが，対立の渦中にあった。

　Real Networks の CEO であるロブ・グレーザーは，この争いを1920年代の「禁酒法」になぞらえ，「認可を受けた正規のバーの数が少なく，酒を飲むのに苦労しなければならないとすれば，手軽な密売屋から酒を買う人が増えるのは当然だ。著作権者の保護にのみ重点をおけば，著作権法は禁酒法と同じくやがて廃れるに違いない」と述べていた。

　私は音楽の趣味がないので，本件について断定的なコメントをする資格がないが，グレーザーが言う「違法状態を是正するには取り締まりを強加するだけではなく，望みの品が容易に手に入るようにしなければならない」という点には共感を覚えた（林 [2001c]）。その対策として私が提示したのは，さらに約2年前（1999年春）から提唱している ⓓ マークであった（林 [1999a][1999b]）。これは現行制度を前提にしつつも，ネット上の著作物については，アナログを基礎にした制度とは別の扱いをしようというもので，それなりの意義はあったかと考える。しかし当時の私の考察は，いまだ十分な高みに達していなかったの

＊　本章は林 [2003c][2003d] をもとに，大幅に加筆・修正を加えたものである．

で，著作権制度の将来像がどのような形になるかまでは，予見できないでいた．

その後の2年間で，上記の対立は解消に向かったかというと全く逆である．アメリカでは現状の権利存続期間（一般の著作物については，著作者の存命中と死後50年．映画の著作物等については公表後75年）をそれぞれ20年間延長する「権利期間延長法」が憲法裁判で合憲とされた（本書第5章）．しかし立法論としては賛否両論の激しい論議が戦わされていて，調停不可能な状態にある．そこで私の見方もまだまだ洗練されていないと知りつつ，この難題に対処するための俯瞰図を提供してみよう（林［2002］，Hayashi［2002］）．

2．有形財の保護と無形財への応用[1)]

著作権が保護しているのは，「著作物」すなわち「思想または感情を創作的に表現したもの」（著作権法2条）である．その際体化（法律用語では「化体」）とりわけ固定はごく限られた著作物について要件とされているだけで，一般的な要件ではない[2)]．たとえば即興演奏のように瞬時に消え去るものでも，創作性があれば音楽の著作物としての保護が及ぶ（斎藤［2000］）．しかも一般には誤解されやすいが，固定された「モノ」の「所有権」と，そこに体化されている「情報財」の「著作権」とは別である．たとえば私が，さる高名な画家の絵を購入したとしても，契約前に著作権のうち写真による出版権がすでに第三者に譲渡されていれば，私が自分で絵を鑑賞したり他人に見せることは自由だが，自分で写真をとって出版することはできない（顔真卿自書建中告身帖事件[3)]）．

このように知的財産制度（著作権もその一部）は，見たりさわったりすることのできない無形財を保護するものであるが，一般的な法律は有形財のことしか考えていない．近代法の基本原理とされる「所有権の優越性」「契約自由（私的自治）の原則」「過失責任の原則」などは，工業（産業）社会を前提にしたも

---

1) 本節の記述は，林［2001c］［2003a］による．
2) ベルヌ条約（パリ改正条約）では，著作物の保護に固定要件を課さず，同盟国が立法で課すことは自由としている．わが国では映画の著作物（著作権法2条3項）など，ごく限られた範囲で固定を要件としている．
3) 最二小判1984年1月20日，民集38巻1号1頁．阿部［1994］．ただし本件事案は相当入り組んでいるので，本文では簡素化してある．

ので，その後の社会の変化につれて微調整されてきたが，有形財を中心とする民事法体系の根幹は，ほとんど変化していないのである．民法85条において「本法において物とは有体物をいう」とあるのが象徴的である．

そしてそれには，法的にも十分な理由がある．「有形財」の場合には，「自己のためにする目的をもって物を所持する」ことが可能で，法的にはこの「占有」（民法180条）を前提に，権利者の絶対的排他権を認めたものが「所有権」（同206条）であり，これを（第三者を含む）社会一般に担保する仕組みが，登記や引き渡しなどの「対抗要件」である（同177条，178条）．ところが「情報財」は，本人でさえさわって確認することができない実体のないものだから，他人の使用を排除することは極めて難しい．また誰かに「情報財」を引き渡したつもりでも，私の手元には同じものが残っている．つまり法的には「占有」状態が不明確だし，明確な移転も起こらないのである．

このことは次の例を考えてみれば，理解しやすい．いま私がここに書いている原稿は，著作権についての私の思想を述べたもので，他の人とは違った意見を含んでいるので，「著作物」に該当するだろう．よく書けているとすれば，この原稿を読んで下さる方には，私の思想は容易に伝達されるだろう．しかし，そのことによって私自身の思想は減って失くなってしまうことはない．むしろ逆で，賛同者や批判者が増えれば増えるほど，私の思想は補強され補足されて，豊かになっていく．

このような特質を持つ，無形の財貨を保護し育てていくことは，文化の発展にとって望ましいことであろう．それでは，どのような保護のあり方が望ましいだろうか．一方で，ある思想を生み出した人に何の権利もなく，他人は勝手に使ってよいことにすれば，創作をしようというインセンティブに欠けることになろう．また，有形の財貨を盗めば窃盗罪（刑法235条）に問われることに比べて，著しく正義にもとる感は否めない．しかし他方で，創作者に与えられる権利が絶大で，有形財の所有権と同程度だとしたら，どうだろうか．文化の発展は，まず先人の業績に学び，それを模倣することによって発展してきたという歴史に鑑みれば（たとえば山田［2002］），最初の創作を強く保護することは，次の創作を困難にし独創性を窒息させてしまうかもしれない．

自然科学や学術の分野も含めて，偉大な著作と言われているものでさえ，天

才が突然ひらめいて創作したものではなく，先人の業績の上にプラス α を加えたものがほとんどである．コペルニクス的転回を成し遂げたコペルニクスでも，物理学を書き換えてしまったアインシュタインでも，現代でも上演される戯曲を多数創作したシェイクスピアでも，ゼロからスタートしたならば，あの高みに達することは不可能であったろう[4]．

したがって現在の著作権制度が，著作者にインセンティブを与えるために，所有権に近似した強い権利を与えつつ，利用者の側の利（使）用の自由度とのバランスをとろうとしていることは，賢明な解決策というべきであろう．われわれの日常生活との関連で見ても，①「アイディア」を保護する特許法と違って，著作権で保護されるのは「表現」であること，②自己のためにする「使用」は禁止されていないこと（本屋での「立ち読み」をしても，本屋に叱られることはともかく，著作権法違反になることはない），③物に体化した場合は，その物を最初に売った時点で，以後の著作権は「消滅」すると考えられていること（消尽理論あるいは First Sale Doctrine，本書第 6 章）などは[5]，こうしたバランス論の具体例と考えることができる．

もっとも，「情報の保護」と真正面から銘打たなくても実行上これに近い効果を与えてくれる規定は存在する．たとえば民法の「不法行為」においては「他人の身体，自由又は名誉を害したる場合」に「財産以外の損害に対しても」損害賠償の責任を課している（民法710条）から，名誉など「非財産的損害」も保護されていることになる．

しかし不法行為によって事後的に救済される場合（一般不法行為規制，アメリカ法では liability rule）よりも，事前に排他権が与えられていて他人の利用や妨害を排除できる場合（権利付与法制 property rule）の方が保護の程度が強いことは明らかである（Calabresi and Mameled ［1972］，本書第 1 章参照）．知的財産制度はこの後者の代表例と言える．この中間に保護されるべき利益を害する行為を特別に禁止する方法（特定行為規制ルール，たとえば不正競争防止法）

4） ニュートンが言ったとされる「私が遠くを見ることができたのは，巨人の肩の上に立つことによってである」という言葉はあまりに有名であるが，その言葉自体が先人の発言に基づいている（たとえば名和［2002c］参照）．
5） 中古ゲームソフト事件．最一小判2002年 4 月25日，民集56巻 4 号808頁．

があるが，この三者を比較して見ると，権利付与＞特定行為規制＞一般不法行為規制と権利の強弱が異なることがわかる（中山 [1993]）．

　ここで，無体物に権利を付与しようとすれば，それを他と区別する必要があるから，体化と固定は，保護を受けやすくする手段として有効である[6]．前述の即興演奏のケースでは，いかに権利があっても，それを裁判で証明しようとすれば，とてつもない困難に遭遇するであろう．したがって，現在の法体系が有体物を中心に構成されており，無体物についてはそれを援用（準用？）しているのも不思議ではない．

3．著作権制度の暗黙の前提とデジタル化の影響

　本の出版から始まったコピーライトあるいは著作権は，新しいメディアである蓄音機・映画やテレビ，コピー機やコンピュータ・システムの誕生にあわせて適用領域を拡大して，数世紀を経た今日もなお生き続けている．しかし，90年代に入ってからの，デジタル技術とインターネットの急速な進展は，長い歴史を持つ著作権制度を，根本から揺さぶっているようだ（本書第2章）．

　近代著作権制度は，①「著作物」という言葉に表されるように創作の結果は「モノ」に体化される，②オリジナルは特定できる，③複製にはコストや時間がかかり品質は必ず劣化する，④伝送による複製は品質の劣化で不可能か，極度に高くついたり時間がかかりすぎる，⑤改変についても事情は同じ，という暗黙の前提の上に成り立っていた．

　これはアナログ技術の制約と言い換えてもよいが，その制約が逆に制度の安定をもたらしていたとも言えよう．なぜなら，「モノ」に体化されたオリジナルが存在するということは，本物と偽物（コピー）を見分けることを可能にするし，複製すれば品質が劣化することは，違法コピーの蔓延にも技術的な上限があることを，意味することになるからである（牧野 [2002]）．

6）著作権は「無方式主義」で，登録などの手続きを要しない点で，他の知的財産（特許など）と異なる．しかし，これは登録をしてはいけないことを意味しない．現行法にも，いくつかの登録手続が定められている（著作権法75条以下）．この「登録」をどう活用するかが，今後の制度設計の1つのテーマと考えられる．後述の第4節参照．

ところがデジタル技術においては，①創作物を「モノ」に体化させずデジタル的素材のまま交換することができ，②複製することは瞬時にほぼ無料ででき，かつ品質も劣化せず，③これを伝送しても条件は同じ，④改変もまた同じ，ということになってしまう．たとえば，作曲をパソコンで行って，そのまま電子ファイルで保存しているとしよう．ある日気が変わって，一部を手直しして上書き保存したとすると，修正済みのものが新しい創作物になって，前のものはなくなってしまう．もちろんバージョンの管理を厳密に行っていれば，新作・旧作ともに自分の著作物だと主張することは可能だが，通常は絶えず更新を続けることが多く，どれがオリジナルかは本人もわからない場合がある．

またこの楽曲を誰かに送信する場合を考えてみよう．親しい友人がいて，彼もまた作曲の才がある場合には，お互いに無償で交換するかもしれない．しかし中には互恵主義を守らない者がいて，第三者に送信してしまうかもしれない．かつてのアナログ時代には，このようなコピーや伝送を繰り返せば必ず品質は劣化するから，オリジナルとは価値が違った別商品に転化してしまったとして，違法コピーを目こぼししても問題は少なかった．しかし，デジタルではオリジナルと同じ品質のものが再生され，世界中に拡散されるので，創作者の被害は甚大になる．

しかし創作物の種類によって，その度合いに差があることにも留意しておこう．先の3つの困難性のうち「伝送」と「改変」は，「体化」または「固定」のそれと連動する面が強いので，今後の制度設計にあたっては，体化の困難度と複製の困難度を両軸に，著作権の対象になる創作物を分類してみることが有効であろう（表1）．

この表の原点に近い「体化困難・複製困難」の代表が，かつての出版や，古

表1　体化と複製の難易度による著作物の分類

体化（縦軸）／複製（横軸）	容易	実演	デジタル財
困難		初期の出版，彫刻	音楽，CG
		困難	容易

くからある彫刻である．この対極にあるのが，「デジタル財」とでも呼ぶべきもので，「体化も複製も容易」であることから，従来の著作権の概念だけでは律せられない問題を提起している．

その両者の間に「体化は容易だが複製が困難」な例として，実演（パフォーマンス）などがある．かつて実演は体化するのも困難であったが，デジタル録画装置などの発達によって，体化そのものは容易になった．しかし，そのような方法で体化されたものが，実演そのものと同等の価値を伝えているかとなると，いささか疑問である．ベンヤミンの言う「アウラ」が伝わらないからである（Benjamin［1936］）．同様の意味で，絵画にも本物と複製の差がありそうである．

もう1つの中間的存在は，「体化は困難だが複製は容易」のパターンで，CG（Computer Graphics）が代表例である．CGの作業は，コンピュータへの入力に時間・労力と創造力が必要だが，一旦制作されたものを複製するのは，いとも簡単である．したがって著作権侵害に最も弱いメディアと考えられ，作者は学者寄りの道を歩むかアーティストに徹するか迷うことになる（河口［2002］）．

加えて，権利侵害に対して裁判による救済を求めようにも，デジタル財には次のような特性があって，うまく機能しないことがわかってきた（表2参照）．
① オリジナルがどれかも判然としないので，複製がオリジナルに「依拠」[7]したものかどうか判断が難しい．
② ネットワークを介して複製が行われると，被害は世界規模になり，加害者を特定し難い（林［2001a］）．
③ 被害額が膨大であり，短期間に発生するので差止めの効果がない．
④ そこで勢い，情報の仲介者の責任を問うことになりがちである．
⑤ 国境を越えた紛争になりやすく，準拠法・裁判管轄などの問題が発生する．

このような状況のもとでは，従来どおり著作者や著作権者の権利を守ることは，極めて難しい．実効担保のコストが極めて高くなったわけだから，知的財産権という権利付与がそれを上回る効用を社会にもたらしているのか，が改めて問われているわけである．

7） 著作権侵害の要件として，類似性と依拠が挙げられるのが通常である（田村［2001］）．

表2 著作権とアナログ技術・デジタル技術

区分		アナログ技術	デジタル技術
実体面	オリジナルの特定	特定できる	特定できない場合がある
	オリジナルの体化	通常体化される	体化されない場合がある
	複製コストと時間	ある程度かかる	ほとんどタダで短時間
	複製品質	オリジナルに比べて劣化	劣化しない
	伝達の場合	上の2欄の限界がさらに強くなる	上の2欄に同じ
	改変の場合	同上	同上
手続き面	侵害の特定	特定しやすい	特定しにくい
	侵害の範囲	オリジナルにアクセスできる範囲から遠からぬ範囲	グローバルにどこまでも
	侵害者の数	限定的	特定できないほど多数
	仲介者の責任	あまり考えなくてよい	侵害者に代わって責任を問いたくなる
	訴訟の困難性	比較的容易	準拠法，裁判管轄などの複雑性

　一方，デジタル化の影響は流通段階にも及ぶ．著作物がアナログ技術に支えられ，「モノ」に体化されることが一般的であった時代には，著作物の流通について格別の注意を払う必要はなかった．なぜなら，それは一般的な財貨の流通と異なるものではなかったからである．

　ところが，著作物がデジタル情報として生産され流通・消費される場合には，2つの大きな変化が生ずる．1つは流通機能の変容で，うかうかしていると流通業者は中抜きされて不要になってしまう．なぜなら，アナログ時代には有体物の流通なくして著作物が流通することは不可能なので，最低でも物流業者としての仲介業者が必要であった．デジタルになると，この部分が要らないからである．

　しかし逆に，仲介業者が存在しなくなると，代金の回収を誰に頼ったらよいか，という問題が発生する．e-コマースがゆっくり立ち上がろうという間に，携帯電話を使った情報サービスが急速に成長したのは，（他の要因もあろうが）電話会社の料金回収代行力が有効だったからと思われる．つまり流通機能は，

終　章　柔らかな著作権制度に向けて

全く新しい視点からのものに変化していくであろう．

　大きな変化の第2は，流通業者の機能変化の陰で，生産者と消費者が直結する動きが出てくることである．しかもトフラーの指摘するように，消費者は時として生産者にも変化しうる（プロシューマー）ので，この変化は一方的ではなく，相互依存的になる．その例として，著作権管理は強化に向かうのか，緩和に向かうのかを考えてみよう．

　世間では，いわゆるDRM（Digital Rights Management）技術の登場によって，著作権管理は徹底的に細分化され，どこまでも追跡可能になるから，著作者（＝生産者）の権利が強化され，いわゆる違法コピーは撲滅されるし，されるべきだとする向きがある．レッシグのようなコモンズ派は，反対にそのような管理社会の到来を危惧している（Lessig [1999] [2001]）．

　しかし本当にそうだろうか．DRMの完徹は，比喩的に言えば本の立ち読みにしても，その量に応じて課金するということだが，それでは立ち読みをする人が減少するだけでなく，本屋に入る人の数自体も減ってしまうことにならないだろうか．本章の冒頭に掲げた「禁酒法」のたとえは，まさにそのような状況を暗示している（なお法律的に言えば，本のあらゆる小部分に著作権を表示するIDを付与することは，創作性がない非著作物にも権利を付与することになり，現行著作権法に違反する．名和［2000］）．

　しかも，著作者の権利を強化することは，次の著作者の権利を制限することに他ならないが，第1の著作者＝第2の著作者というケースもあれば，第1の消費者＝第2の著作者というケースもあり，利害関係は従来以上に錯綜してくる．ここで著しく一方だけを利する法改正は難しく，結局のところはバランス論への回帰，つまり現行の保護レベルの微調整にとどまらざるをえないのである．

　このような状況のもとでは，従来通り著作者や著作権者の権利を守ることは，極めて難しい．問題がいち早く顕在化した音楽の分野では，デビット・ボウイが自分自身を証券化して売り出し，保有者にライブ・チケットを優先的に割り当てることで価格を上げ，逸失利益の回収を図っている．

　デジタル・マルチメディアの環境のもとでは，1つの出力フォーマットを著作権で守ることに腐心するより，若干の違法コピーには目をつぶり，そこで得

たポピュラリティを利用して，他のメディアで稼ぐことを工夫した方が賢い（林 [2001d]）．つまりワン・ソース・マルチ・ユースの発想でいくべきであり，またそれ以外のビジネス・モデルは考え難い．

4．近未来の著作権制度

そこで，現実を著作権法に合わせるのではなく著作権法を現実に合わせるべく，若干頭を柔らかにして考えてみよう．ここで，アメリカ法という環境が違う人達の発想ではあるが，前述の Calabresi and Memaled [1972] が参考になる．彼らは，所有権を設定することに代表される「権利付与」の仕組み（property rule）と，違法な行為があったときに事後的に「不法行為」として救済する方法（liability rule）と，それら財産的価値とは次元を異にする「精神的自由」（inalienability）[8]とを，どのような形で組み合わせて現在の壮大な法体系（cathedral）ができているか，を考察している．

これを大陸法系に大胆にアレンジしてみると，「物権」「債権」「人権」という3つの要素をどのように位置づけるか，という問題提起をしていることになろう．この3要素は，著作権制度をどのように構築すべきかについて，基本的な視座を提供していると言えよう（これは第1章の表1.3に精神的自由権を加味したものと見ることもできる）．私達は過去の経緯から，著作権＝著作財産権＝物権という短絡した見方をしがちであるが，デジタル技術の普及によってあらゆる制度が揺らいでいるような状況では，原点に還って自由な発想をすることが有効なのではなかろうか．

それでは，デジタル化がさらに進展する近未来において，著作権制度はどのような変容を遂げるだろうか．即断はできないが，4つの大きなトレンドは変わらないと思われる（林 [2001c] [2003d]）．

第1に，複数のサブ・システムが併存することにならざるをえまい．現在の著作権制度は印刷技術以降の複製技術の登場を，すべて1つの制度の中に取り

---

8) inalienable right とは「譲渡できない権利」のことで，「アメリカ合衆国では，言論・信教の自由，法の下の平等，正当な法の手続き等，人間として有する基本的な権利であって，法律によっても奪い得ないものを指す」（鴻・北沢 [1998]）．

込んできたところに特徴がある．またその権利処理についても，複製権を中心としつつも，各種の細分された権利（支分権）を活用することによって，複雑な制度をなんとか維持してきた．しかしデジタル技術の登場は，これらの「要素還元主義」を無意味にしてしまう．と同時に権利者の側も，必ずしも一枚岩ではない．ソフトウェアの世界では，一方でマイクロソフトに代表される「権利死守型」の人々がいるかと思えば，他方でフリー・ソフトウェアやシェアウェアを通じて「コモンズ」を目指す人々がいる．

このような中で，誰にでも合うフリーサイズ（one-size-fit-all）の法的システムを維持することは不可能に近く，一枚岩のシステムはいくつかのサブ・システムに分解していかざるをえないだろう．またデジタルの特性は，システムをいかようにも設計できる弾力性にあるのだから，各種システムの併存はデメリットではなく，メリット（選択肢の拡大）と考えるべきであろう．

第2点として，権利存続期間の弾力化がキーになると思われる．著作権制度の導入当初は，権利の存続期間はさほど長いものではなかった（世界最古の著作権法とされるアン法も，アメリカの最初の著作権法も，14年間の更新可能な権利であった）．しかし，近代著作権制度の誕生とともに「著者の存命中プラス死後何年」という方式が導入されて以来，存続期間は法改正のたびに延長されている．これは平均寿命が延び，ドッグ・イヤーで社会が変化する状況とは逆行するものである．「はしがき」で述べたように，「死後70年」まで著作権が保護されるとすると，公表後30年生きる人の権利は，実質的には100年間保護されることになる．

これを妥当な期間と見るか，長すぎると見るかは個人の価値観に依存している．しかしここで注意を要するのは，単純な延長によって著作（権）者の利益が最大になるとは限らない，という矛盾を抱えていることである．第3章，第4章の分析から明らかなように，著作権を強化すれば第2，第3の創作は難しくなるので，著作者の厚生（生産者余剰）と利用者の厚生（消費者余剰）を合わせた，社会全体の厚生（社会的余剰）を最大にする点（均衡）を見出さなければならない．

また権利存続期間の最大の問題点は，それが著作物の種類や著作者の意思に関係なく，一律に適用されることである．このことは一見法的安定性の面では

有効に機能しているように見えるが，実はそうではない．なぜなら，現に市場価値は失っていても，権利は消滅していない多数の著作物を生み出してしまうからである．これらを何らかの形で再利用しようにも，権利者が不明だったり，いつ権利を主張されるかも予測できないという状況では，利用に対しては著しいディス・インセンティブになっている．したがって今後は権利存続期間を，弾力的に運用する仕組みが必要になろう．

その際に第3点として，分散処理型の緩やかな登録制度が関連を持ってくる．著作権は登録を要する特許と違い，何らの手続きを経ないで権利が発生する点（無方式主義）に特徴があるが，これは権利関係を曖昧にする欠陥がある．インターネットが通信の主たる手段になり，それを介して著作物が無形財のまま交換されるような事態を想定すれば，権利の確定のためにはどこかのサーバに著作物を「仮留め」（現行著作権法が想定するような「固定」ではないが，やや緩やかな形での「体化」とでも言おうか）することが便利である．この際，権利関係の表示を併せて行えば，それが自主登録を前提にした分散型の著作権管理システム（Electronic Copyright Management System：ECMS）の原型になるだろう．

もっともここで，この制度が国家権力とは無縁であることを強調しておく必要があろう．特許の場合には，①特許庁に申請し，②審査に合格し，③登録し公示して，④毎年登録料を払わなければならない仕組みになっていて，これらを全く要しない著作権と著しい対象をなしている．したがって本書の読者の中には，著作権も特許と同じようにすれば，いたずらに権利だけ主張する人々を排除できるのではないか，との指摘が生ずる可能性があろう[9]．

しかし特許は「発明」という客観的な技術情報（アイディア）を保護する制度であるのに対して，著作権は「思想または感情」という主観的な創作を保護するもので，「言論の自由」と密接に関連している．したがって「言論の自由」がそうであるように，国家の関与はできればゼロ，できなくても最低限にすることが望ましい．このような意味では，ウェブ・サイトを利用した自主的な登録システムが，ギリギリの妥協点ではないかと思われる．

そして最後に第4点として，著作者人格権が見直されるだろうと予測してお

---

[9] Landes and Posner [2003] は，そのように主張する．

こう．アメリカ法ではごく限られた範囲でしか人格権を認めていないが[10]，表現行為の成果としての著作権が重視される度合いが高まれば，人格権は財産権とは分離され，それを重視する考え方も生じよう（名和 [2004]）．

ただし私がここで念頭に置いているのは，主として氏名表示権のことである．公表権はネットワーク上で表現した段階ですでに行使されており，同一性保持権は創作者の自由意志に委ね，場合によっては放棄できるものと考えてよいだろう．というのも著作物が勝手に複製されても，氏名表示権さえ守られていれば，それがパブリシティ的効果を発揮するからである（林 [2001d]）．従来人格権と財産権を分離せよという主張は，ほとんど「人格権を放棄せよ」というのに等しかったが（名和 [2000]），これからは分離（アンバンドル）して人格権を重視することになろう（林 [1999b]）．

また，この人格権の発動は，財産権の主張だけでは侵害された利益が十分に回復されない場合に限って，例外的に認められるものと考えるべきである．いわば最後の拠り所（last resort），あるいは最後まで残る権利（residual right）と考えるべきであろう．なぜなら大陸法系に属するわが国では，人格権は創作者の死後も存続するとされている（著作権法60条）一方で，英米法の諸国では実行上は人格権単独での救済はごく限られた範囲でしか認められておらず，国際間の不均衡をもたらしかねないからである．

5．ⓓマークの提唱と各種システムの比較

現在，著作権制度が直面している難局に対処するには，2つの対立する方法がある．1つは現在の制度を前提に，その弱点を補い補強すること．他の1つは「ゆらぎ」を所与のものとして，それをも取り込んでしまう柔構造に，制度自体を変えていくことである．以下に述べるのは，後者の方法論により「創造的破壊」という作業を通じて，デジタル時代にふさわしい柔らかな著作権制度を創出しようという，思考実験である．

---

10) 連邦法ではVARA（Visual Artists Rights Act）によって認められたvisual artistのattribution（日本法では氏名表示権），integrity（同，同一性保持権）のみ．ただし州法にも，人格権を認めたものがある（Landes and Posner [2003]）．

私は、ウェブ上で発表する著作物については、現行著作権法をベースにしながらも、全く新しい発想を採り入れるべきだと考え、1999年春以降「デジタル創作権」（ⓓマーク）という大胆な私案を提案中である（図1参照）。

これは「私はこの作品をウェブ上で公開しました」と宣言し、ネット上に自主登録[11]するものである。ⓓマークの後ろに0年、5年、10年、15年の4パターンを用意しており、そのいずれかを記入する。この例では「0」と書いたので、「私がウェブ上に公表したこの作品はパブリック・ドメインに属します」ということを示している。5, 10, 15は著作権の権利存続期間を、それぞれの年に対応する期間に限定しようというものである。

日本の現行著作権法には、著者または著作権者による著作権の放棄（すなわちパブリック・ドメインにする）の明文の規定がない。実際上は権利を行使しなければ、自由に複製することができるので、権利の放棄と同じことになると説く人もいる。しかし、権利不行使の場合には、権利者がいつ翻意するかもしれないので、法的安定性の点で問題がある。そこで本提案はその部分を明確化しようとするものである。また併せて、権利存続期間を最長でも公表後15年として、ドッグ・イヤーに対応させようとするものである[12]。

図1　「デジタル創作権」

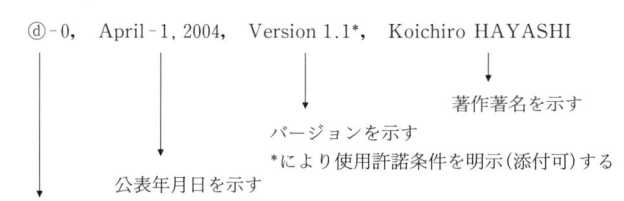

　　ⓓ-0,　April-1, 2004,　Version 1.1*,　Koichiro HAYASHI
　　　↓　　　　↓　　　　　　↓　　　　　　　↓
　　　　　　　　　　　　　　　　　　　　　　著作著名を示す
　　　　　　　　　　　　　　バージョンを示す
　　　　　　　　　　　　　　*により使用許諾条件を明示（添付可）する
　　　　　　　公表年月日を示す
　　ウェブ上の公表であることを示す
　　後の部分は権利存続期間を示す
　　0（公表時からパブリック・ドメイン），
　　5年, 10年, 15年の4パターンのみ

---

11) 自主登録の証明方法として、現在は電子認証との組み合わせを要件としている（後述）が、発案当初は検索エンジンで検索可とすることで十分と考えていた．
12) 15年は特許権の存続期間（申請後20年）も念頭に置いたものであるが、先の説明では、これでも旧人類年では公表後105年相当になる．

そして，公表の年月日を記入する．今までの著作権管理では年単位でしか管理していない（著作権法57条）が，そろそろ年月日単位（場合によっては時間単位）が必要ではないかということである．次にバージョンを示す[13]．著作者名をわざわざ英語で書いたのは，国際デファクト標準にしたいという野心からであった．

ⓓマークという私案は，①ウェブ上の発表を有体物への体化を前提とした体系とは切り離し[14]，②分散型の緩やかな登録システムであり，③権利存続期間を最長15年までの4パターンに制限する，④氏名表示権を重視する，という点に特徴がある．これは，将来の著作者へのインセンティブの付与（金銭的見返り以外のものを含む）と情報の公的な特質（より普及し，分かち合われた情報こそ価値が高まる）のバランスをもたらそうとするものである．

ⓓマークに類似のものとして，すでにいくつかの提案がある．それらは，ECMSという点では似かよっているが，①現行法に忠実（L＝Loyal型）か，独立志向（I＝Independent型）か，②どのような処理方式をとるのか，という2つの軸で分類可能である（表3）．②はさらに，原著作物に関する権利情報をデータベースとして蓄積するか（D＝Data Base），それともウェブ・サイトによるリンク形式のようなものを用いるか（この中がさらに狭義のハイパー・リンク型H＝Hyperlinkと，現在のウェブ型＝Wに分かれる），IDを埋め込み型にして追跡していく型をとるか（T＝Traceable），それともマークの表示だけで技術的サポートをしないか（M＝Mark），という分類が可能である．

個々の例を挙げれば：
① 北川善太郎教授の「コピーマート」は，コンピュータによる現行著作権の保護，つまりL型でしかもD型〈http://www/kclc/or.jp/cmhome.htm〉．
② Ted Nelson氏の"transcopyright"は，ハイパーリンクの創始者らしく，I＝H型〈http://xanadu.com.au/ted/transcopyright/transcopy.html〉．

---

13) さらにここでアスタリスクにより，たとえばGNUプロジェクトのGPL（General Public License）のような使用許諾条件を付けてもよいことにしていた．しかし，後述のMark IIでは，簡素化のため廃止予定である．
14) 以下の記述は，第2章第4節の記述と一部重複しているが，切り口が異なる．

③ Free Software Foundation の GPL (General Public License) は，私に ⓓ マークについてのいくつかのアイディアを与えてくれたが，I＝W 型の典型である〈http://www/gnu/org/licenses/licenses.html〉．

④ Harvard Law School の Berkman Center の提案した cc マークは，同じく I＝W 型である〈http://cyber.law.harvard.edu/cc/cc.html〉．

⑤私の ⓓ マークは，基本は I＝W 型ではあるが，工夫をすれば L＝W 型にも使える点に特徴がある．

⑥森亮一教授の「超流通」は，典型的な I＝T 型〈http://sda.k.tsukuba-tech.ac.jp/SdA/〉．

⑦ Content ID Forum (cIDF) は，L＝T 型にも I＝T 型にも使える普遍的なシステムを目指したものである〈http://www.cdif.org〉．

なお文化庁の自由利用マークは，技術的なサポートはなく，複雑な法体系を知らない人でも利用しやすいことを目指したもので，今のところ「コピーOK」「学校教育なら OK」「障害者の利用 OK」の 3 つだけである〈http://www.bunka.go.jp/jiyuriyo〉．民間にも，視覚障碍者のための「録音」「拡大写本」の自由利用を前提にした「EYE LOVE EYE」マーク（本書にも付されている）などがあるが，いずれにしてもこれらは，M 型であって ECMS の範疇に入るものではない．

ところで 2002 年に入ってから，上記の分類にも「融合現象」が生じている．2000 年頃から cc マークを始めたレッシグは，ハーバードからスタンフォード

表 3　ECMS の提案比較

現行法との関係 処理方式	忠実(L)	独立(I)
ディレクトリ型(D)	コピーマート	
狭義のハイパーリンク型(H)		Transcopyright
ウェブ式リンク型(W)	(ⓓマーク)	GPL cc マーク ⓓマーク
ID による追跡型(T)	cIDf	超流通 cIDf

に移ると同時に，cc＝counter copyright という否定的な活動から転じて cc＝creative commons と捉え直したプロジェクトを開始した．そして pro bono という弁護士のボランティア活動にも支えられて，マークだけでなく添付の契約書はもとより，それをプログラム化するところまで進んでいる〈http://www.creativecommons.org〉[15]．

そこで提案されているマークは，さしむき Attribution（氏名表示権重視），Noncommercial（非商業利用）No Derivative Works（完全同一性保持），Share Alike（相互主義）の4つである[16]．このうち第1のもの（マークとしてはBYマーク）は，私のアイディアに近いばかりか，さらにそれを実現するソフトウェアも実装しようという意欲的な試みで，その将来性が注目される．

また，アメリカでは，これらの使用許諾契約を中心にした工夫のほか，古い歴史を持つ登録制度を活用して，実行上のパブリック・ドメインの範囲を明確にしていこうという主張もある．たとえば，本書でしばしば引用した Landes and Posner [2003] の著者達は，一定期間の著作権付与と登録料支払いを前提にした更新が望ましいとしている．この期間や登録料・更新回数の設定如何で，制度の機能はかなり変化すると思われるが[17]，十分検討に値する主張であろう．

以上のような展開をふまえて，私はⓓマークの第2世代版，すなわち Mark II を提案中である（林［2004b］［2004c］）．その基本的発想は，

① ⓓ-0 と attribution は近似の概念であり，利用者に無用の混乱を与えないためにも，何らかの整理が望ましい．
② 一方，著作者の意思による権利存続期間の設定は，ⓓマークのみで可能な仕組みであり，これを利用したいというユーザの声に応えたい[18]．
③ また，バージョン管理や使用許諾条件の設定は，ソフトウェアを対象にする場合には不可欠だが，一般には煩雑な感を与えかねないので，他のシステム（特にFSFなど）に譲ることにしたい．

---

15) 日本語訳も整備されている．http://www.creativecommons.jp
16) ただし，これら4種のマークを組み合わせることによって，11通りの利用方法が可能である．
17) たとえば14年の著作権付与と1回限りで14年の更新期間（合計28年まで）というのが，1790年に制定された最初のアメリカの著作権法の規定であった．
18) creative commons でも検討したが，理事会で当面採択しないこととなった由＝レッシグ教授からの聴き取り．

図2　ⓓマーク：Mark II

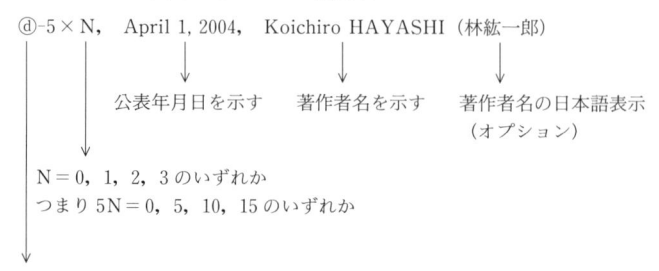

ⓓ-5×N,　April 1, 2004,　Koichiro HAYASHI（林紘一郎）
　　　↓　　　　　↓　　　　　　　　↓　　　　　　　↓
　　　　　　　公表年月日を示す　著作者名を示す　著作者名の日本語表示
↓　　　　　　　　　　　　　　　　　　　　　　　　（オプション）

N = 0, 1, 2, 3 のいずれか
つまり 5N = 0, 5, 10, 15 のいずれか

Web 上の公表であることを示す
後の部分は 0 か 5 の倍数で, 15 年までの権利期間を示す

④電子認証・電子署名が制度化されたので，それを活用することが望まれる．という現状認識に立って，図2のような新表記法を考えている．

　初版と Mark II の主な異同は，次のとおりである．
①日本法にいう著作者人格権に基づく「氏名表示権」を保持したいのであれば，ⓓ-0 にとどまってもらう．アメリカ法的な attribution により，主として不法行為責任を追及すればよいと考える著作者には，cc マークにリンクを張って利用を促す．
②初版で主張した ⓓ-5, ⓓ-10, ⓓ-15 の 3 種の期間設定は，そのままとする．
③アスタリスクを付して使用許諾条件を付す案は，取り下げる．
④代わりに，ⓓマークの活用者が，任意の認証局から個人認証と，ウェブ・サイトに著作物を掲出した時刻認証を受けることを義務づけたい．

　私の案がなお生成発展中であることからもわかるように，デジタル時代の著作権のあり方については百花斉放の観がある．しばらくはこれらの提案が「システム間競争」を繰り広げつつ，併存していくであろう．しかし大勢としては，当初「印刷業者の特権」であったものが，市民革命を経て「創作者の人格権の発露」と考えられ，やがて経済の成熟とともに「創作者へのインセンティブの付与」と捉え直されていったという歴史は逆転するまい．その延長線上には「情報の円滑な流通論」があり，ⓓマーク（とりわけ Mark II）はその流れに沿っていると考えている．

6．デジタル化と著作権再考

　デジタル化によって，著作権制度がどのような影響を受けるかについては，早くも1992年のOTA（Office of Technology Assessment）の報告書『Finding A Balance』に先駆的な分析があり（OTA［1992］），次のように今日でも有効な論点を含んでいる．
　まずデジタル情報の特性として，次の6点を挙げるが，⑤と⑥はすでに解決済みといえようか[19]．
　①作品が複製されやすい．
　②伝送が容易であるか，多数のユーザからアクセス可能である．
　③改変が容易である．
　④文字・映像・音声情報が同一のビットに還元されるので，作品は同質となる．
　⑤検索・復号化等のためにハードとソフトが必要．
　⑥ソフトが新しい検索とリンクを可能にするので，新しい手法によって作品を生み出すことが可能になる．
　そこで法的な論点としては，次のような諸点が登場すると言う（日本法に適用可能なように，表現を若干変えてある点をお許しいただきたい）．
　①作品（「著作物」）：たとえばネット上の討論結果は，個々の著作物の集合体か，集合著作物か，共同著作物か，編集著作物か（林［2004a］）．
　②改変：マルチメディア作品は，それ自体を1つの著作物として捉えられるか，それとも個々の著作物の集合体か．
　③創作性と「額に汗の理論」[20]：データベースには著作権があるか．
　④著作者：ハイパーリンクで構成された作品を工夫した人は著作者か，それ

19）　この報告書は副題にあるとおり，コンピュータ・ソフトウェアの側面からのアプローチであり，加えてインターネットの商用化（1994年）以前の分析であるため，今日的には非現行の点も多い．
20）　どんなに努力しても創作性がなければ，著作物として保護されないというのが著作権法の建前である（日米ともに職業別電話帳は編集著作物だが，五十音別・ABC順電話帳は著作物ではない，という判例が確立している）．そこでデータベースは「新しい権利」（sui generis）として別の保護方法を提案する動きが盛んである．

とも他の著作権の侵害者にすぎないのか．

⑤オンライン出版：本（有体物）に対する消尽理論は適用できず，アクセスを制御することになる．具体的には情報をライセンスする形態をとり，権利義務はライセンス契約に書かれ，ライセンスが多段階になることがある．しかし上述のデジタル情報の特性①〜③から，複製などを完全に制御することは難しい．

⑥違法コピー：デジタル複製には劣化が生じないので，違法コピーの確率は高くなる．これを防止する技術もあるが，開放型システムではあまり有効ではない．

⑦図書館の特異な地位：デジタル情報についてはライセンスに依拠して使用料を支払わねばならなくなり，財政的に苦しくなるとともに，図書館相互間の貸借も制限される．利用者からの遠隔アクセスも問題になる．オンラインを通じてユーザーが違法行為をした場合の，図書館の責任問題も生ずる．加えて図書館サービスを向上させる（たとえばカタログに本の目次や要約まで入れる）と，著作権そのものの侵害も．

　この報告書から約10年を経て，National Research Council の「知的財産権と急進する情報インフラストラクチャ委員会」が発表した『デジタル・ディレンマ』という報告書（NRC [2000]）は，上記の問題点を掘り下げているが，解決策を見出したというより，問題の根の深さをより鮮明にした，という評が当たっていよう．

　というのも，同書の Executive Summary には14の「結論」と16の「勧告」，1つの「論点」が収録されているが[21]，次の三者を比較すれば，いずれも「論点整理」ではないかとさえ思われるからである．

　Conclusion: The tradition of providing for a limited degree of access to published materials that was established in the world of physical artifacts must be continued in the digital context. But the mechanisms for achieving this access and the definition of "limited degree" will need to evolve in response to the attributes of digital intellectual property and the information infrastructure.

---

21) 第6章の Conclusions and Recommendations のそれぞれから，さらに絞り込まれている．

Recommendation : The committee suggests exploring whether or not the notion of copy is an appropriate foundation for copyright law, and whether a new foundation can be constructed for copyright, based on the goal set forth in the Constitution ("promote the progress of science and the useful arts") and a tactic by which it is achieved, namely, providing incentive to authors and publishers. In this framework, the question would not be whether a copy had been made, but whether a use of a work was consistent with the goal and tactic (i. e., did it contribute to the desired "progress" and was it destructive, when taken alone or aggregated with other similar copies, of an author's incentive?). This concept is similar to fair use but broader in scope, as it requires considering the range of factors by which to measure the impact of the activity on authors, publishers, and others.

Point of Discussion : Many members of the committee believe that a task force on the status of the author should be established, with the goal of preserving the spirit of the constitutional protection and incentives for authors and inventors. Such a task force would evaluate the viability of mechanisms that facilitate both distribution and control of work (e. g., rights clearance mechanisms) and examine whether issues should be addressed with government action or kept within the framework of private-sector bargaining.

そのような中で，唯一ともいえる「結論」があるとすれば，次のものに集約されているとしか言いようがない．そしてこの意見は偶然にも，本書でわれわれが検討してきた方向と一致している．

Conclusion : There is great diversity in the kinds of digital intellectual property, business models, legal mechanisms, and technical protection services possible, making a one-size-fits-all solution too rigid. Currently, a wide variety of new models and mechanisms are being created, tried out, and in some cases discarded, at a furious pace. This process should be supported and encouraged, to allow all parties to find models and mechanisms well suited to their needs.

7. 柔らかな著作権制度に向けて

　従来の制度は「デジタル化」と「ネットワーク化」によって大きく揺らいでおり，強度の地震に対して建築学でやるように，剛構造ではなく柔構造で対応すべきではないか，というのが私の主張である．柔構造にしないと著作権制度そのものが全壊してしまうので，せめて全壊しないためには柔構造にした方がよい．だが，生き延びるのは全部ではない．これまでは，制度はこれしかないと法律が決めていた．つまり万能型（one-size-fit-all）の制度が良いとされてきたが，そろそろ市場主義を導入し，制度（システム）間競争をする時代ではなかろうか（林［2003c］）．

　いろいろな法律がすべて，有体物中心の法体系から無体財を相当取り込んだ法体系に，少しずつ変わらざるをえないとすれば（林［2003a］），今は大システム間競争をしていると言えるのではなかろうか．私はかつてAT&Tと独立系の電話システムが，19世紀最後の10年あるいは20世紀初頭の10～15年の間に，どのようなシステム間競争をしたかについて，かなり注意深く調べる機会があった（林［1998］）．ほぼ同じ時期に電力ビジネスにおいても，交流と直流のシステム間競争があり，優劣はすぐにはわからなかった（David and Bunn［1988］）．それが大システム間競争の末，あるところに落ち着いた．

　著作権についても，現在すでに「標準型著作権像」「強い著作権像」「弱い著作権像」という3つのシステムが競争していると言われる（名和［2004］）．今後，これらが大システム間競争をすることになり，そうした競争を経て統合システムができればそれで良し，あるいはサブ・システムがいくつか生き残り，それらが互換性を持っていればそれも良し，というように柔らかな発想で考えるべき時期だろう．

参 考 文 献

（ウェブ・サイトについては2004年3月20日現在で，存在と内容を確認ずみ．）

青木昌彦・奥野正寛編著［1996］『経済システムの比較制度分析』東京大学出版会．
阿部浩二［1994］「顔真郷自書建中告身帖事件」斎藤博・半田正夫編『著作権判例百選（第二版）』有斐閣．
安藤和宏［1998］『よくわかる音楽著作権ビジネス2（実践編）』リットーミュージック．
安藤和宏［2002a］『よくわかる音楽著作権ビジネス 基礎編 2nd Edition』リットーミュージック．
安藤和宏［2002b］『よくわかる音楽著作権ビジネス 実践編 2nd Edition』リットーミュージック．
飯山昌弘［1998］『法と経済学の諸相』世界書院．
池田信夫［2003］「デジタル情報のガバナンス―知的財産権の経済分析・序説―」RIETI Discussion Paper Series 03-J-007．
http://www.rieti.go.jp/jp/publications/dp/03j007.pdf
池田信夫・林紘一郎［2002］「通信政策：ネットワークにおける所有権とコモンズ」奥野正寛・竹村彰通・新宅純二郎編著『電子社会と市場経済』新世社．
石岡克俊［2001］『著作物流通と独占禁止法』慶應義塾大学出版会．
石岡克俊［2003］「著作権法に基づく権利の行使と競争秩序―頒布権・消尽・独占禁止法」『法学研究』（慶應義塾大学）76巻1号．
板垣陽治［2002］「不可能を可能に！ 放送コンテンツのブロードバンド流通に向けたチャレンジ」『コピライド』2002年12月号，著作権情報センター．
板橋慶造［1998］「科学技術資料の書誌・参考図書」中森強編『専門資料論』東京図書．
伊藤秀史・小佐野広編［2003］『インセンティブ設計の経済学』勁草書房．
内田貴［1990］『契約の再生』弘文堂．
内田貴［2002］『民法Ⅰ（第2版増補版）』東京大学出版会．
太田勝造編・訳［1997］『法と経済学の考え方：政策学としての法律学』木鐸社．
太田勝造編・訳［2002］『法と社会規範―制度と文化の経済分析』木鐸社．
大村弘之・黒川清・山田智広・松浦由美子［2002］「ディジタルコンテンツの著作権管理・保護プラットフォーム：著作権流通プラットフォーム」『NTT技術ジャ

ーナル』10月号.

大村弘之・仲澤斉・川村春美・大竹孝幸・山本隆二・遠藤雅和［2002］「著作権流通プラットフォームにおけるコンテンツ流通サービスの高度化技術」『NTT技術ジャーナル』10月号.

奥野正寛・池田信夫編著［2001］『情報化と経済システムの転換』東洋経済新報社.

尾崎孝良［2002］「デジタル著作権の基礎知識」デジタル著作権を考える会著，牧野二郎責任編集『デジタル著作権』ソフトバンク・パブリッシング.

落合仁司・浜田宏一［1983］「法の論理，経済の論理」長尾龍一・田中成明編『現代法哲学3，実定法の基礎理論』東京大学出版会.

片山淳・外波雅史・木村司・山下博之［2002］「コンテンツを起点に電子商取引に誘導するサービス仲介ゲートウェイ」『NTT技術ジャーナル』10月号.

加戸守行［2003］『著作権法逐次講義（四訂新版）』著作権情報センター.

兼山錦二［1995］『映画界に進路を取れ』シナジー幾何学.

上村圭介［2000］「ファイル変換ソフトの行方」『Glocom Review』Vol. 5, No. 10.

河口洋一郎［2002］「あるべき創造の世界〜魅力的なサイバースペースを求めて〜」デジタル著作権を考える会著，牧野二郎責任編集『デジタル著作権』ソフトバンク・パブリッシング.

川瀬真［2001］「著作権等管理事業法の内容と運用について」『コピライド』2001年7月号，著作権情報センター.

川浜昇［1993］「『法と経済学』と法解釈の関係について―批判的検討(1)〜(4)」『民商法雑誌』108巻6号〜109巻3号.

川浜昇［1999］「法と経済学の限界と可能性―合理的選択と社会規範をめぐって」井上達夫・嶋津格・松浦好治編『法の臨界［II］秩序像の転換』東京大学出版会.

岸田雅雄［1996］『法と経済学』新世社.

北川善太郎［1997］「電子著作権管理システムとコピーマート」『情報処理』38巻8号.

北川善太郎・斎藤博監修［2001］『知的財産権辞典』三省堂.

吉川元忠［2001］『情報エコノミー』文藝春秋.

窪田輝蔵［1996］『科学を計る』インターメディカル.

窪田輝蔵［2001］「現代の科学雑誌」『情報管理』vol. 44, no. 6.

国領二郎［1999］『オープンアーキテクチャ戦略』ダイヤモンド社.

国領二郎［2000］「情報価値の収益モデル」. http://www.jkokuryo.com/

古城誠［1984］「法の経済分析の意義と限界」（未完）『法律時報』1号，7号.

小林秀之・神田秀樹［1986］『法と経済学入門』弘文堂.

小林秀之・神田秀樹・内田貴［1987］「座談会・法と経済学で何ができるか？」『法学

セミナー』No. 396.
小宮隆太郎・丹宗昭信・浜田宏一・平井宣雄・藤木英雄［1976］「法と経済学の接点を探る」『季刊現代経済』No. 24.
斎藤博［2000］『著作権法』有斐閣.
坂井利之［1982］『情報基礎学 通信と処理の基礎工学』コロナ社.
酒井善則［2003］「ブロードバンド社会の実現」『映像情報メディア学会誌』.
作花文雄［2002］『詳解著作権法』ぎょうせい.
佐藤郁哉［2002］「学術出版をめぐる神話の形成と崩壊－出版界の変容に関する制度的考察についての覚え書き」『商学研究』第43巻.
清水克俊・堀内昭義［2003］『インセンティブの経済学』有斐閣.
白田秀彰［1998］『コピーライトの史的展開』信山社.
神隆行［1999］『知的財産とその保護に関する経済学研究』晃洋書房.
新宅純二郎・田中辰雄・柳川範之［2003］『ゲーム産業の経済分析：コンテンツ産業発展の構造と戦略』東洋経済新報社.
全国カラオケ事業者協会［2003］『カラオケ白書2003』全国カラオケ事業者協会.
曽根原登・茂木一男［2002］「ディジタルコンテンツの権利を保護した流通サービス」『NTT技術ジャーナル』10月号.
高倉健・山本太郎・難波功次・西田玄［2002］「提供者の意思に基づく情報流通のための開示制御技術」『NTT技術ジャーナル』10月号.
立山紘毅［2002］「『表現すること』の著作権」をめぐるいくつかのスケッチ」デジタル著作権を考える会著, 牧野二郎責任編集『デジタル著作権』ソフトバンク・パブリッシング.
田中成明［1989］『法的思考とはどのようなものか＝実践知を見直す』有斐閣.
田村善之［1996］『機能的知的財産法の理論』信山社.
田村善之［1999］『知的財産法』有斐閣.
田村善之［2001］『著作権法概説（第2版)』有斐閣.
著作権法令研究会編［2001］『逐条解説 著作権等管理事業法』有斐閣.
著作権審議会権利の集中管理小委員会専門部会［1999］『著作権審議会権利の集中管理小委員会専門部会中間まとめ』.
　　http://www.mext.go.jp/b_menu/shingi/12/chosaku/toushin/990701.htm
著作権審議会権利の集中管理小委員会専門部会［2000］『著作権審議会権利の集中管理小委員会報告書』.
　　http://www.mext.go.jp/b_menu/shingi/12/chosaku/toushin/000101.htm
常木淳［1997］「法学研究における経済学の利用についての一提案」『法律時報』69巻

7号．

デジタルコンテンツ協会編［2003］『デジタルコンテンツ白書 2003』デジタルコンテンツ協会．

デジタル著作権を考える会著，牧野二郎責任編集［2002］『デジタル著作権』ソフトバンク・パブリッシング．

時実象一［2000］「引用文献プロジェクト CrossRef」『情報管理』vol. 43, no. 7．

中泉拓也［2004a］『不完備契約理論の応用研究』関東学院大学出版会．

中泉拓也［2004b］「著作権の経済分析：現代的課題」『関東学院大学経済経営研究所年報』第26集，研究ノート．

中里実［2003］「租税法と市場経済取引」『学士会会報』No. 843．

中村高雄・山田正紀・仲西正・山下博之［2002］「ディジタルコンテンツ流通を促進するマルチメディアフレームワーク MPEG-21 の国際標準化」『NTT 技術ジャーナル』10月号．

中山茂［1974］『歴史としての学問』中央公論社．

中山信弘［1993］『ソフトウエアの法的保護（新版）』有斐閣．

中山信弘［1997］「財産的情報における保護制度の現状と将来」岩波講座「現代の法」第10巻『情報と法』岩波書店．

中山信弘［1998］『工業所有権法〔上〕特許法（第2版）』弘文堂．

名和小太郎［1983］「データベースのマタイ効果」『電通報』no. 3206．

名和小太郎［1994］「出版社対研究者」『科学朝日』vol. 54, no. 9．

名和小太郎［1999a］「電子的環境における学術情報と著作権制度」『学術情報センター紀要』no. 11．

名和小太郎［1999b］「政府情報の電子化とネットワーク化」国立国会図書館編『政府情報の流通と管理』．

名和小太郎［2000］『変わりゆく情報基盤―走る技術・追う制度』関西大学出版部．

名和小太郎［2002a］「インターネット時代の著作権制度」デジタル著作権を考える会著，牧野二郎責任編集『デジタル著作権』ソフトバンク・パブリッシング．

名和小太郎［2002b］「著作権法」日本図書館情報学研究委員会編『図書館を支える制度』勉誠出版．

名和小太郎［2002c］『学術情報と知的所有権』東京大学出版会．

名和小太郎［2004］『ディジタル著作権』みすず書房．

日本経済新聞［2003］「音楽 CD，独立系が台頭」2003年3月22日朝刊．

日本レコード協会［2003］『日本のレコード産業2003年版』．
　　http://www.riaj.or.jp/issue/industry/pdf

参考文献

畠中薫里 [2002]「司法制度と特許権の最適範囲」mimeo.
服部基宏・国領二郎 [2002]「デジタル財の市場構造と収益モデル」日本学術振興会未来開拓学術研究推進事業「電子社会システム」プロジェクト・ディスカッションペーパー No. 95.
浜田宏一 [1977]『損害賠償の経済分析』東京大学出版会.
浜屋敏・林紘一郎・中泉拓也 [2002]「著作権の経済学的分析に関する理論的枠組み」『富士通総研研究レポート』No. 133.
　　http://www.fri.fujitsu.com/open_knlg/reports/133.html
林紘一郎 [1998]『ネットワーキング:情報社会の経済学』NTT 出版.
林紘一郎 [1999a]「ⓓマークの提唱―著作権に代わるデジタル創作権の構想」『Glocom Review』Vol. 4, No. 4.
　　http://www.glocom.ac.jp/odp/library/gr199904.pdf
林紘一郎 [1999b]「デジタル創作権の構想・序説―著作権をアンバンドルし,限りなく債権化する」『メディア・コミュニケーション』No. 49.
　　http://www. mediacom. keio. ac. jp/pdf/hayashi. pdf; http://eldred. cc/
林紘一郎 [2001a]「ナップスター, グヌーテラの潜在力」『Net Law Forum』No. 5, 第一法規出版.
林紘一郎 [2001b]「著作権法は禁酒法と同じ運命をたどるか?」『Economic review』Vol. 5, No. 1, 富士通総研.
　　http://www.fri.fujitsu.com/open_knlg/review/rev051/review01.html
林紘一郎 [2001c]「情報財の取引と権利保護」奥野正寛・池田信夫編著『情報化と経済システムの転換』東洋経済新報社.
林紘一郎 [2001d]「氏名表示権のパブリシティ的効果」著作権シンポジウム用資料.
林紘一郎 [2002]「ⓓマークの提唱〜柔らかな著作権制度への一つの試み〜」デジタル著作権を考える会著, 牧野二郎責任編集『デジタル著作権』ソフトバンク・パブリッシング.
林紘一郎 [2003a]「デジタル社会の法と経済」林敏彦編『情報経済システム』NTT 出版.
林紘一郎 [2003b]「法と経済学の方法論と著作権への応用」「第1回『法と経済学会』学術研究報告」.http://owholmes.juris.hokudai.ac.jp/~jlea/
林紘一郎 [2003c]「著作権の『システム間競争』時代」『Economic Review』Vol. 7, No. 1, 富士通総研.
林紘一郎 [2003d]「デジタル時代の著作権」『画像電子学会誌』32巻5号.
林紘一郎 [2003e]「情報財への権利付与:経済効率・社会的公正」『計画行政』26巻

4号.

林紘一郎［2003f］「情報通信学は可能か—次の20年に向けて」情報通信学会設立20周年記念出版.

林紘一郎［2004a］「Web上の著作権管理」『情報は誰のものか』青弓社.

林紘一郎［2004b］「電子的著作権コントロールの意味するもの」『知的財産の私有と公有』NTT出版（出版予定）.

林紘一郎［2004c］「デジタル著作権における公私問題」『シリーズ公共世界』東京大学出版会.

林紘一郎・田川義博［1994］『ユニバーサル・サービス』中公新書.

林田清明［1996］『《法と経済学》の法理論』北海道大学図書刊行会.

林田清明［1997］『法と経済学—新しい知的テリトリー』信山社.

半田正夫［1997］『著作権法概説（第8版）』一粒社.

半田正夫・紋谷暢男［2002］『著作権のノウハウ（第6版）』有斐閣.

平井宜雄［1976a］「アメリカにおける法と経済学研究の動向」『アメリカ法』1976-2号.

平井宜雄［1976b］「法律学と経済学—その連続と不連続」『季刊現代経済』No. 24.

平井宜雄［1976c］「法政策学序説(1)〜(4)」『ジュリスト』No. 613-622.

平井宜雄［1978］「法政策学再論」『ジュリスト』No. 616.

平井宜雄［1995］『法政策学（第2版）』有斐閣.

平嶋竜太［2003］「判例詳釈ファイルローグ仮処分事件」『判例評論』526号.

藤田勇［1974］『法と経済の一般理論』日本評論社.

文化庁長官官房著作権課内著作権法令研究会・通商産業省知的財産政策室編［1999］『デジタル・コンテンツの法的保護—著作権法・不正競争防止法改正解説』有斐閣.

細江守紀・太田勝造編［2001］『法の経済分析：契約, 企業, 政策』勁草書房.

堀岡力・東條弘・佐竹康弘・中山敏［2001］「デジタル権利管理のためのコンテンツ不正掲載探索システムの検討」『信学技報』TM2001-30.

牧野二郎［2002］「デジタル著作権, 何が問題か」デジタル著作権を考える会著, 牧野二郎責任編集『デジタル著作権』ソフトバンク・パブリッシング.

松浦好治編・訳［1994a］『法と経済学の原点』木鐸社.

松浦好治編・訳［1994b］『不法行為法の新世界』木鐸社.

松本正道［1994］『芸術経営学講座・4・映像編』東海大学出版会.

宮沢健一［1988］『制度と情報の経済学』有斐閣.

宮代彰一［1997］「科学技術文献の実効寿命」『情報管理』vol. 39, no. 11.

宮代彰一・林周吾・安村健・石川剛・平尾敏博［1997］「科学技術論文の実効寿命」『情報管理』Vol. 39, No. 11.

森亮一［1996］「超流通：知的財産権処理のための電子技術」『情報処理』37巻2号.

紋谷暢男［2003］『無体財産権法概論（第9版補訂2版）』有斐閣.

安田浩・安原隆一監修，曽根原登・岸上順一・阪本秀樹・山下博之他著［2003］『コンテンツ流通』ASCⅡ.

山崎茂明［1996］『生命科学論文投稿ガイド』中外医学社.

山本桂一［1970］『経済のための法律学』東京大学出版会.

柳川範之［2000］『契約と組織の経済学』東洋経済新報社.

八代尚宏［2003］『規制改革―「法と経済学」からの提言』有斐閣.

山田奨治［2002］『日本文化の模倣と創造―オリジナリティとは何か』角川書店.

Anderson, S. P. and V. A. Ginsburgh [1994] "Price Discrimination via Second-hand Markets," *Eurpean Economic Review* 38.

Arrow, Kenneth J. [1962] "Economic Welfare and the Allocation of Resources for Invention," in R. R. Nelson ed., *The Rate and Direction of Inventive Activity*, Princeton University Press.

Bakos, Yannis, Erik Brynjolfsson, and Douglas Lichtman [1999] "Shared Information Goods," *Journal of Law and Economics,* vol. XLII, April.

Barnard, Chester Irving [1938] *The Functions of the Executive,* Harvard University Press. 山本安太郎・田杉競・飯野春樹訳［1968］『新訳　経営者の役割』ダイヤモンド社.

Benjamin, Walter [1936] *Werke Band 2,* Suhrkamp Verlag. 佐々木基一編・解説［1970］『複製技術時代の芸術』昌文社.

Besen, Stanley M. [1986] "Private Copying, Reproduction Costs, and the Supply of Intellectual Property," *Information Economics and Policy,* 2.

Besen, Stanley M., and Sheila Nataraj Kirby [1989], "Private Copying, Appropriability, and Optimal Copying Royalties," *Journal of Law and Economics,* vol. XXXII, October.

Bolz, Norbert W. [2001] *Weltkommunikation,* Fink. 村上淳一訳［2002］『世界コミュニケーション』東京大学出版会.

Calabresi, Guido [1961] "Some Thoughts on Risk Distribution and the Law of Torts", *Yale Law Journal,* Vol. 70, No. 4.

Calabresi, Guido [1970, 初版は1962] *The Costs of Accidents; A Legal and Economic Analysis,* Yale University Press. 小林秀文訳［1988, 1998］『事故の

費用―法と経済学による分析』信山社.
Calabresi, Guido and A. Douglas Memaled [1972] "Property Rules, Liability Rules and Inalienability: One View of the Cathedral," *Harvard Law Review,* Vol. 85, 1089. 邦訳は松浦 [1994b] 所収.
Case, Mary M. [1998] "ARL Promotes Competition through SPARC: The Scholarly Publishing & Academic Resources Coalition," *ARL,* Issue 196. 時実象一訳 [1999]「ARL は SPARC を通して学術出版における競争を促進する」『情報の科学と技術』vol. 49, no. 4.
CNET [2002] http://japan.cnet.com/
Coase, Ronald H. [1960, 実際の刊行は1962] "The Problem of Social Cost," *Journal of Law and Economics,* Vol. 3, No. 1. 松浦編・訳 [1994a] に収録. また Coase [1988] *The Firm, the Market, and the Law,* University of Chicago Press に収録分は, 宮沢健一・後藤晃・新垣芳文訳 [1992]『企業・市場・法』東洋経済新報社.
Cooter, Robert D. and Thomas S. Ulen [1997, 初版は1988] *Law and Economics,* 2nd edition, Addison-Wesley. 太田勝造訳 [1997]『新版・法と経済学』商事法務研究会.
Crane, Dale [1976] "Reward Systems in Art, Science, and Religion," *American Behavioural Scientist,* 19(6).
Crane, Dale [1994] *The Sociology of Culture,* Blackwell Publishers.
Creative Commons [2003] "Creative Commons Home"
http://www.creativecommons.org/
Dahlman, Carl J. [1979] "The Problem of Externality," *The Journal of Law and Economics,* 22, no. 1, April.
David, Paul A. and Julie Ann Bunn [1988] "The Economics of Gateway Technologies and Network Evolution: Lessons from Electricity Supply History," *Information Economics and Policy,* No. 3.
Demsetz, Harold [1967] "Toward a Theory of Property Rights," *American Economic Review,* Vol. 57, No. 2.
Department of Justice [2003] "Statement by Assisant Attorney General R. Hewitt Pate Regarding the Closing of the Digital Music Investigation".
http://www.usdoj.gov/opa/pr/2003/ December/03_at_719.htm
de Sola Price, Dereck J. [1963] *Little Science, Big Science,* Columbia University Press. 島尾永康訳 [1970]『リトルサイエンス・ビッグサイエンス』創元社.

Dyson, Esther [1997] *A Design for Living in the Digital Age,* Broadway Books.
Gilbert, Richard and Carl Shapiro [1990] "Optimal Patent Length and Breadth," *RAND Journal of Economics,* Spring 90, Vol. 21, No. 1.
Ginsparg, Paul [1994] "First Steps Towards Electronic Research Communication," *Computer in Physics,* vol. 8, no. 4.
Hardin, Garrett [1968] "The Tragedy of Commons," Science, 162.
Hart, Oliver [1995] *Firms, Contracts, and Financial Structure,* Oxford University Press.
Hattori, Motohiro and Jiro Kokuryo [2002] "Finding Right Revenue Models for Digital Goods in Various Market Segments—An Analysis of the Japanese Digital Music Market," PACIS 2002.
Hayashi, Koichiro [2002] "ⓓ-mark : A Flexible Copyright System (FleCS) Proposal," presented to the Invisible College.
http://www.glocom.ac.jp/users/hayashi/d_mark_flecs.pdf
Heller, Michael A. [1998] "The Tragedy of Anticommons: Property in the Trandition from Marx to Market," *Harvard Law Review,* 111.
JASRAC [2002]『使用料規程』
http://www.jasrac.or.jp/profile/covenant/pdf/roy-alty/royalty.pdf
Johnson, William R. [1985] "The Economics of Copying", *Journal of Political Economy,* vol. 93, no. 1.
Kahin, Brian [1996] "Scholarly Communication in the Networked Environment," in Robin P. Peek and Gregory B. Newby eds., *Scholarly Publishing*, The MIT Press.
Klein, Benjamin, Andres V. Lerner and Kevin M. Murphy [2002] "The Economics of Copyright 'Fair Use' in a Networked World," *American Economic Review,* Papers and Proceedings, May.
Lancaster, F. W. [1978] *Towards Paperless Information Systems,* Academic Press. 植村俊亮訳 [1984]『紙なし情報システム』共立出版.
Landes, William M. and Richard A. Posner [1989] "An Economic Analysis of Copyright Law," *The Journal of Legal Studies,* vol. XVIII.
Landes, William M. and Richard A. Posner [2003] *The Economic Structure of Intellectual Property Law,* Harvard University Press.
Lessig, Lawrence [1999] *Code and other Laws of Cyberspace,* Basic Books. 山形浩生・柏木亮二訳 [2001]『インターネットの合法・違法・プライバシー』翔泳

社.

Lessig, Lawrence [2001] *The Future of Ideas,* Random House. 山形浩生訳 [2002]『コモンズ』翔泳社.

Liebowitz, Stanley J. [1985] "Copying and Indirect Appropriability: Photocopying of Journals," *Journal of Political Economy,* vol. 93, no. 5.

Luczi, Daniels [1998] "E-Print Archives," *Interlending & Document Supply,* vol. 26, no. 3.

Mankiw, N. G. [1998] *Principles of Economics,* International Thomson Publishing. 足立英之・石川城太・小川英治訳 [2000]『マンキュー経済学Ⅰミクロ編』東洋経済新報社.

March, J. G. and H. A. Simon [1958] *Organizations,* John Wiley & Sons.

Maslow, A. H. [1954] *Motivation and Personality,* 2nd edition, Harper & Row. 小口忠彦訳 [1987]『人間性の心理学』産能大学出版部.

Merton, Robert K. [1942] "Normative Structure of Science," in *The Sociology of Science,* University of Chicago Press, 1973.

Merton, Robert K. [1957] "Priority in Scientific Discovery," in *The Sociology of Science,* University of Chicago Press, 1973.

Merton, Robert K. [1971] "Institutinalized Patterns of Evaluation of Scientists," in *The Sociology of Science,* University of Chicago Press, 1973.

Miller, Ruth H. [2000] "Electronic Resources and Academic Library, 1980-2000," *Library Trends,* vol. 48, no. 4.

NMRC [1998]『NMRC 暫定合意』
    http://www.iajapan.org/nmrc/k1998/zantei.html

NMRC [1998]『NMRC 第二次暫定合意』
    http://www.iajapan.org/nmrc/k2000/zantei2.html

Novos, Ian E. and Michael Waldman [1984] "The Effects of Increased Copyright Protection: An Analytic Approach," *Journal of Political Economy,* vol. 92, no. 2.

NRC (National Research Council) [2000] "Digital Dilemma: Intellectual Property in the Information Age," National Research Council.

O'Leary, Mick [1991] "Dialog and American Chemical Society Play a High Stakes Game," *Online,* Jan.

O'Neil, Ann L. [1993] "The Gordon and Breach Litigation," *Library Resource and Technical Service,* vol. 37, no. 2.

OTA (Office of Technology Assessment) [1992] "Finding A Balance: Computer Software, Intellectual Property and the Challenge of Technological Change," Office of Technology Assessment.

Perloff, Geffrey M. [1998] "Droit de Suite," in Peter Newman ed., *The New Palgrave Dictionary of Economics and the Law,* Volume 1, Macmillan.

Posner, Richard [1998，初版は1973] *Economic Analysis of Law,* 5th edition, Aspen Publishers.

Ravetz, Jerome R. [1971] *Scientific Knowledge and its Social Problems,* Oxford University Press.

Romer, Paul [2002] "When Should We Use Intellectual Property Rights?" *American Economic Review,* Vol. 92, No. 2.

Shapiro, Carl and Hal R. Varian [1999] *Information Rules,* Harvard Business School Press. 千本倖生監訳，宮本喜一訳 [1999]『ネットワーク経済の法則』IDG.

Shy, Oz [2000] "The Economics of Copy Protection in Software and Other Media," in Brian Kahin and Hal R. Varian eds., *Internet Publishing and Beyond,* The MIT Press.

Simon, H. A. [1947] *Administrative Behavior,* The Free Press.

Smith, Richard [1996] "A Glass of Water and Somewhere to Whinge," *BMJ*, volume 313, 21-28 December.

Solow, J. L. [1998] "An Economic Analysis of the Droit de Suite," *Journal of Cultural Economics,* vol. 24, no. 4.

Takahashi, Shuji [2003] "Optimal Copyright Protection on Second-Hand Game Software," mimeo.

Varian, Hal R. [1994], "Buying, Sharing and Renting Information Goods," University of California at Berkley, School of Information Management and Systems, (current version: August 5, 2000).
http://www.sims.berkeley.edu/~hal/Papers/sharing.pdf

ZDNet [2003] "Will iTunes make Apple Shine?"
http://zdnet.com.com/2100-1104-5092559.html

索　引

ア　行

ADONIS　213, 215
アナログ財　29
アフィリエイト　51
amicus curiae（裁判所の友）　4, 109
アンチ・コモンズの悲劇　18
アンバンドル　239
ECMS　238
一般不法行為ルール　26
e-プリント・アーカイヴズ　221
inalienability　23
インセンティブ　57, 85, 125, 126, 134, 135, 188, 215
インセンティブ論　25
インターネット・パトロニズム　51
引用　216, 217
映画の著作物　126, 130-132, 134, 150
SCI　215
NRC　246
エルゼヴィア　212, 213, 220
エルドレッド判決　86, 107
OTA　245

カ　行

改変　231
価格差別　87
学際研究　11
学際的　4
学術著作権協会　219
過失責任　21
学会　207, 208, 210, 212, 213, 216, 218, 219, 222, 223, 225
カラブレイジ（Calabresi, G.）　6, 166
ガリバー型市場　59

完全価格差別　99
協働体系　186
距離の克服　30
禁止権　27
禁酒法　4, 227
クラブ財　20, 216
クリエイティブ・コモンズ　43, 84, 224, 244
クロスレフ　223
経済学帝国主義　10
契約　22, 220
結合　32
ゲーム理論　5
原盤権　159, 162-164
権利管理情報（RMI）　223
権利期間延長法　107, 228
権利消尽　131
　──（用尽）の法理　128
権利存続期間　237
権利（頒布権）の消尽　125
権利の束　19
権利付与　236
権利保護期間　86
言論の自由　238
公式組織　187
公正使用　109, 207, 208（→フェア・ユース）
公平　14
効率　11
個人情報　40
コース（R. H. Coase）　6, 169
　──の推論　87
固定　238
コピー・プロテクション　81
コピーマート　42, 241

コピライト・クリアリング・センター　219
コモンズ　20, 237
コモンズの悲劇　18
コモン・ロー　6, 7, 8
コミュニティ　40
コンソーシアム　213
コンテンツ ID フォーラム（cIDF）　44, 242

サ　行

財産権　17, 19
財産権ルール　26
サイト・ライセンス　220
裁量上訴　109
差止め　26, 233
査読　207, 208, 210, 221
産業財産権　125-127, 129
シェアウェア　237
時間の克服　30
資源共有環境　36
事後　24
　──の救済　21
cc マーク　242
市場原理　7
システム間競争　248
事前　24
　──の権利設定　21
自然権　24
実演家の著作隣接権　161
私的財　19
私的使用　207, 227
GPL　242
社会的余剰　28
JASRAC　159, 166-169, 176, 179
収益帰属の可能性　70
収益モデル　198
自由財　21
集中管理　157, 158, 164, 165, 170
純公共財　20
使用　230
商業出版者　208, 212, 218, 219, 222, 225, 226
消尽　130, 134, 136

消尽原則　125, 132, 133
消尽理論　125, 126, 129, 131-133, 135, 136, 138, 139, 148-151, 230
譲渡権　130, 135, 136, 138
消費者余剰　28
情報共有環境　31
情報財　29, 77, 228
情報仲介　38
所有権　4, 17, 228
シリアル・クライシス　213
正義　3, 11
生産者余剰　28
制度　5
相互依存　3
相互参照（相互浸透）　9, 13
属地性　38
ソニー・ボノ著作権期間延長法　107, 228

タ　行

第 1 種価格差別　99
第 2 種価格差別　100
第 3 種価格差別　100
体化　230, 231, 233
対価徴収可能性　138, 150
対抗要件　229
対世効　21
代替可能性　71
知的財産権（法）　26, 126, 149
着メロ　166, 168, 173
仲介業務法　210
超流通　42, 242
著作権管理システム　206
著作権管理団体　209, 219
著作権管理プラットフォーム　48
著作権等管理事業法　156, 209
著作者人格権　165, 238
著作物　27, 228
追及権　88, 136, 138
通信カラオケ　166, 167
DRM　34, 45, 171-178, 219, 224, 226, 235
DOI　223, 224

逓減率　88
dマーク　44,84227,240,244
デジタル権利管理（DRM）　34,45,219,235
デジタル財　29,81,233
デジタル流通　35
伝送　231
登録制度　238
ドキュメント・デリバリ・サービス（DDS）　209
特定行為規制ルール　26,230
図書館　208,209,214,218,220,226
transcopyright　241

ナ 行
二次的著作物　66
ネット固有のコンテンツ　39
ネット投げ銭モデル　51
ネットワーク外部性　81

ハ 行
バンドリング　80
頒布権　126,130-132,134,135,137,138
P to P　35,157
　　——デジタル流通　50
比較制度分析　6
表現のコスト　60
フェア・ユース　58（→公正使用）
不正競争防止法　230
不正利用探索　46
不法行為　21,230
不法行為ルール　26
プライバシー　40
フリー・ソフトウェア（運動）　206,221,237
ブロードバンド　34
property　22

ベルヌ条約　215
法解釈学　16
法学モンロー主義　10
報酬システム　193
報酬請求権　165,166,178
法＝正義思考様式　15
法政策学　14
法廷助言（者）　107,109,110（→ amicus curiae）
法と経済学会　16
ポズナー（Posner, R.）　6

マ 行
Mark II　243,244
マートン（Merton, R. K.）　214,215
メジャーレコード会社　170
メタデータ　51
無形財　17
無体物　157,231
目的＝手段思考様式　15

ヤ 行
有形財　17,229
有体物　27,130,131,136,138
ユニバーサル・サービス　14,210
ユビキタス　34,37

ラ 行
流通機能　234
レコード製作者の著作隣接権　158
劣化限界　33

ワ 行
one-size-fit-all　237,247,248

執筆者紹介 （執筆順，*編者）

林　紘一郎（はやし　こういちろう）*　　　　　　　　　　　　第1章，終章
1941年，台湾に生まれる．東京大学法学部卒業．NTTアメリカ社長，慶應義塾大学教授を経て，現在，情報セキュリティ大学院大学副学長．主著，『インフォミュニケーションの時代』（中央公論社，1984年），『ネットワーキングの経済学』（NTT出版，1989年，経済学博士号取得），『電子情報通信産業』（電子情報通信学会，2002年）．

曽根原　登（そねはら　のぼる）　　　　　　　　　　　　　　　　　　　第2章
1954年，長野県に生まれる．NTTサイバーソリューション研究所主任研究員を経て，現在，国立情報学研究所教授．主著，『サイバーインタフェースのデザイン』（電気通信協会，共著，2001年），「ディジタルコンテンツの権利を保護した流通サービス」（『NTT技術ジャーナル』，共著，2002年），『コンテンツ流通』（アスキー，共著，2003年）．

浜屋　敏（はまや　さとし）　　　　　　　　　　　　　　　　　　　　　第3章
1963年，石川県に生まれる．京都大学法学部卒業，ロチェスター大学にてMBA取得．現在，（株）富士通総研主任研究員．主著，『インターネットビジネス白書2002』（ソフトバンクパブリッシング，共著，2001年），『情報産業勢力地図』（かんき出版，監修，2002年），『手にとるようにP2Pがわかる本』（かんき出版，監修，2003年）．

中泉　拓也（なかいずみ　たくや）　　　　　　　　　　　　　　　第3章，第4章
1967年，和歌山県に生まれる．東京大学大学院経済学研究科単位取得退学（経済学博士）．現在，関東学院大学経済学部専任講師．主著，「企業における流動性需要発生のメカニズム」（齊藤誠・柳川範之編著『流動性の経済学』東洋経済新報社，2002年），「非対称情報化の環境政策」（伊藤秀史・小佐野広編著『インセンティブ設計の経済学』勁草書房，2003年），『不完備契約理論の応用研究』（関東学院大学出版会，2004年）．

城所　岩生（きどころ　いわお）　　　　　　　　　　　　　　　　　　　第5章
1941年，東京都に生まれる．東京大学法学部，ニューヨーク大学法科大学院卒業．現在，成蹊大学法学部教授（米国弁護士）．主著，『米国通信改革法解説』（木鐸社，2001年），『ブロードバンド時代の制度設計』（東洋経済新報社，共著，2002年），『デジタル著作権』（ソフトバンクパブリッシング，共著，2002年）．

執筆者紹介

石岡　克俊（いしおか　かつとし）　　　　　　　　　　　　　　第6章
1970年，北海道に生まれる．慶應義塾大学大学院法学研究科前期博士課程修了．現在，慶應義塾大学産業研究所助教授．主著，「著作物再販をめぐる動向と理論」(『法律時報』71巻11号，1999年)，『著作物流通と独占禁止法』(慶應義塾大学出版会，2001年)，「著作権法に基づく権利の行使と競争秩序」(『法学研究』(慶應義塾大学) 76巻1号，2003年)．

樺島　榮一郎（かばしま　えいいちろう）　　　　　　　　　　　第7章
1970年，静岡県に生まれる．東京大学大学院人文社会系研究科博士課程．現在，日本学術振興会特別研究員．主著，「IT革命下における市場と組織の情報文化」(『情報文化学会誌』第7巻1号，2000年)，「経済学からみた音楽著作権及び著作隣接権使用料徴収方法についての考察」(『情報文化学会誌』第8巻第2号，2001年)．

服部　基宏（はっとり　もとひろ）　　　　　　　　　　　　　　第8章
1967年，大阪府に生まれる．慶應義塾大学大学院経営管理研究科後期博士課程単位取得退学．現在，慶應義塾大学大学院政策・メディア研究科後期博士課程在学中．経営コンサルタント．主著，"Finding Right Revenue Models for Digital Goods in Various Market Segments-An Analysis of the Japanese Digital Music Market" (PACIS，共著，2002年)．

名和小太郎（なわ　こたろう）　　　　　　　　　　　　　　　　第9章
1931年，東京都に生まれる．東京大学理学部卒業（工学博士）．現在，国際大学客員教授．主著，『電子仕掛けの神』(勁草書房，1986年)，『技術標準対知的所有権』(中公新書，1990年)，『起業家エジソン』(朝日選書，2001年)，『学術情報と知的所有権』(東京大学出版会，2002年)，『ゲノム情報はだれのものか』(岩波書店，2002年)，『ディジタル著作権』(みすず書房，2004年)．

著作権の法と経済学

2004年6月25日　第1版第1刷発行
2006年11月1日　第1版第3刷発行

編著者　林　紘一郎

発行者　井　村　寿　人

発行所　株式会社　勁　草　書　房
112-0005　東京都文京区水道2-1-1　振替 00150-2-175253
（編集）電話 03-3815-5277／FAX 03-3814-6968
（営業）電話 03-3814-6861／FAX 03-3814-6854
港北出版印刷・鈴木製本

© HAYASHI Koichiro 2004

ISBN4-326-50253-3　Printed in Japan

JCLS　<㈱日本著作出版権管理システム委託出版物>
本書の無断複写は著作権法上での例外を除き禁じられています。
複写される場合は、そのつど事前に㈱日本著作出版権管理システム
（電話03-3817-5670、FAX03-3815-8199）の許諾を得てください。

＊落丁本・乱丁本はお取替いたします。
http://www.keisoshobo.co.jp

伊藤秀史・小佐野広編著
インセンティブ設計の経済学
契約理論の応用分析
A 5 判　3,990 円
50243-6

B. サラニエ／細江守紀・三浦功・堀宣昭訳
契　約　の　経　済　学
A 5 判　3,360 円
50180-4

飯田　高
〈法と経済学〉の社会規範論
A 5 判　3,150 円
40224-5

大竹文雄・大内伸哉・山川隆一編
解雇法制を考える [増補版]
法学と経済学の視点
A 5 判　3,990 円
50251-7

細江守紀・太田勝造編著
法の経済分析　契約、企業、政策
A 5 判　3,255 円
50199-5

今井晴雄・岡田章編著
ゲーム理論の新展開
A 5 判　3,255 円
50227-4

鈴木光男
新ゲーム理論
A 5 判　5,040 円
50082-4

H. ヴァリアン／佐藤隆三監訳
入門ミクロ経済学 [原著第5版]
A 5 判　4,935 円
95092-7

H. ヴァリアン／佐藤隆三・三野和雄監訳
ミクロ経済分析
A 5 判　6,300 円
54845-2

――勁草書房刊

＊表示価格は 2006 年 11 月現在、消費税は含まれています。